北京市教委2017年社科基金重点项目（项目号：SZ201711626030）

互联网金融实务

HULIANWANG JINRONG SHIWU

主　编　生　蕾
副主编　路子强

中国金融出版社

责任编辑：张怡姮
责任校对：李俊英
责任印制：陈晓川

图书在版编目（CIP）数据

互联网金融实务 / 生蕾主编 .—北京 ：中国金融出版社，2023. 10
ISBN 978-7-5220-2210-9

Ⅰ. ①互… Ⅱ. ①生… Ⅲ. ①互联网络—应用—金融—高等职业教育—教材 Ⅳ. ①F830. 49

中国国家版本馆 CIP 数据核字（2023）第 202785 号

互联网金融实务
HULIANWANG JINRONG SHIWU
出版
发行 中国金融出版社
社址 北京市丰台区益泽路 2 号
市场开发部 （010）66024766，63805472，63439533（传真）
网 上 书 店 www. cfph. cn
（010）66024766，63372837（传真）
读者服务部 （010）66070833，62568380
邮编 100071
经销 新华书店
印刷 河北松源印刷有限公司
尺寸 185 毫米×260 毫米
印张 10. 75
字数 236 千
版次 2023 年 10 月第 1 版
印次 2023 年 10 月第 1 次印刷
定价 48. 00 元
ISBN 978-7-5220-2210-9
如出现印装错误本社负责调换 联系电话（010）63263947

序　言

在我国，“互联网金融”概念是由谢平教授于2012年首次公开提出，并在2014年被国务院写入政府工作报告，2015年中国人民银行等十部门联合发布《关于促进互联网金融健康发展的指导意见》，2015—2017年开展了互联网金融行业的风险专项整治活动。经过10年的发展，我国互联网金融在发展速度、市场规模和应用创新等方面都具有很强的国际影响力和竞争力，尤其是以移动支付为代表的数字金融、普惠金融更加突出。

伴随互联网金融行业的快速发展，互联网金融专业学科应运而生。2015年，教育部为适应产业转型升级、产业链延伸交叉、新兴职业与技术进步的需要，将互联网金融列入《普通高等学校高等职业教育（专科）专业目录（2015年）》。随后，为面向“智慧+”“智能+”发展趋势，全国有近200所高校将互联网金融作为新兴交叉学科予以建设。

《互联网金融实务》以互联网金融的理论基础和实务运作为基本分析对象，全面描述、概括互联网金融的业态、发展模式、场景应用与风险监管。教材定位于应用型学科教学需要，共分为十一章，包括走进互联网金融、互联网支付、互联网银行、网络小额贷款、互联网证券、互联网保险、互联网消费金融、互联网金融风险、互联网金融监管、国外互联网金融发展、互联网金融发展趋势与展望等。教材适合高职高专金融学、互联网金融及金融工程等专业教学使用，也可作为金融机构实训教材及互联网金融爱好者读物。

本教材的编写主要基于四个方面：第一，遵循互联网金融发展规律，尽可能系统地梳理各互联网金融业态。基于互联网金融最新发展业态监管的总体要求，对中国互联网金融协会提出的六种互联网金融业态的内涵特点、运营模式、风险防范、发展趋势进行了全面的介绍，并对国内外互联网金融发展现状以及监管情况进行了具体的分析，有助于读者全面了解和掌握整个互联网金融行业概况。第二，从发展的角度，站在历史性、现实性、前瞻性角度对互联网金融现象进行分析，重视对互联网金融实务运作、底层技术的解释，同时也注意启发学生思考和探索中国国情下互联网金融未来发展的方向和方法。第三，集众家之长，创新写作体裁和内容。教材吸收了互联网金融领域的最新研究成果以及发展动态。第四，教材从实务层面考虑，注重理论与实际的相互促进。使读者既能深入地理解互联网金融相关理论知识，又突出理论与实践相结合，侧重于实务操作，配有互联网金融各相关业态的操作步骤、实际案例和运行分析，有助于学以致用，避免枯燥乏味。

我们出版《互联网金融实务》的目的是希望在互联网金融的学习者、研究者、实践者和监管者之间架起一座沟通的桥梁，以便真诚交流，开放共享，不断提升自身理论素养和实操水平，促进互联网金融行业健康发展。但受制于自身研究能力和时间局限，教材疏漏和错误在所难免。我们真诚期待各位读者给予批评指正并提供宝贵建议，督促我们不断进步。

本教材是集体智慧的产物。生蕾作为主编，负责本书结构安排，统筹修缮，并编写了第十章；路子强作为副主编，编写第三章、第五章；张国芝编写第一章、第二章和第六章；李校红编写第四章；张霞编写第七章和第八章；江洁编写第九章和第十一章。同时，在本书编写过程中得到了北京市教委、北京青年政治学院、武汉大学经济与管理学院、中国金融出版社和行业专家给予的大力支持与帮助，在此深表感谢！

编者

2023 年 10 月

目　　录

第一章 走进互联网金融

ZOUJIN HULIANWANG JINRONG

第一节 互联网时代的金融发展

商品经济作为人类经济史的新发展阶段，首先是以支付为中心的发展史，从原始社会末期的物物交换，到贵金属货币的出现，再到纸币的诞生，商业银行的成立，网上支付的产生，第三方支付的兴起，移动支付的蓬勃发展，“支付革命”推动了金融创新和金融发展。20 世纪 90 年代，以互联网为代表的信息技术的飞速发展深刻地改变了人类的生活方式，形成了以网络购物为代表的商业新业态——互联网商业模式。在互联网商业模式下，传统金融由于受制于功能欠缺、时空限制、手段不足和决策迟缓等，难以满足互联网商业的各种金融需求。于是，在传统金融基础上，互联网金融业态应运而生。

作为传统金融机构与互联网企业利用互联网技术和信息通信技术实现资金融通、支付、投资和信息中介服务的新型金融业务模式，互联网金融伴随科技发展而快速发展。当今世界已经全面进入互联网时代，现代互联网技术、信息通信技术高速发展，为传统产业发展带来了实现创新的技术条件。传统金融行业的发展适应互联网时代的需求，不断进行金融业发展格局的创新，形成了互联网金融。互联网金融发展至今，已经经历网上银行业务、第三方支付、网上贷款、网上保险、网上证券投资等初始发展阶段。未来，互联网技术和信息通信技术将越来越多地在资金融通、资金供需双方的匹配、金融监管等方面深入传统金融业务的核心。

一、互联网金融范畴

互联网金融就是互联网技术和金融服务功能的有机结合，依托大数据和云计算在开放的互联网平台上形成的功能化金融业态及其服务体系，包括基于网络平台的金融市场体系、金融服务体系、金融组织体系、金融产品体系以及互联网金融监管体系等，并具有普惠金融、平台金融、信息金融和碎片金融等相异于传统金融的金融模式。现代互联网技术和信息通信技术的发展不仅推动传统金融产业的快速发展，更重要的是促进了传统金融业务的升级、创新和全球化。互联网金融是传统金融机构与互联网企业利用互联网技术和信息通信技术实现资金融通、支付、投资和信息中介服务的新型金融业务模式。互联网与金融深度融合是大势所趋，将对金融产品、业务、组织和服务等方面产生更加深刻的影响。互联网金融对促进小微企业发展和扩大就业发挥了现有金融机构难以替代的积极作用，为“大众创业、万众创新”打开了大门。促进互联网金融健康发展，有利于提升金融服务质量和效率，深化金融改革，促进金融创新发展，扩大金融业对内对外开放，构建多层次金融体系。作为新生事物，互联网金融既需要市场驱动，鼓励创新，也需要政策助力，促进发展。互联网金融不仅包括传统的金融业务内容，而且将传统金融业务实现了互联互通，其范畴包括互联网银行业务、互联网证券服务业务、互联网保险服务业务、互联网基金服务、互联网众筹融资服务、互联网金融监管等。中国银联和拉卡拉等第三方支付、P2P 网络贷款、互联网化基金、水滴筹、众筹、股权式众筹等均属于互联网金融范畴。最常见的也是我们几乎每天都在使用的支付宝、微信支付、云闪付等均属于第三方支付平台产品。花呗、京东金条、京东白条等都属于互联网消费贷款产品。余额宝、农银理财、金穗财富等均属于互联网基金的典型产品。京东众筹、水滴筹等属于公益类众筹的典型产品，而天使汇则是股权式众筹的典型产品。

二、互联网金融特点

互联网金融相对于传统的金融业务，由于现代互联网、信息通信技术与金融业的融合嵌入式发展，使互联网金融的影响不仅是将信息技术嫁接到金融服务上，推动金融业务格局和服务理念的变化，而且完善了金融社会化服务功能，并具有业务成本较低、管理效率较高、覆盖面较广、业务发展快、金融风险加大、监管力度增强五大特点。

业务成本较低。互联网金融充分发挥技术优势，实现了资金融通功能的网络化。资金供求双方通过互联网平台自行完成信息的申报、甄别、匹配、定价和最终交易。对于金融机构来说，一方面减少了开设营业网点的资金投入和网点运营成本，另一方面能够增加金融机构的盈利性资产的投资。对于融资者和投资者来说，可以在公开透明的金融服务平台上快速找到适合的商业银行、证券公司、保险公司、基金公司等，并选择满足需求的各种金融产品，提高了资金供需双方的信息对称程度，减少了传统中介服务所需的费用，甚至交易成本为零。

管理效率较高。借助互联网信息技术，互联网金融实现了业务流程的完全标准化，业务处理速度大大提高，客户不必排队等候，体验感更强。商业银行的理财产品，就是根据预先设计好的风险评估程序，投资者根据自己的情况进行填写，然后根据测评的风险等级，选择合适的理财产品，理财产品的购买过程只需几分钟，方便简单。以我们最熟悉的余额宝为例，余额宝对接天弘基金旗下的余额宝货币基金，具有操作简便、低门槛、零手续费、可随取随用等特点。余额宝不仅具有理财功能，而且还可直接用于购物、转账、缴费、还款等消费支付功能，可谓是移动互联网时代高效的现金管理工具。

覆盖面较广。互联网金融能够突破传统金融服务的空间与时间约束，在互联网上进行投融资更直接更便捷，金融资源分布实现了网络集成化，无论城市还是农村只要能够上网，即可寻找到投融资渠道。从服务对象看，互联网金融不仅服务自然人和中小微企业等最广大的客户，而且服务大中型企业财务管理；从服务的区域看，不仅服务国内的一切投融资客户，而且服务法律法规许可的国际客户。尤其是互联网金融克服了传统金融业的偏远农村牧区服务盲区，提高了金融资源配置效率，有效地促进了实体经济发展。

业务发展快。在大数据和电子商务产业快速发展的强力拉动下，互联网金融业快速发展。例如，作为蚂蚁金服旗下的余额增值服务和活期货币资金管理服务产品，余额宝2013年6月仅上线18天，累计用户数量就达到250多万户，累计转入资金量达到了66亿元。余额宝对接的天弘基金2020年四个季度的规模分别为1.26万亿元、1.22万亿元、1.19万亿元和1.2万亿元。由此可见，互联网金融业务发展非常迅速。

金融风险加大。由于互联网金融服务的前提条件是安全的互联网，而由于互联网安全风险较大，尤其是网络金融诈骗犯罪问题危害至深，一旦金融系统网络遭遇黑客攻击，互联网金融的正常运营就会受到影响，危及消费者的资金安全和信息安全。同时，由于我国现阶段信用体系尚不够完善，互联网金融的相关配套法律法规还有待制定补充，在互联网金融违约成本较低的情况下，容易出现恶意骗贷、卷款跑路、套路贷等违法犯罪问题。以P2P网贷平台为例，由于准入门槛低和缺乏监管，不法分子利用P2P从事非法集资和诈骗等犯罪活动。

三、互联网金融分类

互联网金融作为互联网与金融结合的产物和新金融业态，至今尚未形成统一的分类标准。尤其是随着我国互联网金融的快速发展，如阿里的余额宝、微信钱包、微信支付、商起网的众起财富、京东金融、苏宁的供应链金融等机构的出现，对互联网金融进行科学分类显得尤为重要。从宏观层面上看，互联网金融可以分为三种模式：传统金融服务的互联网延伸模式、金融的互联网服务模式和互联网的金融服务模式。

传统金融服务的互联网延伸模式就是以传统金融信息化为基础，将传统的金融柜台服务业务扩展到线上进行，扩大了金融机构的服务范围，如网上银行、电子银行、手机银行、在线理赔、在线风险测评、在线金融监管等。

金融的互联网服务模式实质就是狭义的互联网金融，即金融在现代信息通信技术的支撑下创新形成的互联网服务，包括第三方支付、P2P借贷、众筹平台等业态。

互联网的金融服务模式就是金融服务在现代信息通信技术快速发展背景下以云计算为基础进行的创新，主要的业态形式是大数据金融，即通过对海量非结构化数据进行分析和挖掘客户的交易和消费信息，掌握客户的消费习惯，并准确预测客户行为，提升金融机构在服务、营销和风险控制方面的能力。大数据金融通常以一个平台为基础，包括互联网融资、互联网基金、互联网保险、互联网信托等。

四、互联网金融发展概况

人工智能、大数据、云计算、物联网等新一代信息技术在传统金融业的交易支付、企业运营管理、创新服务体验等不同工作场景中的应用，使互联网金融市场出现了爆发式增长态势，互联网金融在2014—2018年连续五年出现在国务院政府工作报告中。互联网金融行业的快速生长带来一系列的金融市场风险，为此，政府出台了一系列政策措施来规范互联网金融的健康发展。以下大事记就充分反映了我国互联网金融行业从高速发展到规范整治的历程（见表1-1）。

表1-1 中国互联网金融发展大事记

年份	特征或关键词	重大发展内容
2013	互联网金融元年	第三方支付运行，P2P平台爆发式增长，首家互联网银行和互联网保险成立，余额宝、微信支付上线
2014	健康发展	首次写入政府工作报告
2015	互联网金融监管年	《关于促进互联网金融健康发展的指导意见》
2016	规范发展	专项整治互联网金融
2017	高度警惕风险	重点整治P2P、互联网资产管理和第三方支付
2018	健全互联网金融监管	互联网金融严格监管时代的到来
2019	互联网金融形势好转	互联网金融风险专项整治成效显著，监管更加严格，互联网金融业的发展更加规范
2020	互联网金融整治收官之年	明确“金融业务一定要挂牌经营”的总体要求
2021	网络小额贷款公司牌照	互联网金融活动全部纳入监管，P2P全部清零。中国银保监会会同中国人民银行等部门起草了《网络小额贷款业务管理暂行办法（征求意见稿）》，明确了网络小贷业务的监管体制、业务准入、业务范围和基本规则，并对网络小贷公司的控股股东、注册资本、融资的杠杆率等提出要求

资料来源：根据各年度政府发布的政策和政府工作报告收集整理。

2013年可以称为“互联网金融元年”。在这一年，第三方支付开始运行，P2P平台爆发式增长，首家互联网银行和互联网保险成立，阿里巴巴推出了余额宝，微信支付上线。

2014年“互联网金融”首次引入政府工作报告，“促进互联网金融健康发展”为互联网金融的发展方向奠定了主基调，即“健康发展”。中国人民银行、银监会、保监会和证监会等部门表示出鼓励金融产业创新，推动互联网金融健康发展的支持态度。

2015年互联网金融监管年。这一年，中国互联网金融异军突起，各类征信业务机构获准开展业务，蚂蚁“花呗”上线，微信开创春节联欢晚会红包，政府工作报告用“互联网金融异军突起”形容其快速发展。但这一年互联网金融风险事件频繁发生，部分P2P平台涉嫌非法融资和自我融资，甚至发生多起爆雷事件，引发了金融监管部门和社会的广泛关注，互联网金融的监管成为金融监管部门的重要任务。为此，中国人民银行、工业和信息化部、公安部、财政部、国家工商行政管理总局、国务院法制办、中国银行业监督管理委员会、中国证券监督管理委员会、中国保险监督管理委员会、国家互联网信息办公室联合出台了《关于促进互联网金融健康发展的指导意见》（银发〔2015〕221号，以下简称《指导意见》）。

2016年金融监管部门开始专项整治互联网金融。2016年的政府工作报告提出了互联网金融要“规范发展”。这为互联网金融的规范发展提出了监管要求。

2017年中国互联网金融监管文件密集出台，政府工作报告中提出要“高度警惕风险”，这一年重点整治P2P、互联网资产管理和第三方支付等互联网金融业务。

2018年标志着中国互联网金融严格监管时代的到来，持续补短板。政府工作报告指出要健全互联网金融监管。

2019年互联网金融风险专项整治成效显著，互联网金融风险形势得到根本好转，监管更加严格，互联网金融业的发展更加规范。

2020年互联网金融整治收官之年。金融监管部门明确了“金融业务一定要挂牌经营”的总体要求，并将监管定位于建立长效监管机制。同时，这一年金融监管部门也加强了金融科技企业的监管和整治工作。

2021年互联网金融活动全部纳入监管。这一年，中国人民银行、证监会、银监会、保监会、国务院金融稳定发展委员会等进一步规范传统金融机构互联网业务与大型互联网平台，将包括金融科技公司在内的互联网金融业务全部纳入监管范围，并实现了P2P全部清零，互联网金融行业进入了提质升级的新发展阶段。

互联网金融发展速度之快，以互联网理财为例，根据中研网的数据，截至2020年底，互联网金融理财市场规模达到了25.86万亿元，当年为投资者创造收益累计9932.5亿元。2021年1月中国互联网理财新增投资者达165万人，整个市场持有理财产品的投资者总计达到4327.53万人。2021年1—2月，共有304家商业银行及理财公司累计发行理财产品8283只，募集资金累计达到20.29万亿元。互联网理财基金已经成为年轻人理财的主要选择。伴随互联网理财的快速发展，“理财教育”“理财培训”相关企业也如雨后春笋般快速发展，2021年我国共有1万余家理财教育机构。

第二节　互联网金融与传统金融的区别

互联网金融与传统金融既存在紧密联系又存在一定差异。互联网金融发展的基础是传统金融，互联网金融是传统金融在现代信息通信技术、大数据、人工智能和云计算等科技进步支撑下的创新发展。互联网金融与传统金融在市场定位、发展驱动因素、运营模式、企业治理机制、发展优势、监管模式等方面存在差异。

一、市场定位不同

互联网金融利用现代信息通信技术革命带来的规模效应和较低的边际成本，聚焦于传统金融服务半径不能达到或重视程度不够的用户，使这部分用户在小额交易、细分市场等领域获得有效的金融服务，达到了普惠金融的目的。例如互联网金融的一个细分市场——第三方支付的产品“微信支付”，为广大消费者日常消费提供了极大的便利，大大减少了到商业银行频繁存取现金的次数，尤其是解决了偏远农牧区无法享受金融服务的难题。

二、发展驱动因素不同

传统金融业发展的驱动因素是高效的经营管理，注重与客户面对面的直接沟通，并在沟通中收集相关信息、管控风险、交付服务。互联网金融的发展是大数据驱动需求，客户的各种结构化的信息都可以成为金融机构营销的来源和风险控制的依据。

三、经营模式不同

尽管传统金融机构与互联网金融机构均在积极地运用现代互联网技术，但是二者在模式设计上存在差异性。传统金融是线下向线上进行拓展，力图将原有的基础更充分地利用起来，提升金融服务的便捷度。而互联网金融则采用线上向线下拓展的模式，以利于充分发掘客户上的强大优势。

四、治理机制不同

传统金融机构经营业务需要担保、抵押登记、贷后管理等的治理机制。而互联网金融机构的市场化程度相对更高，金融机构通过制定透明的规则，建立公众监督的机制来赢得信任。传统商业银行的抵押贷款程序主要包括借款人贷前咨询；银行对借款人的贷款申请、购房合同、协议及有关材料进行审查；借款人将抵押资产的产权证书及保险单或有价证券交银行收押；借贷双方担保人签订抵押贷款合同并进行公证；贷款合同签订并经公证后，银行对借贷人进行放款。而由“诺贝尔和平奖”得主、孟加拉国乡村银行创始人穆罕默德·尤努斯教授首创的P2P借贷，则是一种将非常小额度的资金聚集起来借贷给有资金需求人群的商业模型。实际上，P2P借贷就是有资金并且想理财投资的个人，以中介机构为桥梁，使用信用贷款的方式将资金贷给有资金需求的人，其中，中介机构负责对借款方的经济效益、经营管理水平、发展前景等情况进行详细的考察，并收取账户管理费和服务费等。

五、竞争优势不同

传统金融机构具有发展历史长、资本积累雄厚、风险管理系统、大客户资源集中、营业网点区域布局广等显著优势。与此相对比，互联网金融则具有业务成本较低、管理效率较高、业务发展快和覆盖面广等行业竞争优势。

六、监管模式不同

传统金融似实体产物，金融监管以机构为着眼点，实行各类细节的行为监管，监管模式具有多元化特征。银行、证券、保险分别由不同机构进行监管，形成了专业化分工合作。而互联网金融依托全球性的互联网平台，监管智能采用单一化模式。同时，由于传统金融发展历史久远，具有成熟的监管制度、方法和监管标准。而互联网金融由于其以互联网为媒介，一方面，只有监管标准更加复杂化，才能保证互联网交易行为的安全；另一方面，互联网金融由于具有较大的普惠型，更加重视市场，技术也更加完善，监管标准和制度更加严苛。

第三节 互联网金融发展的驱动因素

作为以技术创新驱动的新进入者，互联网在市场交易成本、资源配置效率和商业运营模式等方面均形成了自己独特的优势。同时，尽管中国金融体系历经 40 多年的发展与改革，金融业已经发展成为国民经济的支柱型产业，但由于城乡差异导致金融服务覆盖范围和金融资源配置效率还有较大的改进空间；而互联网技术经过 30 多年的发展，不仅极大地改变了人们的生活方式，也逐步颠覆传统产业的发展模式，并与之形成产业融合。这两方面因素的叠加为互联网金融的存在与发展提供了有利环境。互联网金融作为现代信息通信技术发展的新业态，其快速发展的主要驱动因素包括互联网、云计算、大数据等现代信息通信技术、社会需求和国家政策等。

一、技术因素

互联网技术系推动互联网金融快速发展的基础因素。作为在计算机技术的基础上开发建立的一种信息技术，互联网技术是具有强信息敏感度的金融业发展重要基础。信息传递、交换、管理、应用贯穿于金融活动个各环节。从互联网技术发展历史看，20 世纪 60 年代末阿帕网的出现促使世界金融进入了自由化时代。1983 年互联网技术发展推进了传统金融电子化。1991 年万维网的出现推动了互联网金融服务的创新。正式基于互联网技术的快速发展，1994 年后以互联网技术为支撑的金融服务迅速发展。如 2003 年诞生众筹平台，2005 年出现网络贷款平台，2009 年数字货币诞生。

云技术为推动互联网金融发展提供了强大的运算能力支持。金融作为货币的发行、流通和回笼，贷款的发放和收回，存款的存入和提取以及汇兑的往来等经济活动，实质就是对现有资源进行重新整合后，实现价值与经济利益的等效流通，即从储蓄到投资的过程，也就是人们在不确定环境中进行资源跨期的最优配置决策的行为。这就决定了金融功能发挥的最基础的底层技术就是计算。云计算技术极大地提升了人类的计算能力，为互联网金融提供了强大的运算能力支持。具体来说，云计算体系包括云计算和云存储核心技术；支持云平台、云网络、云安全、云终端和云服务技术等。互联网技术实现了金融领域关键点与信息的深入嵌合，确保了信息嵌入全过程的科学性、精准性，大数据和云计算保障了海量信息、数据挖掘、分析、量化的高速性。这就为金融风险的分散、资金的优化配置、金融业务及服务的高效性、智能化提供了技术保障。云技术的快速发展极大地改进了金融效率，推动了互联网金融的发展。

算法与数据处理技术为互联网金融发展创新提供有力支持。所谓算法，是一系列解决问题的清晰指令，代表用系统的方法描述解决问题的策略机制。随着现代金融业的快速发展，金融活动与金融创新的复杂程度要求必须改进算法，以有效应对大数据时代计算效率的高要求。而数据挖掘使数据库技术进入了一个更高级的阶段，不仅能够对过去的数据进行查询，还能够找出过去数据之间存在的潜在联系。算法的改进不仅可以提升数据挖掘的效果，而且与之并行的数据处理技术也已经由 CPU 向 GPU 转变，数据处理对象由结构数据向半结构和非结构数据转移。正式算法与数据处理技术的发展推动了互联网金融的创新和发展。

二、经济发展因素

近年来，在“大众创业、万众创新”的宏观政策推动下，众多中小微企业如雨后春笋般地出现，但作为我国经济实体的弱势群体，由于资产规模小、融资渠道窄、信用度低、运营风险大等，难以获得政府金融体系尤其是商业银行的资金支持，为此，中小微企业十分渴望构建普惠的互联网金融，加之互联网技术快速发展形成的驱动力，共同推动互联网金融不断发展。互联网金融为中小微企业的发展提供了更具包容性的服务和资源，无论是中小微企业还是创业个体，都不会受到企业运营规模、信用层次、创业类型、经营风险和年龄等因素的影响，能够获得普惠性互联网金融服务，尤其是广大农区牧区及农牧民群体突破时空限制，均能够参与到互联网金融服务中来，获得家庭经营所必需的资金支持，并能够保证农村家庭财富的保值增值。

三、政策因素

互联网技术的快速发展，形成了互联网与金融深度融合的发展趋势。互联网金融的快速发展将对金融产品、业务、组织和服务等方面产生更加深刻的影响。特别是互联网金融对促进中小微企业发展和提高就业率发挥着传统金融机构难以替代的积极作用，为“大众创业、万众创新”奠定了良好的金融支持基础。促进互联网金融健康发展，不仅有利于提升金融服务质量和效率，深化金融体制改革，还对促进金融产业创新发展，提高金融业对内对外开放程度，构建多层次金融体系，具有重要意义。为促进互联网金融产业发展，国家出台了一系列政策措施。我们以《指导意见》为例加以说明。

《指导意见》不但从宏观层面明确了对互联网金融的支持态度，而且从金融监管的分区划片、条线上规定了管理部门的权利和责任，并从金融宏观管理、金融行业管理、金融企业建设方面构建起管理框架。《指导意见》按照“鼓励创新、防范风险、趋利避害、健康发展”的总体要求，提出了一系列鼓励创新、支持互联网金融稳步发展的政策措施，积极鼓励互联网金融平台、产品和服务创新，鼓励从业机构相互合作，拓宽从业机构融资渠道，坚持简政放权和落实、完善财税政策，推动信用基础设施建设和配套服务体系建设。

《指导意见》积极鼓励互联网金融平台、产品和服务创新，激发市场活力。鼓励银行、证券、保险、基金、信托和消费金融等金融机构依托互联网技术，实现传统金融业务与服务转型升级，积极开发基于互联网技术的新产品和新服务。支持有条件的金融机构建设创新型互联网平台开展网络银行、网络证券、网络保险、网络基金销售和网络消费金融等业务。支持互联网企业依法合规设立互联网支付机构、网络借贷平台、股权众筹融资平台、网络金融产品销售平台，建立服务实体经济的多层次金融服务体系，更好地满足中小微企业和个人投融资需求，进一步拓展普惠金融的广度和深度。鼓励电子商务企业在符合金融法律法规规定的条件下自建和完善线上金融服务体系，有效拓展电商供应链业务。并鼓励从业机构积极开展产品、服务、技术和管理创新，提升从业机构的核心竞争力。

《指导意见》鼓励从业机构相互合作，实现优势互补。支持各类金融机构与互联网企业开展合作，建立良好的互联网金融生态环境和产业链。鼓励银行业金融机构开展业务创新，为第三方支付机构和网络贷款平台等提供资金存管、支付清算等配套服务。支持小微金融服务机构与互联网企业开展业务合作，实现商业模式创新。支持证券、基金、信托、消费金融、期货机构与互联网企业开展合作，拓宽金融产品销售渠道，创新财富管理模式。鼓励保险公司与互联网企业合作，提升互联网金融企业风险抵御能力。

《指导意见》要求拓宽从业机构融资渠道，改善融资环境。支持社会资本发起设立互联网金融产业投资基金，推动从业机构与创业投资机构、产业投资基金深度合作。鼓励符合条件的优质从业机构在主板、创业板等境内资本市场上市融资。鼓励银行业金融机构按照支持小微企业发展的各项金融政策，对处于初创期的从业机构予以支持。针对互联网企业特点，创新金融产品和服务。

《指导意见》提出要坚持简政放权，提供优质服务。各金融监管部门要积极支持金融机构开展互联网金融业务。并按照税收公平原则，对于业务规模较小、处于初创期的从业机构，符合我国现行对中小企业特别是小微企业税收政策条件的，可按规定享受税收优惠政策。结合金融业营业税改征增值税改革，统筹完善互联网金融税收政策。落实从业机构新技术、新产品研发费用税前加计扣除政策。同时提出，推动信用基础设施建设，培育互联网金融配套服务体系。支持大数据存储、网络与信息安全维护等技术领域基础设施建设。鼓励从业机构依法建立信用信息共享平台。推动符合条件的相关从业机构接入金融信用信息基础数据库。允许有条件的从业机构依法申请征信业务许可。支持具备资质的信用中介组织开展互联网企业信用评级，增强市场信息透明度。鼓励会计、审计、法律、咨询等中介服务机构为互联网企业提供相关专业服务。

综上所述，互联网金融的快速发展是基于云计算、通信技术、物联网等高新技术的发展和社会经济需求和政府政策的推动支持。

四、监管因素

随着互联网保险业务、互联网银行业务、互联网证券、互联网金融科技的快速发展，互联网金融的健康持续发展成为金融监管的重要内容。如表 1-2 所示，国务院、中国人民银行、银保监会、证监会等金融监管机构不断建立健全互联网金融业务的监管制度，以确保互联网金融健康持续发展。

表 1-2　中国互联网金融支持政策一览

时间	文件名称	主要内容
2014 年 4 月	《关于规范人身保险公司经营互联网保险有关问题的通知（征求意见稿）》	首个针对互联网金融的监管制度，正式就人身保险公司经营互联网保险的条件、风险监管等向业界征求意见
2014 年 7 月	《互联网保险监管暂行办法（征求意见稿）》	将适度放开互联网保险产品的经营区域限制，加强对参与互联网保险业务的第三方网络平台的监管，明确互联网保险产品信息披露制度，建立保险机构及第三方平台退出管理
2014 年 12 月	《互联网保险业务监管暂行办法》	保险机构应保证互联网保险消费者享有不低于其他业务渠道的投保和理赔等保险服务，保障保险交易信息和消费者信息安全
2015 年 7 月	中国人民银行等十部门《关于促进互联网金融健康发展的指导意见》（银发〔2015〕221 号）	定义了互联网金融的定义，确立了互联网支付、网络借贷、股权众筹融资、互联网基金销售、互联网保险、互联网信托、互联网消费金融等互联网金融业态的监管职责分工，正式纳入监管框架
2015 年 8 月	证监会《关于对通过互联网开展股权融资活动的机构进行专项检查的通知》	规范通过互联网开展股权融资活动，对开展股权融资中介活动的机构平台进行专项检查
2015 年 12 月	中国人民银行《非银行支付机构网络支付业务管理办法》	基于支付机构的分类评级情况和支付账户实名制落实情况，对支付机构实施差别化管理，采用扶优限劣的激励约束机制，引导推动支付机构合规经营和不断创新
2016 年 8 月	中国人民银行等十部门《网络贷款信息中介机构业务活动管理暂行办法》	实行负面清单管理，明确十三项禁止行为，对网贷机构第三方资金存管提出要求
2016 年 10 月	国务院办公厅《互联网金融风险专项整治工作实施方案》	重点整治 P2P 网络借贷、股权众筹、互联网资产管理、第三方支付业务、互联网金融领域广告等，具体规定了专项整治的分工和负责部门，并规定区域内整治报告在 2017 年 1 月底前完成
2016 年 10 月	银监会等五部门《P2P 网络借贷风险专项整治工作实施方案》	明确网贷机构的信息中介定位，将网贷机构划分为三类，进行分类处置，异化为信用中介的网贷机构按要求整改，整改不到位与涉嫌非法集资活动的坚决实施市场退出
2016 年 10 月	《通过互联网开展资产管理及跨界从事金融业务风险专项整治工作实施方案》	对缺乏资产管理业务资质或业务不规范的互联网企业进行排查和整治，2017 年底完成验收
2016 年 11 月	《关于进一步加强校园网贷整治工作的通知》	要求从事校园贷业务的网贷机构一律暂停新发校园网贷业务标的，制订明确的退出整改计划。鼓励商业银行和政策性银行进一步针对大学生合理需求研发产品
2016 年 11 月	《网络借贷信息中介备案登记管理指引》	对全部网络借贷信息中介机构进行登记和分类处置
2017 年 12 月	《网络借贷资金存管业务指引》	为商业银行开展存管业务划清彼此界限和明确各方责任

续表

时间	文件名称	主要内容
2018年3月	《关于加大通过互联网开展资产管理业务整治力度及开展验收工作的通知》	未经许可，不得依托互联网公开发行、销售资产管理产品，以该方式公开募集资金的行为应当明确为非法金融活动，具体可构成非法集资、非法吸收公众存款、非法发行证券
2018年4月	中国人民银行等四部门《关于规范金融机构资产管理业务的指导意见》	资产管理业务作为金融业务，属于特许经营行业，必须纳入金融监管。非金融机构不得发行、销售资产管理产品
2019年1月	《关于做好网贷机构分类处置和风险防范工作的意见》	坚持以机构退出为主要工作方向，能退尽退，应关尽关，加大整治工作的力度和速度
2019年9月	《金融科技发展规划（2019—2021年）》	金融科技的顶层设计方案与规划
2020年6月	《关于规范互联网保险销售行为可回溯管理的通知》	规范和加强互联网保险销售行为可回溯管理，保障消费者知情权、自主选择权和公平交易权等基本权利
2020年7月	《商业银行互联网贷款管理暂行办法》	对互联网贷款业务做出界定，提出加强限额管理和集中度管理等要求，规范商业银行与互联网平台合作风险管理和机构管理，要求将商业银行互联网贷款业务纳入全面风险管理框架
2020年9月	《关于加强小额贷款公司监督管理的通知》	明确小额贷款公司业务范围、经营领域、贷款用途；对小额贷款管理公司的经营管理提出要求；明确各地监管责任
2020年12月	《互联网保险业务监管办法》	明确“互联网保险”定义和业务实质，互联网保险业务应由依法设立的保险机构开展，其他机构和个人不得开展互联网保险业务。对非保险机构的行为边界作出明显规定
2021年1月	《关于规范商业银行通过互联网开展个人存款业务有关事项的通知》	明确提出商业银行不得通过非自营网络平台开展定期存款和定活两便存款业务。规定商业银行互联网存款业务经营秩序，加强信息披露，保障消费者权益
2021年2月	《关于进一步规范商业银行互联网贷款业务的通知》	细化商业银行互联网贷款业务审慎监管要求，对监管指标和业务区域提出了明确规定

资料来源：国家金融监管部门官网。

第四节　互联网金融的现实意义

互联网金融的快速发展不仅有助于促进传统金融产品的创新，而且有助于弥补传统金融服务半径制约、实体金融运营成本较高等不足，缓解中小微企业融资难题，促进中小微企业持续健康发展。

一、有助于提升金融服务的广度

互联网金融的快速发展不仅拓展了传统金融服务领域，而且提高了传统金融服务的广度，提升了普通百姓的金融获得感和满意度。互联网金融的发展不仅改变了低收入人群、小微企业和大部分退休人员等因为收入较低而原来无法获得或者很难获得传统金融服务的局面，而且更好地满足了缺少抵押资产而无法获得传统商业银行融资的小微企业、从事创新创业的大中专毕业生、回乡创业进城务工人员、蓝领工人和科技工作者等对融资的需求。尤其是针对中小微企业的发展，提供了创新创业的融资支持，有效促进了中小微企业的成长壮大。以互联网理财为例，商业银行的活期宝、活期富等品种和开放式基金产品大大降低了理财的门槛，满足了低收入人群的财富积累需求，提升了金融服务效率和用户体验。

二、推动了科技创新与金融服务的高度融合

随着大数据、云计算、移动互联、生物科技、人工智能、区块链等高新科技的快速发展，并广泛应用于金融系统的搭建和优化，有效地解决了传统金融机构的 IT 部门技术人才匮乏、新兴技术应用能力欠缺、金融创新步伐缓慢等问题，并将金融系统和微信体系有机链接，实现了互联网支付的跨越式发展，补齐了传统金融系统长期存在的“短板”，大大地提高了社会享受金融服务的便利度，如使传统保险行业实现了网上购买、销售、理赔、定损等一系列管理活动，银行的支付、转账、结算、财务顾问等业务实现了网络化等。

三、激发了金融市场活力

2012 年以前，中国的金融业主体主要是以传统金融机构为主，包括保险、商业银行和证券公司三大金融行业所包含的金融机构，主要是国有金融机构，民间金融机构的发展受到很大的限制。而互联网金融兴起后，国内金融市场的活力在高科技的引领下迅速激发，网贷、众筹、互联网保险、互联网消费金融、互联网银行等金融业态得到了长足发展。金融市场主体的增加，激发了市场活力，促进了行业竞争和健康发展。

四、促进金融监管

我国传统金融的监管采用分业监管、垂直监管方式。然而，互联网金融的产生及所具有的跨界和综合性、信息化和平台化、分散性和灵活性等特点，对传统金融监管提出了挑战，促使监管机构探索和创新监管思路，改进监管政策。针对互联网金融，监管部门制定了一系列监管政策。一是划定从业底线，明确各类互联网金融模式的自身定位。例如，网贷平台定位成信息中介。二是加强功能监管，对不同互联网金融业态实施“穿透式”管理。三是加强行为监管，按照同一原则，对相同互联网金融产品及服务实施统一监管等。

五、倒逼传统金融改革创新

互联网金融对传统金融服务带来了全方位的冲击，促使传统金融机构要想在日趋激烈的金融市场中保持竞争优势，就必须以积极进取的精神转变经营理念，破除故步自封的陈旧思想，持续改革创新，转变思路，转变经营机制，不断开发新产品、优化产品结构，提高信息化、数字化水平，改善服务质量，为消费者提供高效、优质、便利的金融服务。

第二章

互联网支付

HULIANWANG ZHIFU

第一节　互联网支付概述

互联网支付作为金融支付方式的创新，在互联网技术快速发展的推动下，出现了多种方式，学术界至今仍然没有一个统一的定义。

一、定义和内涵

综合学术界关于互联网支付定义的表述。我们认为，互联网支付是指客户为购买特定商品或者服务，通过计算机、手机等设备，依托互联网发起的支付指令进行支付，实现货币资金转移的行为。互联网支付的手段是以计算机网络为基础，将负载有特定信息的电子数据取代传统的以现金支付方式为主进行的资金流转，而且具有很强的时效性特点。可以说，互联网支付是基于一套完整的网络商务经营与治理信息系统。在这个系统中，银行、第三方支付公司（平台）和商户是电子支付市场的三大主体，三者间存在既相互独立又相互依存的合同关系，即买卖合同和金融服务合同。

二、互联网支付的分类

在完整的网络商务经营及治理信息系统中，商业银行、第三方支付公司（平台）和商家三者作为电子支付市场的相互支撑主体，支付的手段具有多样性，包括信用卡网络支付、智能卡、电子现金卡、电子支票、电子钱包、电子汇兑、网络银行以及人们消费应用最多的微信和支付宝等方式。互联网支付的共同特点是将传统的现金或者结算货款无纸化、电子化和数字化，即应用网络进行资金信息的传输、支付和结算，辅以网络银行，实现完全的网络支付。

互联网支付按照不同标的可分为不同的类型。

（一）按照互联网支付方式分类

按照互联网支付方式的不同，互联网支付划分为网络银行直接支付、第三方辅助支付和第三方支付平台三种。

1. 网络银行直接支付

网络银行直接支付是最早被接受的互联网支付方式。这种方式由用户按照商业银行的要求向网上银行发出申请，经过下载企业网银或个人网银支付软件，通过 U 盾等介质，将银行里的钱直接划到商家名下账户，直接完成交易，即将传统商品交易的支付方式转换为通过网上银行进行支付。如中国农业银行的页面支付，实现了商户端电商系统对接农行移动端 H5 支付页面或者 PC 端支付页面，具有标准化程度高和上线快的特点。客户在商户 App 或者 PC 网站选购商品后，跳转至农行移动端 H5 支付页面或者 PC 端支付页面，在该页面选择或输入卡号、密码等信息，经过短信验证码或 K 宝或 K 令认证后支付。短信验证码最高支持单笔/日累计 1000 元（客户可下调），K 令最高支持单笔/日累计 50 万元（客户可下调），K 宝最高支持单笔 100 万元/日累计 500 万元（客户可下调或者上调）。

2. 第三方辅助支付

第三方辅助支付即在用户、商户和商业银行外增加了第三方，用户无须在第三方机构拥有独立的账户，第三方机构所起的作用就是使双方交易更加便捷更加方便。例如，人民银行研发的标准化跨银行网上金融服务产品“超级网银”，通过构建“一点接入、多点对接”的系统架构，实现企业“一站式”网上跨银行财务管理，具有实时跨行转账与跨行账户查询功能等，使企业金融理财操作更为方便快捷。

3. 第三方支付平台

第三方支付平台就是一些和产品所在国家及国内外各大商业银行签订了合约，并具备一定实力和信誉保障的第三方独立机构如中国银联股份有限公司、拉卡拉支付股份有限公司等提供的交易支持平台。在我国通过第三方支付平台的交易中，商品买方选购商品后，使用中国银联、拉卡拉等第三方平台提供的账户进行货款支付，由第三方通知商品销售商货款到达，进行发货，待商品买方检验商品后，就可通知付款给商家，第三方再将货款转至商品卖家。这样，商品买卖双方均需要在第三方支付平台上拥有账号。第三方支付平台的作用就是保障买卖双方的交易安全。

2010 年以来，在网络购物、社交红包、线下扫码支付等推动力的作用下，第三方支付交易规模快速发展。2020 年第三方支付交易规模增长至 271 万亿元，2021 年交易规模达到 312 万亿元，整体增速趋于稳健增长态势。第三方支付凭借其便捷、高效、安全的支付体验，使中国支付市场成为国际领先市场之一。

（二）按照互联网支付工具分类

按照互联网支付工具的差异性，互联网支付可以划分为电子信用卡网络支付、数字现金支付、智能卡支付、虚拟货币支付、网银支付、电子支票网络支付和电子汇票网络支付等。

1. 电子信用卡网络支付

信用卡是商业银行或其他财务机构签发给资信状况良好人士的一种特制卡片，是一种特殊的信用凭证，如招商银行信用卡、交通银行信用卡等。电子信用卡网络支付包括无安全措施的电子信用卡支付模式、以第三方代理机构的电子信用卡支付模式、基于SSL（Secure Socket Layer，安全套接层）协议机制的电子信用卡支付模式和基于SET（Secure Electronic Transaction）协议机制的电子信用卡支付模式。

2. 数字现金支付

数字现金，又称电子现金，是纸币现金的电子化。广义上来说是指那些以数字的形式储存的货币，它可以直接用于电子购物。数字现金是以数据形式流通的、能被客户和商家普遍接受的、通过Internet购买商品或服务时使用的货币。通过使用隐蔽签名技术，允许数字现金的匿名，从而最大限度地保护了用户的隐私。这种互联网支付方式无须商业银行中介的直接支付和转让，具有很高的经济性，它适合在互联网上进行小额实时支付。

3. 智能卡支付

智能卡是使用计算机微型CPU和存储器RAM（集成电路芯片）来存储用户的个人信息和电子货币信息，具有进行支付与结算等功能的消费卡。智能卡网络支付方式包括在线和离线两种，其中离线智能卡是将智能卡当作拥有中央处理器的信用卡使用，在线智能卡以公共交通IC卡为代表。

4. 虚拟货币支付

虚拟货币是由私人部门发行，在局部可以自有的记账单位，主要包括加密代币和积分代币。其中加密代币包括不存在信用发行主体，而是采用区块链等特定加密技术发行的虚拟商品，例如比特币、莱特币等，或者是通过首次代币融资（ICO）形成的中心化数字货币及其代币等。积分代币是由特定私人信用主体发行的在特定场景下使用的电子支付手段，产生方式包括商家返利积分、折扣券、代金券等多种形态，例如淘宝积分、Q币、论坛币等。

5. 网银支付

网上银行支付又称为网络银行支付、在线银行支付，是指商业银行利用Internet技术，通过Internet向客户提供开户、销户、查询、对账、行内转账、跨行转账、信贷、网上证券、投资理财等传统服务项目，使客户可以利用网络就能够安全便捷地管理活期和定期存款、支票、信用卡及个人投资等。可以说，网上银行是在Internet上的虚拟银行柜台。

6. 电子支票网络支付

电子支票是客户向收款人签发的，无条件的数字化支付指令。商业银行可以通过互联网或无线接入设备来完成传统支票的所有功能。电子支票网络支付既继承了纸质支票支付的优点，又降低了商品交易成本，并因为使用公用关键字加密签名或个人身份证号码（PIN）代替手写签名等方法确保了交易的安全性，得到了电子商务人士的广泛认可。

7. 电子汇票系统网络支付

电子汇票系统是依托网络和计算机技术，接收、登记、存储、转发电子汇票数据电文，提供与电子汇票货币给付、资金清算行为相关服务，并提供纸质汇票登记查询和汇票公开报价服务的综合性业务处理平台。

（三）按照互联网支付终端分类

互联网金融支付按照支付终端进行划分可为移动支付、电脑支付、互联网电视支付等。

1. 移动终端支付

移动终端支付是用户使用移动终端即手机、平板电脑和上网本等，对所消费的商品或服务进行款项支付的一种服务方式。移动终端支付业务主要是由移动运营商、移动应用服务提供商和金融机构合作共同推出。手机支付方式包括近场支付和远程支付。前者是指将手机作为IC卡承载平台以及与POS机通信工具从而进行支付。后者是将手机作为支付用的简单信息通道，通过Web、SMS、语音等方式进行支付，又可分为手机话费支付方式、指定绑定银行支付和银联快捷支付三种。

2. 电脑终端支付

作为最早的互联网支付方式，电脑终端支付方式是用户通过下载各商业银行的网上银行插件，通过输入K宝或者K令进行支付的方式。

3. 互联网电视终端

互联网电视支付是在通过电视购物时，利用将类似POS机的装置植入遥控器当中或者将银行卡的支付功能植入数字电视机顶盒里进行支付款项的支付方式。

三、互联网支付的特点

（一）信息流取代现金流

互联网支付与传统支付相比较，是通过信息流在交易各方之间的传递而实现了传统交易资金信息的传输、支付和结算，各种支付方式都是通过数字化方式、自动完成商品或服务交易款项支付的。

（二）基于互联网的开放平台

互联网支付的信息传递是基于一个完全开放的Internet公共通信网络平台实现的。为此，互联网公共通信网络平台的网络可靠性就决定了互联网支付能否实现的程度。

（三）安全性和一致性的有机统一

互联网支付通常情况下可以保护买卖双方不被非法支付和抵赖，也可以避免传统现金支付方式中的被冒名顶替的可能性。尤其是互联网支付的全过程使用的是“数字化货币”，这有效避免了假币的产生和由此产生的社会危害。

（四）需要可靠的网络技术支持

互联网支付工具和支付过程具有无形化、电子化、数字化和无纸化特征，为了避免支付过程中因为存在漏洞而造成损失，互联网支付工具的安全管理远远超过普通的防伪技术，需要通过用户密码、人脸识别、软硬件加密和解密系统以及防火墙等网络安全设备的安全保护功能来实现。

（五）便捷高效的支付方式

与传统的商品或服务交易的现金支付方式相比较，互联网支付具有方便、快捷、高效的特点。商品或服务的购买方只需通过互联网在手机、计算机等按照操作步骤，就可以足不出户完成全部的支付方式，商品或服务的销售方同样可以简便地将销售款项转入账户中，并可以通过手机、计算机等互联网支付工具进行存储、理财和证券投资等功能。

四、互联网支付发展过程

互联网支付的发展经过了四个阶段，即准备期、初创期、回归期和发展期。四个发展阶段具有不同的发展内容和发展特点。

（一）互联网支付准备期（互联网投入商用至 1992 年）

互联网进入大规模商用之前，电子支付系统已经发展得较为充分，这为互联网支付系统的开发奠定了基础。到了 1992 年，WWW（The World Wide Web）获得广泛接受、全球 IP 服务器数量超过 100 万，这成为互联网支付准备期的标志。

20 世纪 80 年代以来，伴随互联网技术的快速发展，以取代现金和纸质票据为目的的多种电子化支付手段得到了较快的发展。1976 年 Whitfield Diffie 和 Martin Hellman 开始共同研究。1982 年 David Chaum 研究完成关于盲签名用于不可追踪支付的论文，并开始进行匿名电子现金的研究和测试，随后在 1989 年于荷兰创办 DigiCash。与之相适应，储值智能卡在 20 世纪 80 年代开始发展，取代了 20 世纪 70 年代的磁条卡。1983 年法国首张预付电话 IC 卡推出。20 世纪 90 年代电子钱包开始推出，1991 年英国 NatWest 银行启动 Mondex 项目，1992 年丹麦推出全球第一个全国性储值卡方案。这类电子钱包方案期望在 POS 机支付领域与现金及信用卡/借记卡进行竞争。

随着 20 世纪 80 年代可视图文（Videotex）如法国的 Minitel、德国的 BTX 开始提供服务，家庭银行的概念开始出现，并被认为是可视图文服务的关键应用之一，与此同时计费系统开始作为服务的一部分得到了发展。伴随互联网商业用途的开发，多种电子化支付系统开始出现，如 POS 机、软件/硬件电子现金、预付款机制、计费系统、电子钱包等。

（二）互联网支付初创期（1993—1995 年）

作为传统环境最成熟的消费支付工具，商业银行信用卡随着互联网新型信息交换渠道的出现便开始通过互联网进行交易支付款项。起初，信用卡通过互联网支付的方法非常简单，几乎没有任何防护，仅仅是通过互联网传递信用卡号码从而实现交易。1994 年网景公司（Netscape）开发了 SSL 标准增强了信息交互的安全性，形成了由消费者向商家呈递卡号码的交易模式。在互联网支付初创时期，荷兰 DigiCash 开始发行电子化符号货币 Cyberbucks，即“私有互联网现金”。同时，作为消费者、商家、信用卡网络之间交易中介的互联网支付服务商如 FirstVirtual、CyberCash 也开始出现，其角色类似于传统环境的 POS 服务商。

（三）互联网支付回归期（1995—1998 年）

互联网支付初创时期的主导者并非商业银行，而互联网支付回归时期是指银行业夺回网络支付领域控制权的时期，最为重要的一步是卡组织开发并推广 SET。作为一个真正的金融支付标准，SET 按照现实环境支付交易的要素构建出一个适用于互联网的完美支付模型，交易过程中交易相关各方之间依赖数字证书相互进行身份验证。SET 的开发旨在防止早期信用卡通过网络简单呈递模式中已出现的欺诈行为，以期对整个交易链条进行系统性控制。初期的 SET 方案依赖客户端功能复杂的本地钱包，即“富钱包”方案。1996 年 12 月完成第一笔 SET 交易。随着各国政府和央行注意到电子货币的实验与扩散，开始考虑到电子货币和互联网支付的法律问题。1995 年马克・吐温银行开始接受符号电子货币，德国于 1997 年将电子货币业务视为银行业务，1998 年欧盟委员会开始起草电子货币法律。同时，各国银行业开始尝试将直接借记、贷记转账等传统支付工具进行改造，以适用于互联网，网上银行业务开始初步增长。

（四）互联网支付发展期（1999 年至今）

2000 年之前，商业银行信用卡占据互联网支付的统治地位，全球范围内占有 70%~90%的份额。与信用卡相比，SET 标准并没有取得商业上的成功，于是革新方案开始出现，卡组织各自开发自身的系统，如 3D-SET。1999 年第一个 SET“瘦钱包”出现，客户端越来越简化，钱包系统朝着中央服务器的方向发展。2002 年，两大卡组织以 3D-Secure 为基础统一了信用卡在线认证标准。2000 年以后随着电子商务的快速发展，在线拍卖的发展带动了 P2P 支付的增长，以 PayPal 为代表的虚拟账户机制获得了发展机会，将业务范围定位在以前未被开发的中小型商家与国际支付市场。伴随互联网支付向多元化方向发展，基于银行账户的在线支付方案在多个市场取得了成功，形成了信用卡支付的重要补充。EMV 迁移在全球多数市场的扩展至互联网环境，2003 年英国 Barclaycard 开始测试 EMV 卡在线支付。音乐与视频下载以及数字内容市场的兴起使微支付机制获得新生。鉴于移动通信、智能卡、互联网等多种技术的移动支付前景较好，2004 年日本 DoCoMo“钱包手机”计划开始启动。卡基电子货币在移动、交通、政府等不同领域得到充分应用。同时，法律领域，欧盟电子货币指令于 2000 年正式颁布，2002 年开始生效并逐步在欧盟各国推行。2010 年起，在网络购物、社交红包、线下扫码支付等非传统支付推动力量的作用下，互联网支付的交易规模呈现出爆发式增长态势。

第二节　互联网支付应用

一、应用概况

随着计算机、智能手机等高科技产品的快速发展和普及，个人互联网在经济社会生活中的应用呈现持续稳定增长，中国网民规模快速增长。截至 2020 年 12 月，中国网民规模达 9.89 亿人；截至 2021 年 12 月，中国网民规模达 10.32 亿人，较 2020 年 12 月增加 4296 万人。

中国互联网购物呈现蓬勃发展趋势

中国互联网购物的规模不断增加。随着互联网在金融领域的应用，尤其是 2020 年以来的新冠肺炎疫情的暴发，使互联网购物成为中国网民的一种重要购物形式。如图 2-1

所示，中国互联网购物交易规模不断增加，从 2014 年的 2.73 万亿元增加到 2021 年的 11.22 万亿元。2014 年至 2021 年中国互联网购物规模的环比增长率平均为 22.94%，即使是受疫情影响较为严重的 2021 年，中国网络购物交易规模仍比 2020 年增长 3.89%。

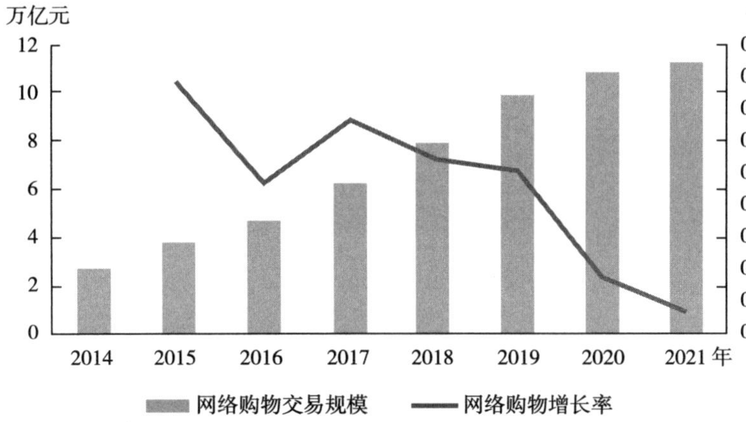

图 2-1　2014—2021 年中国网络购物交易规模及增长率示意

［资料来源：中国互联网络信息中心（CNNIC）］

中国网络支付用户的规模不断增加。随着互联网购物规模的增加，中国互联网支付用户规模与之相适应呈现出了增长态势。如图 2-2 所示，中国网络支付用户由 2014 年的 3.04 亿人增加到 2021 年的 9.04 亿人，环比增长率达到 14.05%。可见，随着互联网在金融和消费领域的应用，网络支付用户的规模不断增长，已经成为最重要的支付方式。同时，中国网络支付用户占全体网民总数的比例不断上升。如图 2-3 所示，截至 2021 年 12 月中国网络支付用户占全部网民的比重达到 87.6%。

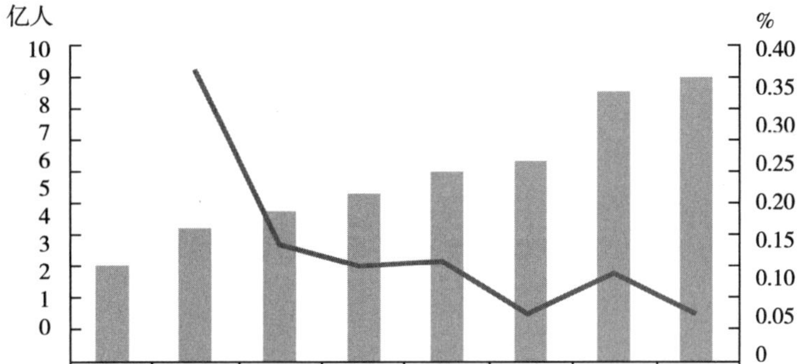

	2014年	2015年	2016年	2017年	2018年	2019年	2020年	2021年
网络支付用户规模	3.04	4.16	4.75	5.31	6	6.33	8.54	9.04
网络支付用户增长率		36.84	14.18	11.79	12.99	5.50	11.20	5.85

图 2-2　2014—2021 年中国网络支付用户规模及增长率示意

［资料来源：中国互联网络信息中心（CNNIC）］

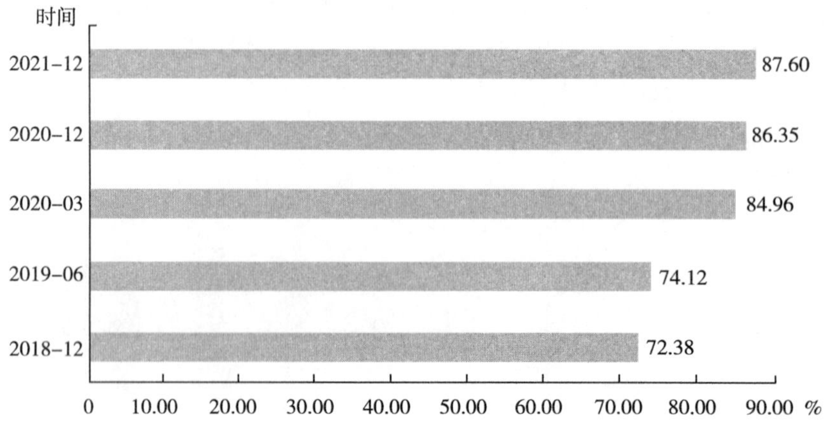

图 2-3　2018—2021 年中国网络支付用户占全体网民总数的比例

［资料来源：中国互联网络信息中心（CNNIC）］

银行非现金支付业务量保持增长态势。随着互联网在金融领域的应用，在我国银行开立账户总量不断增加的同时，银行非现金支付业务量保持增长态势。如图 2-4 所示，2017—2020 年我国开立银行账户数量分别为 92.6 亿户、101.29 亿户、113.52 亿户和 125.36 亿户，同比增长率分别为 9.39%、12.07%和 10.43%。2020 年受新冠肺炎疫情的影响，我国银行账户开立数量有小幅下降 1.64 个百分点，非现金支付业务保持增长，支付系统业务量稳步增长。如图 3-5 所示，2015—2020 年非现金支付业务的笔数和金额分别为 943.22 亿笔、3448.85 万元；1251.11 亿笔、3687.24 万元；1608.78 亿笔、3759.94 万元；2203.12 亿笔、3768.67 万元；3310.19 亿笔、3779.48 万元；3542.21 亿笔、4013.01 万元。非现金支付业务的笔数环比增长率分别为 32.64%、28.59%、36.94%、50.25%和 7%。由此可见，商业银行互联网支付业务中的非现金支付业务笔数和金额保持增长态势。

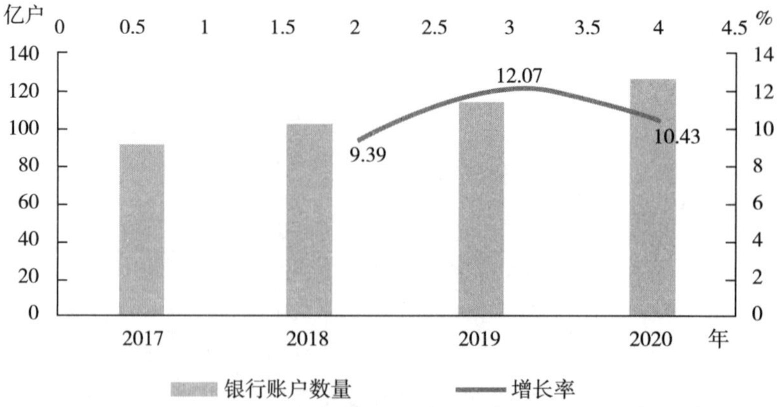

图 2-4　2017—2020 年中国开立银行账户数量与增长率示意

（资料来源：根据中国人民银行公布数据进行整理）

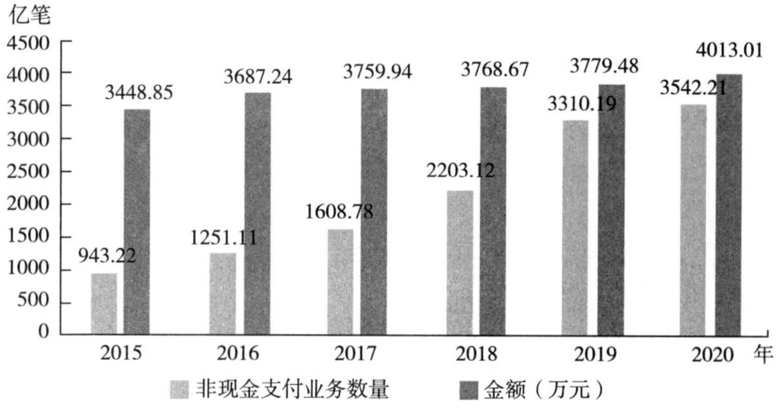

图 2-5　2015—2020 年全国银行非现金支付业务情况示意

（资料来源：根据中国人民银行公布数据进行整理）

全国银行电子支付业务呈现稳定状态。随着互联网在金融领域尤其是商业银行支付业务的应用，全国银行电子支付业务呈现稳定状态。据统计，2015—2020 年全国银行电子支付业务量分别为 1052.34 亿笔、1395.61 亿笔、1525.8 亿笔、1751.92 亿笔、2233.88 亿笔和 2352.25 亿笔；银行电子支付金额分别为 2506.23 万亿元、2494.45 万亿元、2419.2 万亿元、2539.7 万亿元、2607.04 万亿元和 2711.81 万亿元。可见，全国银行电子支付业务量快速增长，支付金额呈现稳定态势。

在全国银行电子支付业务量不断增加和支付金额呈现稳定增长的情况下，网上支付、移动支付和电话支付三种方式业务量和支付金额均不断增长。其中网上支付业务和金额分别达到 879.31 亿笔和 2174.54 万亿元，较 2019 年分别增长 12.46%和 1.86%；移动支付业务和金额分别达到 1232.20 亿笔和 432.16 万亿元，较 2019 年分别增长 21.48%和 24.5%；电话支付业务量和金额分别为 2.34 亿笔和 12.73 万亿元，较 2019 年分别增长 33.06%和 31.69%。由此可见，移动支付业务量最大，而支付金额居中，同比增长速度均超过了 20%。随着老年人使用手机支付的普及，以最广大消费者为支付主体的移动支付业务量和支付金额将会进一步提高。网上支付业务量尽管低于移动支付，但支付金额远远超过了移动支付和电话支付的总和，这说明以企事业单位为支付主体的网上支付通常是金额较大的支付业务所采取的形式。尽管电话支付的业务量和支付金额的增长速度超过了 30%，但规模相对较小。

表 2-1　2020 年全国银行电子支付细分业务情况一览

支付方式	数量		金额	
	交易量（亿笔）	增速（%）	交易金额（万亿元）	增速（%）
网上支付	879.31	12.46	2174.54	1.86
移动支付	1232.20	21.48	432.16	24.50
电话支付	2.34	33.06	12.73	31.69

资料来源：根据中国人民银行数据整理。

全国支付系统支付业务快速增长。全国支付系统业务量运行总体平稳，支付系统业务金额继续增长。如图 2-6 所示，2020 年，全国支付系统共处理支付业务 7320. 63 亿笔，金额 8195. 29 万亿元，同比分别增长 28. 77%和 18. 73%。截至 2020 年末，共有 4034 家银行加入人民银行支付系统，占银行总量的 99. 09%，其中 2020 年新增加入 90 家银行。2020 年，人民银行支付系统共处理支付业务 196. 68 亿笔，金额 6016. 91 万亿元，同比分别增长 9. 16%和 15. 43%，分别占支付系统业务笔数和金额的 2. 69%和 73. 42%。日均处理业务 185448. 92 万笔，金额 23. 71 万亿元。

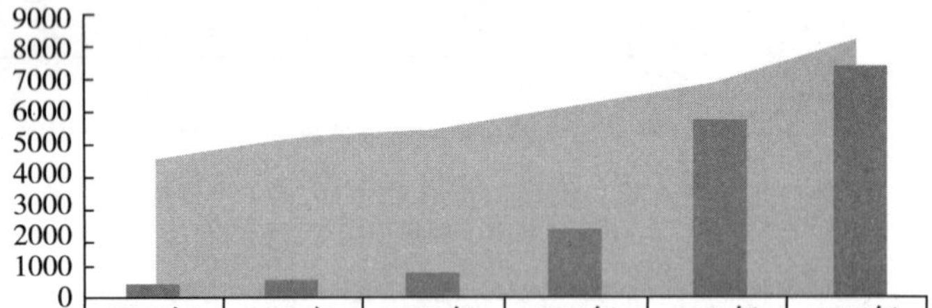

	2015年	2016年	2017年	2018年	2019年	2020年
支付系统业务量（亿笔）	4383.16	5114.51	5414.25	6142.97	6902.22	8195.29
支付系统业务金额（万亿元）	469.48	592.87	773.34	2157.23	5685.12	7320.63

图 2-6　2015—2020 年全国支付系统支付业务情况示意

（资料来源：根据中国人民银行公布数据进行整理）

银行行内支付业务金额增长较快。如图 2-7 所示，2020 年，银行行内支付系统共处理业务 169. 19 亿笔，金额 1588. 32 万亿元，同比分别增长 2. 73%和 30. 33%。日均处理业务 4622. 58 万笔，金额 4. 34 万亿元。

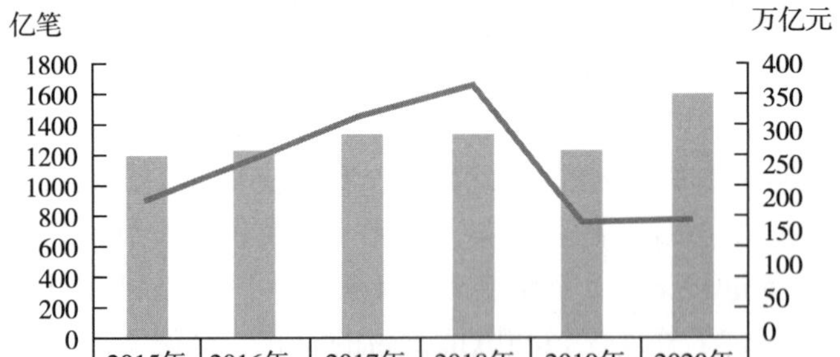

	2015年	2016年	2017年	2018年	2019年	2020年
银行内支付系统业务量（亿笔）	1194.01	1215.47	1333.69	1332.09	1218.69	1588.32
银行内支付系统业务金额（万亿元）	197.08	258.30	323.13	366.95	164.69	169.19

图 2-7　2015—2020 年银行内支付系统业务示意

（资料来源：根据中国人民银行公布数据进行整理）

银行卡跨行支付系统业务量保持增长。如图 2-8 所示，2020 年，银行卡跨城支付系统共处理业务 1505. 60 亿笔，金额 192. 18 万亿元，同比分别增长 11. 38%和 10. 70%。日均处理业务 4. 11 亿笔，金额 5250. 95 亿元。

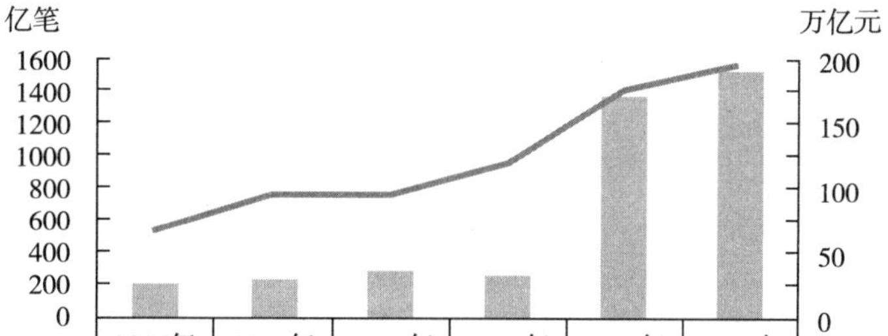

	2015年	2016年	2017年	2018年	2019年	2020年
银行卡跨行支付系统业务量（亿笔）	206.68	237.62	293.48	263.25	1351.75	1505.60
银行卡跨行支付系统业务金额（万亿元）	67.07	93.85	93.85	119.07	173.60	192.18

图 2-8　2015—2020 年银行卡跨行支付系统业务示意

（资料来源：根据中国人民银行公布数据进行整理）

人民币跨境支付系统呈现持续增长态势。如图 2-9 所示，2020 年，人民币跨境支付系统处理业务 220. 49 万笔，金额 45. 27 万亿元，同比分别增长 17. 02%和 33. 44%。日均处理业务 8855. 07 笔，金额 1818. 15 亿元。

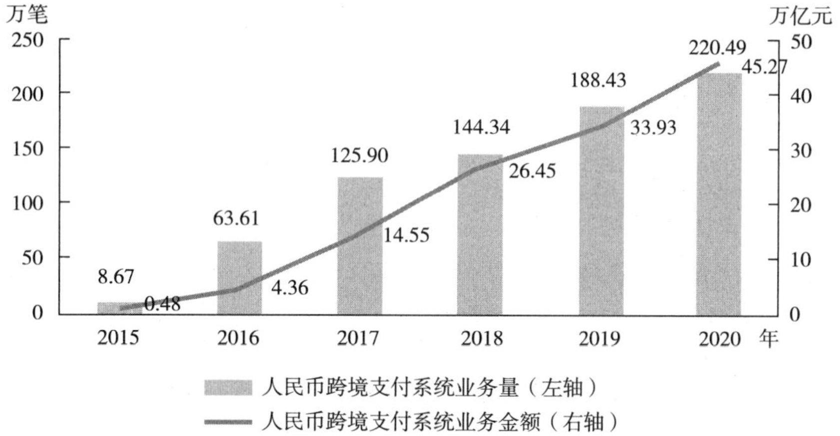

图 2-9　2015—2020 年人民币跨境支付系统业务示意

（资料来源：根据中国人民银行公布数据进行整理）

二、业务实训

（一）银行卡互联网支付程序

银行卡互联网支付是互联网支付主要方式之一，银行卡尤其是信用卡的网络支付程序包括以下步骤：

第一步，在实际商品、相关服务与资金流动发生之前，由客户通过安全方式将信用卡信息传送给商户；

第二步，商户验证客户身份为信用卡账户所有者；

第三步，商户把信用卡收费信息和数字签名发送给其银行或在线信用卡处理器；

第四步，使用第三方进行验证的支付，即买卖双方都使用电子邮箱和第一虚拟银行的 FV 账户，来确保信用卡号码不在互联网络上传输，进而避开信用卡方面的安全问题；

第五步，银行或处理方把信息送给客户银行进行授权；

第六步，客户银行为商户返回信用卡数据、收费确认和授权；

第七步，网上信用卡支付完成。

（二）电子支票互联网支付程序

国内外电子支票的支付流程并不统一，电子支票的网络支付与所要应用的电子支票系统密切相关。以美国卡内基·梅隆大学开发出的“Netbill”电子支票为例，其网上支付流程主要包括如下步骤：

第一步，客户向商户请求正式的报价单，启动 Netbill 交易；

第二步，在收到报价单请求后，商户定出价格，并返回报价单；

第三步，如果客户接受所报价格，则应指示其支票簿向商户收款机发送购买请求；

第四步，当收到购买请求后，收款机从商户应用中取出产品，并采用一个密钥来加密该产品。在计算出密码校验后，将结果传送至客户支票簿；

第五步，在收到加密信息后，支票簿验证校验，随后，支票簿向商户收款机送回一份签名的电子支付订单；

第六步，收款机对电子支付订单进行背书，然后将之发送至 Netbill 服务器；

第七步，Netbill 服务器在验证价格、核验等符合规定之后，借记客户账户恰当的数额，Netbill 服务器记录该笔交易并且保存一次性密钥的复制件，然后，再将包含同意或拒绝信息的数字签名信息发送给商户；

第八步，商户对 Netbill 服务器作出回答，如果同意，即同时将解密密钥发送给客户支票簿。

（三）网上银行互联网支付程序

网上银行互联网支付程序尽管由于各个银行使用的介质和程序稍有不同，但基本包括以下步骤：

第一步，客户使用专用账号进行交易。该专用账户是网银账户，有独立的账号和密码，并且只能通过它进行在线付款。

第二步，设置网上消费金额限制。

第三步，支付信息直接传送到银行，不需要经过商家转发。加密后的信息直接传到银行，可以最大限度地避免信息泄露。

第四步，商家无法获取客户支付信息。商家从银行接收客户的订货信息，可避免客户篡改已被银行确认的订单信息。

第五步，对登录次数予以限制。客户在一日之内登录错误次数超过 5 次即被拒绝登录。

第六步，网上传输支付信息时采用安全套接层协议（SSL）进行加密。

（四）电子现金互联网支付程序

以 Ecash 为典型的电子现金进行互联网支付，主要包括以下步骤：

第一步，客户需要先在其电子钱包软件中储存 Ecash 硬币，即一定数量的电子现金；

第二步，客户浏览商户的站点，确定欲购物品的品类、数量及价格等；

第三步，客户通过商户的站点递交一份购物表格；

第四步，商家收到订单后，即向客户电子钱包发送支付请求，请求内容包括有订单金额、可用币种、当前时间、商户银行、商户的银行账户 ID 及订单描述等；

第五步，客户钱包将上述信息呈现给客户，请求是否付款；

第六步，客户同意付款，则将从电子钱包中采集与请求金额值相等的硬币；

第七步，在将所要支付给商户的硬币值送给商户之前，须用银行的公用密钥加密；

第八步，商户将接收的硬币值送给银行存入自己的账户，在先送往商户、后送给银行的支付信息中包含有关支付和加密的硬币值的信息；

第九步，在商户存款期间，支付信息与加密硬币一起被送往银行；

第十步，在收到支付信息后，作为存入请求的一部分，商户将其送往银行，客户可以用类似的存入信息格式向银行返回专用硬币；

第十一步，在收到有效支付后，商户给用户发送所购商品或收据。

第三节　互联网支付的影响

中国互联网络信息中心（CNNIC）发布的第 47 次《中国互联网络发展状况统计报告》显示，截至 2020 年 12 月，我国互联网网民规模达到 9.8 亿，占全球网民总数的 20%，互联网普及率达到 70.4%，超过了全球平均水平。互联网的快速发展不仅有效地促进了“十三五”期间数字经济的发展，而且有力地支撑了新冠肺炎疫情防控，为我国构建以国内大循环为主体、国内国际双循环相互促进的新发展格局提供了强大支撑。2020 年新冠肺炎疫情期间全国一体化政府服务平台推动“防疫健康码”，累计申领人数达到近 9 亿，使用次数超过了 400 亿人次有力地支撑了全国大部分地区实现“一码通行”。同时，各类互联网模式创新有效推动了复工复产。截至 2020 年 12 月，我国在线教育、在线医疗用户规模分别达到 3.42 亿、2.15 亿，占我国网民整体的 34.6% 和 21.7%。其中，各大在线教育平台面向学生群体推出各类免费直播课程，既方便了学生居家学习，同时也促进了网络用户规模的快速增长；而且由于受到新冠肺炎疫情的影响，网民对在线医疗的需求量也不断增长。互联网在线医疗有效地满足了各类医疗需求。

伴随互联网的快速发展和网民总规模的增加，在互联网支撑新冠疫情防控、国际国内双循环建立以及复工复产过程中，互联网支付也在快速发展。如图 2-10 所示，截至 2021 年 12 月，我国网络支付用户规模达到了 9.04 亿，较 2020 年增长 4929 万个，占网民用户总量的 87.6%。2021 年全年，银行共办理非现金支付业务 4395.16 亿笔，金额达到 4415.56 万亿元，分别比 2020 年增长了 23.90% 和 10.03%。业务金额增速较 2020 年增长 3.85%；通过网络支付、银行卡收单、预付卡交易等网络支付方式，支付机构共完成支付业务 11396.20 亿笔、金额为 416.73 万亿元，分别比上年增长 29.48% 和 17.17%。

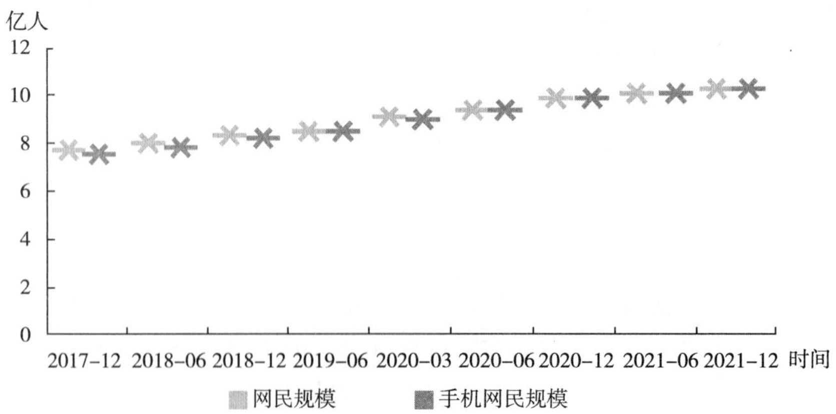

图 2-10 2017—2021 年中国网民规模及手机网民规模示意

［资料来源：中国互联网络信息中心（CNNIC）］

网络支付助力中小企业数字化转型和缩小我国东西部城乡发展差距。如图 2-11 所示，网络支付通过聚合供应链服务，辅助商户特别是中小微企业精准推送信息，助力我国中小企业实现数字化转型，推动数字经济快速发展。同时，互联网支付尤其是移动支付与普惠金融深度融合，通过金融服务的普及化应用，提升了落后地区和农村牧区的金融服务可得性，促进了我国东西部和城乡发展差距的缩小，促使数字红利普惠大众。2020 年，央行数字货币已在深圳、苏州等多个试点城市开展数字人民币红包测试，取得了阶段性成果。数字货币将进一步优化功能，覆盖更多消费场景，为网民提供更多数字化生活便利。

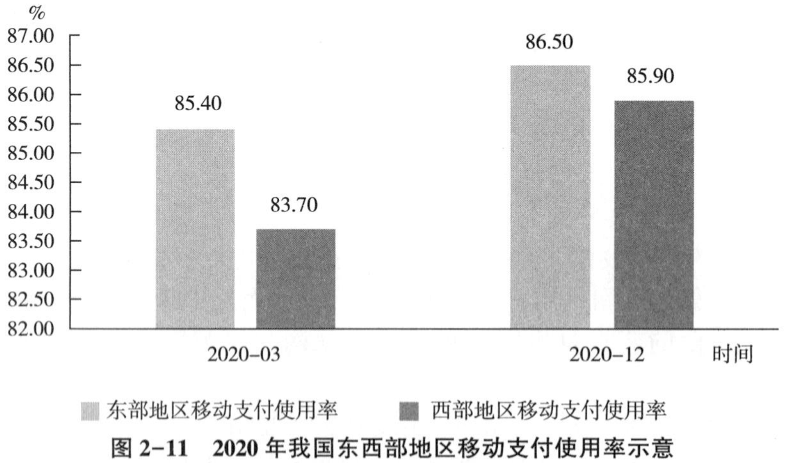

图 2-11 2020 年我国东西部地区移动支付使用率示意

［资料来源：中国互联网络信息中心（CNNIC）］

第四节 延伸阅读

根据中国支付产业年报：2021 年末我国网络支付用户规模突破 9 亿。

中国支付清算协会在2022年6月15日举办金融街论坛系列活动——《中国支付产业年报2022》（以下简称报告）线上发布会，介绍报告主要内容和2021年我国支付产业发展概况。

关于2021年支付业务发展总体情况，报告指出，2021年，支付产业坚持以人民为中心，传统服务方式与智能化服务创新并重。全年银行共办理非现金支付业务4395.16亿笔、金额4415.56万亿元，分别比上年增长23.90%和10.03%，业务金额增速较上年增长3.85个百分点；支付机构共完成支付业务（含网络支付、银行卡收单、预付卡交易）11396.20亿笔、金额416.73万亿元，分别比上年增长29.48%、17.17%，有力地助推了我国经济社会发展。

具体到网络支付业务发展情况，报告显示，2021年，我国银行机构共处理网上支付业务1022.78亿笔、金额2353.96万亿元，分别是2012年的5.32倍和2.86倍。移动支付业务量的增速更惊人，2021年国内银行处理的移动支付业务笔数和金额分别是2012年的282.67倍和228.13倍。报告显示，2021年，我国银行机构处理网上支付业务的笔数和金额分别较上年增长16.32%和8.25%；处理移动支付业务笔数和金额分别较上年增长22.73%和21.94%。

支付机构共处理互联网支付业务1439.57亿笔、金额57.37万亿元，较上年分别增长50.06%和5.19%，笔均业务金额398.55元；共处理移动支付业务9960.03亿笔、金额359.49万亿元，较上年分别增长27.01%和19.38%，笔均业务金额360.93元。

随着网络支付的快速普及和安全性提升，网络支付用户基础更加稳固。报告显示，截至2021年末，我国网络支付用户规模达9.04亿，较2020年底增加4929万个，占网民整体的87.6%。

与此同时，跨境支付政策持续优化，为支付机构跨境支付开拓新的发展契机。报告称，2021年，监管部门积极出台支持性政策，促进我国跨境贸易和跨境支付的发展。数据显示，全年共有43家支付机构开展了跨境支付业务，共处理跨境支付业务71.91亿笔、9723.63亿元，分别增长62.55%、21.56%，增速较2020年分别增加31.62个和7.01个百分点。支付机构跨境外汇支付收入较2020年增加近250亿元，跨境人民币收入较2020年增加1200亿元。

第三章

互联网银行

HULIANWANG YINHANG

第一节　互联网银行概述

一、定义与内涵

近年来，数字科技和金融服务持续深度融合，推动银行服务向线上化、开放化、个性化迈进。随着金融科技的快速发展，党中央与国务院致力于推动传统金融的“互联网+”，新兴互联网银行也在快速成长。互联网银行作为一种新生事物，充满了生机与活力。互联网银行是网络银行的一种特殊形式，其特殊性主要体现在没有线下的物理营业网点和分支机构，以互联网为媒介，采用交易平台开展银行业务。互联网技术结合计算机技术，重塑银行业务形式，形成了为客户提供线上信息和交易服务的互联网银行。综上所述，互联网银行是一种无实体、依托移动终端为客户办理银行业务的纯网络银行。

二、互联网银行发展概况

作为传统银行的补充，互联网银行在服务“长尾客群”及下沉市场中扮演着不可或缺的角色。自 2014 年 3 月启动民营银行试点以来，当年批筹的 5 家试点民营银行分别为前海微众银行、温州民商银行、天津金城银行、浙江网商银行和上海华瑞银行。至 2021 年共计有 19 家民营银行获准成立，其中，民营银行牌照中有 10 家互联网银行，分别为微众银行、网商银行、新网银行、中关村银行、苏宁银行、亿联银行、百信银行、富民银行、华通银行、金城银行。与传统银行相比，互联网银行是不设物理网点，依靠数字化技术，通过互联网渠道销售产品，提供服务的新型银行。以微众银行、网商银行、新网银行为代表的纯互联网银行发展势头强劲，专注以数字化、技术化手段深耕普惠金融市场，持续提升服务质效。

（一）资产规模分化明显，资产负债率相对稳定

从资产负债规模来看，截至2021年末，10家互联网银行的资产规模1.339万亿元，其中资产规模前三的微众银行、网商银行、苏宁银行合计9657.98亿元，占10家银行资产规模的72.13%。十家互联网银行的资产负债率介于88.04%~95.77%，数值差异不大（见图3-1）。

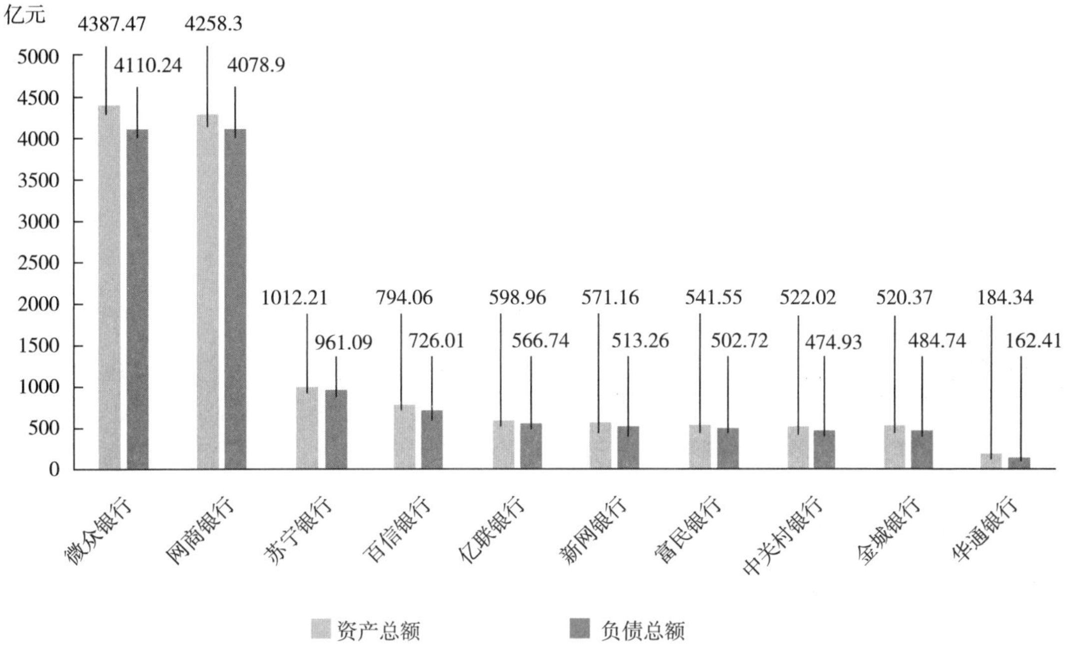

图3-1　10家互联网银行2021年资产和负债规模情况

（资料来源：各银行公开披露年报）

（二）服务实体经济力度加大，营收利润有所波动

2020年以来，互联网银行积极响应国家号召，支持新冠疫情防控、复工复产，普遍采取下调利率、延期还本付息、还款优惠。减免收费等措施，向实体经济让利。其中，微众银行和网商银行营业收入维持增长，2021年营业收入较2020年的198.81亿元、86.18亿元分别增长35.75%、61.29%。

2021年，受新冠疫情及国内外复杂经济形势变化等因素影响，互联网银行在净利润等盈利能力指标上面临考验。微众银行实现净利润68.84亿元，同比增长18.70%，网商银行实现净利润20.9亿元，同比增长62.52%。其他银行也都有不同幅度的增减波动（见图3-2）。

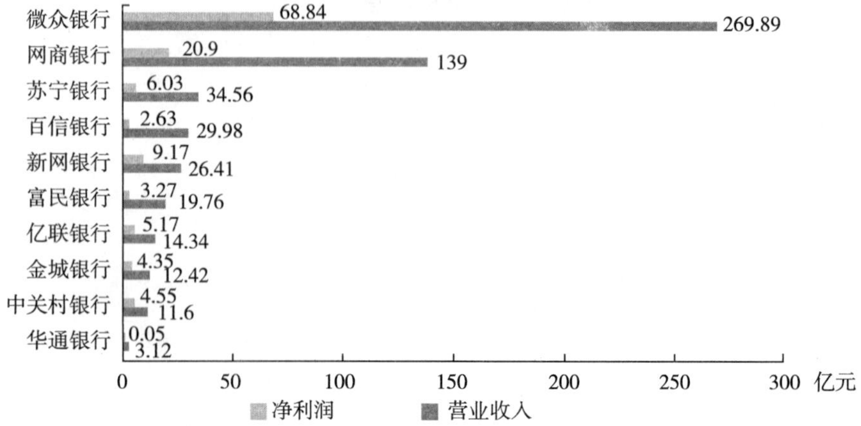

图 3-2　10 家互联网银行 2021 年营业收入和净利润情况

（资料来源：互联网银行官网，企业年报数据整理）

（三）不良贷款率较低且保持稳定，资产质量总体可控

2021 年，虽然受到新冠疫情冲击和外部环境变化等多重不确定性因素的影响，互联网银行不良贷款率一直保持较低水平且相对稳定，贷款拨备率都维持在 2.5%以上的较高拨备覆盖率，核心一级资本充足率大部分都超过 10%，资产质量总体可控（见表 3-1）。

表 3-1　10 家互联网银行 2021 年资产质量和资本充足情况

银行名称	资产质量指标		资本充足率和杠杆率指标	
	不良贷款率	贷款拨备率	核心一级资本充足率	杠杆率
微众银行	1. 20%	5. 63%	11. 06%	5. 87%
网商银行	1. 53%	—	12. 50%	—
苏宁银行	1. 01%	2. 54%	10. 38%	—
百信银行	1. 55%	—	13. 70%	—
新网银行	1. 05%	3. 64%	14. 18%	9. 42%
富民银行	1. 45%	3. 00%	10. 15%	—
亿联银行	1. 75%	2. 67%	9. 98%	5. 38%
金城银行	—	—	—	—
中关村银行	0. 83%	—	13. 19%	—
华通银行	1. 59%	2. 52%	16. 87%	—

资料来源：互联网银行官网，企业年报数据整理。

三、互联网银行运营模式

（一）精细化的客户经营体系

通过对客户资源和银行服务渠道的有效整合，精细化经营客户，形成一体化的客户经营体系。一方面，互联网银行的技术布局可以替代传统客户经理的人海战术，快速拓展服务广度和深度，推进金融服务触达更广范围的客户群体，挖掘客户更深层次的金融服务需求；另一方面，开发“长尾客户”潜力，并凭借边际成本递减的优势，批量经营客户，降低获客、活客、留客成本。

（二）以数据为基础的产品服务体系

赋能商业数字化转型，要着力提升数据使用效率，挖掘数据内在价值，推动数据要素流转和融合，从而更好地发挥其在消费金融、小微金融服务方面的积极作用。互联网银行将改变商业银行的产品设计模式，从多个渠道和过程节点获取客户更多的数据，从而奠定银行感知客户、理解客户的基础。此外，互联网银行通过云计算、大数据、人工智能等新技术，主动挖掘用户需求、分析用户偏好，开展数据驱动的产品设计活动，制订精准营销体系。未来，互联网银行将更加注重数据，依托数据资产，在安全可控的环境下为客户提供一体化、定制化的金融服务。

（三）依托金融科技的智能风控体系

风控是商业银行经营的根本，也是互联网银行现在以及未来经营的重点。互联网银行基于其风控技术和能力，将充分运用金融科技手段，构建全新的智能风控体系，重塑商业银行的核心竞争力。与传统风控模式相比，智能风控体系可以收集、积累、整合交易数据、经营数据及财务数据等，减少对人力和经验的依赖，将有效提升银行传统风控算法和模型的效率和精度，建立全新的风险管控模式，在高度自动化的运营过程中真实现大数据风险管控。

（四）基于数字生态的开放共享模式

未来，商业银行竞争不再只是单一银行之间的竞争，而是生态圈之间的竞争。

从生态系统的角度来看，互联网银行一方面要构建与同业、科技公司、政府、核心企业及上下游之间的全链条、全平台，与生态系统的伙伴形成更加紧密的耦合关系，嵌入客户所在的各种生产生活场景中，并基于真实场景实现金融业务的线上实时交易，为客户提供“一站式”金融解决方案。

另一方面，互联网银行需要秉持“痛点”思维，实现开放共享。未来，互联网银行需要将思维转向“开放共享”，感知客户的“实际痛点”，利用 API、SDK 等技术实现方式搭建平台，实现与第三方之间的技术和服务共享，让客户低成本、更便捷地获取专业的金融服务。

四、互联网银行的优势和风险

（一）优势分析

科技优势。人工智能、大数据、云计算、区块链等金融科技的支持，为互联网银行线上运营奠定了基础，例如，在与客户进行交流时，采用人脸识别技术完成客户信息采集；利用人工智能技术开发人工智能系统应用于客户咨询。

降低运作成本。互联网银行依托互联网运作，不设置物理网点，不向客户发放实体银行卡，其业务开展实现了无纸化；并利用金融科技技术将单账户每年 IT 运营成本压低至3.6元，而国有大型银行单账户每年IT运营成本为18元、花旗银行为14美元、汇丰银行为37美元。

提高经营效率。互联网银行所有业务都在线上开展，不受时空的约束和限制，客户通过其官方App，就可以与该行进行实时交易；且充分运用数据和信息优势，采用大数据信贷缩短了贷款审批和发放的中间环节。

践行普惠金融。互联网银行践行“普惠金融”宗旨，恪守“长尾理论”，致力于服务小微企业和个人。

（二）劣势分析

线上开展业务，运作途径单一。互联网银行全部业务的开展通过互联网实现，产品营销局限于互联网平台。而我国大部分传统商业银行已实现以物理网点为基础，结合网上银行，共同开展银行业务。

开户限制，吸收资金能力弱。中国人民银行2015年发布的《中国人民银行关于改进个人银行账户服务加强账户管理的通知》对开立Ⅰ类、Ⅱ类和Ⅲ类银行账户进行了严格的规定。互联网银行无线下网点，没有物理交易柜台为其客户办理Ⅰ类账户。同时，在开立银行Ⅰ类账户的限制和Ⅱ类账户与Ⅲ类账户的使用范围方面的约束使微众银行吸收资金的能力和业务的办理受到了影响。

目标客户定位模糊。互联网银行舍弃“二八定律”，将其目标客户定位于小微企业和普罗大众，但目标群体范围依然较为宽泛，没有对目标客户群体进行系统的细分，仍维持向客户群体提供“统一式”的金融服务。

业务同质化，影响竞争能力。互联网银行与实体商业银行的存贷款业务存在明显交叉，又面临与其他互联网银行的激烈竞争，所以，要维持竞争优势相当不易。

（三）面临的挑战

互联网银行在运作的过程中面临传统商业银行固有的风险和互联网金融生态环境下的风险双重挑战。

1. 外部风险

市场竞争风险。互联网银行开展的负债业务与传统商业银行存在相似性，与其他互联网银行的金融产品存在“同质化”现象。如微众银行的“微粒贷”与浙江网商银行推出的“阿里小贷”和“流量贷”都服务小微企业贷款；且“微粒贷”采用“白名单”邀请制限制了个人客户资源的扩大，也影响了微众银行的竞争力。

公信力不足风险。互联网银行成立时间短，所有资本来源于民营企业，与我国四大国有商业银行相比，没有政府的信用支持；所有运营如公开信息披露等都借助互联网实现，不利于我国非网民了解其运作。

法律风险。互联网银行主要利用央行征信数据和自身系统征信数据对客户进行评级。如微众银行是依托的腾讯征信数据主要来源于社交平台，包括图片、语音、视频等多种形式的数据，这些数据内容涉及个人和企业的社交聊天记录等，在数据采集中可能侵犯个人或企业的隐私权。

2. 内部风险

信用风险。互联网银行的目标客户是小微企业和普罗大众，缺乏融资的小微企业和个人大概率在央行征信范围之外，因此，建立风险评估模型可能存在短板。依据小微企业和个人的信用评级状况确定无须担保的贷款，且小微企业的经营稳定性难以预测，个人消费者的还款能力也较弱，引发信用风险的可能性较大。

操作风险。传统银行一般采用美国研发的集中式 IOE 数据系统架构，自美国使用“震网”病毒和发生“棱镜门”危机后，信息数据安全问题日益严峻。互联网银行已建立“去 IOE”完全自主可控的分布式 IT 架构，但投入使用的时间较短，系统运营的稳定性有待检验；该系统要求管理人员具备“过硬技术”，一旦技术的掌控不合格或管理缺位，极易导致操作风险。

第二节　互联网银行应用

一、业务实训

新网银行是全国第七家民营银行，同时也是四川省首家，继微众银行、网商银行之后全国第三家互联网模式运营的数字银行。它由新希望集团（30%）、小米（29.5%）、红旗连锁（15%）等股东发起设立，于 2016 年 12 月 28 日正式开业，注册资本 30 亿元。

新网银行以建设“新一代数字科技普惠银行”为愿景、以“普惠补位”为差异化市场定位，依托金融科技能力、大数据风控技术和互联网开放平台运营模式，服务互联网活力人群和民营经济、中小微企业及“三农”客户，以服务“长尾客群”、线上零售业务为重心，用技术的力量做好普惠金融的补位者和探索者。同时，新网银行也向合作伙伴提供连接服务，为更大范围内的用户和需求、产品和服务进行连接并适配，做金融服务领域的万能连接器。

“好人贷”是新网银行最早面向 C 端客户上线的特色个人消费贷款产品，该产品于 2017 年 3 月上线，并于当年 6 月成功发放了第一笔联合贷款。目前，“好人贷”主要依托联合贷放款模式，这与民营银行“一行一店”、自有资本不足、融资渠道有限有直接关系。在该模式中，新网银行与传统银行联合运营。按比例资金实现了杠杆倍数的放大，这同时解决了民营银行自身资本金不足、传统中小银行科技能力有限及线上获客能力弱势的痛点问题。但反过来，也加大了互联网贷款的监管难度、跳出属地放款监管的限制、风险蔓延的可能性。

（一）申请额度

用户登录“好人贷”借款页面，需主动上传身份证照片，填写公司名称和职业，同意并签署《个人信息查询及使用授权书》《个人征信授权书》《授信额度合同》，授权新网银行及合作金融机构查询人行征信，通过人脸识别、实名实人认证后获取贷款额度，一般 3 分钟内收到申请结果的短信通知。

其中，人脸识别、实名认证环节由腾讯云提供身份认证服务，人脸核身服务主要包括核实姓名、身份证号、人脸视频；身份证识别服务主要识别身份证照片中的姓名和身份证号码。

（二）授权审批

新网银行及合作金融机构主要采用联合贷款的业务模式，贷款人之间可以相互传输业务所需使用的信息数据，包括借款人办理业务时产生的逾期还款信息，实现信息共享。同时，作为被授权人，贷款人可委托征信机构和数据信息机构向政府行政机关、司法机关、金融机构、类金融机构等有关机构或单位对借款人信息进行收集、查询、加工、处理，获取更多维度的借款人信息。

（三）账户开立

首次申请新网银行贷款，需要开立个人账户，一般为Ⅱ类账户。用户可以通过新网银行的客户服务渠道（如新网银行公众号、小程序、App）完成开户申请。首先，用户需要绑定一张自有Ⅰ类银行借记卡，然后通过手机验证码验证完成开户流程。

互联网银行由于受到网点限制，目前大多只能开设Ⅱ类、Ⅲ类账户，该类账户可以用于发放或归还贷款，并支持支付渠道进行消费、支付、投资理财等。目前，新网银行暂无实体卡片。但原则上，Ⅱ类账户是可以到银行线下网点经过审核升级为Ⅰ类户。由于互联网银行不设线下网点，因此想要申请储蓄卡，需要到互联网银行总部升级为Ⅰ类户，不能直接通过电子渠道办理。

（四）申请贷款

获取授信额度、完成账户开立后，用户需要填写借款额度、确认贷款要素、防诈骗提示、补充居住地址及两位联系人信息。然后线上电签协议，依次通过支付密码验证、手机验证码登录、人脸识别验证完成放款动作。一般预计 30 分钟内到账。

二、应用案例

（一）网商银行简介

网商银行是由蚂蚁金服作为大股东发起设立的中国第一家核心系统基于云计算架构的商业银行。它作为银监会批准的中国首批 5 家民营银行之一，于 2015 年 6 月 25 日正式开业。截至 2021 年底，网商银行累计服务的客户超过 4500 万，其中 50%是县域及以下的小微经营者、个体经营者、农业农村的生产经营者。同时，县域业务增速显著高于城市，县域客户数增幅较城市客户增幅高出 7.4%。

网商银行的普惠农村金融产品在迭代过程中，实现了三个创新：一是将卫星遥感数据应用于信审，实现了技术交叉应用的创新；二是算法团队克服中国复杂地貌特征带来的同谱异物和同物异谱问题，实现了算法能力的创新；三是集合零散的县域农户种植面积、品种等数据源，结构化新引入的卫星图像等数据源，信贷额度随还款来源动态叠加，实现了基于农户未来现金流的风控制度的创新。

网商银行开始尝试通过县域政府的公开数据，刻画农户真正的生产经营情景。全国一共 1800 余个涉农县，实际有数据统计能力和数据存储能力的县政府掌握着关键的土地确权、种植面积、农业保险、农户财政补贴和新农合医保等数据。基于这些数据，网商银行可以以技术为媒，把农村的交易、物流、支付等信息形成信用资产，在有安全保障的环境下建立综合信用评估体系（见图 3-3）。

图 3-3 网商银行结合县域公开涉农数据的信贷模式

(二) 案例业务情况

1. 网商银行率先在河南省南阳市内乡试验风控产品 2.0

内乡县 73 万人口中有近 5 万贫困人口。这其中有很多是具备生产经验、踏实务农的农民，但受限于自有资金不足，种植非常碎片化，很难提高收益，很难抵御自然风险和市场风险。网商银行获得县域部分可公开数据，农户只需要通过手机完成实名认证、刷脸识别，就可以在无抵押、无担保、不提交纸质材料的情况下获得贷款。时隔不到 4 年，至今内乡县累计已有近 20 万农户获得金融授信，实际放贷金额超过 40 亿元。这其中大约八成用户在过去从未获得过其他银行的贷款，不少内乡县村民通过网商银行获得了人生的第一笔贷款。

2. 网商银行精准“滴灌”平阳县产业发展

平阳县作为浙江山区 26 个县之一，早在 2018 年，网商银行开始探索与县域政府合作，运用数字化风控取代传统风控方式，通过数字信贷提升县域及农村用户的贷款可得率。2019 年，网商银行为平阳县定制了专属的普惠金融服务。2020 年以浙江第一的成绩，获得国家电子商务进农村示范县。2021 年，平阳县实现网络零售额 236.8 亿元，同比增速 11.4%。

平阳县还入选了农产品数字化百强县。据统计，县内有 1 万家网店、3 万从事电商的卖家，其中还有很多销售农产品的商家。通过引进数字普惠金融项目，将网商银行掌握的数据技术、云计算、人工智能、卫星遥感等科技手段，充分融入平阳经济社会发展中。截至 2022 年 4 月末，平阳县累计有超过 11 万小微经营者和农户获得网商银行提供的数字贷款，累计发放 293 亿元贷款，在所有与网商银行合作的 1000 多个涉农县区中，排名第一。

第三节 互联网银行对金融业发展的影响

一、普惠金融政策，探索长尾客群

长期以来，“长尾客户”的金融服务需求并未得到充分满足。一方面，中小微企业和“三农”群体融资难、融资贵的问题一直没有破解。另一方面，传统投资理财服务门槛高，普通客户群体的闲置资金也缺乏安全可靠、收益合理的投资渠道。推进普惠金融是国家“十四五”规划的重要工作任务，政策的重视与要求以及原有高净值市场趋于饱和，推动银行等金融机构深入探索普惠金融业务领域，借助新兴数字技术以及自身运行效率的提升，开拓新的业务增长点，提升自身业务的服务能力和覆盖范围。互联网银行的发展就很好地贯彻了国家普惠金融政策，解决了长尾客户的金融服务需求。

二、触达渠道多元，客户需求升级

据中国银行业协会统计数据，银行业平均电子渠道分流率90.88%。用户触达金融服务的途径从线下逐渐转移到线上，这也为互联网银行提供服务奠定了基础。同时，伴随移动互联网的普及以及金融科技的迅速发展，用户已不满足基本的支付、储蓄和理财功能，更希望金融服务能够兼具便利性、高效性、低成本以及易得性。零售客户个性化、场景化、碎片化的金融服务需求，小微企业客户在缺少抵押物、可靠财务信息情况下的贷款需求，产业客户基于其价值链特点的定制化、“一站式”的综合金融服务需求，等等，对互联网银行服务能力提出了更高要求。

三、发展开放合作模式，融入场景全新生态圈

为应对外部冲击，全面提升互联网银行的竞争力，互联网银行结合自身金融科技优势，采取开放、合作的运营模式，在符合监管要求的前提下，主动挖掘新模式的优势和价值，在渠道、客户、业务、数据和技术等方面加强与金融机构、非金融机构、政府等合作方的合作，建立新场景拓展互联网银行服务范围，获取更多的流量资源，突破自身的资源限制，为客户提供更优化的服务体验，提高自身在新场景下的服务能力，形成多维度、多层次的场景生态服务体系，实现多渠道覆盖，增加客户触点；多细分市场深度渗透、精准描绘客户画像。而大数据技术准确识别客户需求和实时风险预警等方面能力的提升，有助于实现与合作方的多赢和共生。

四、金融发展加速，竞争强度提升

随着金融业的快速发展，互联网银行不仅面对行业内部的激烈竞争，还面临跨行业、跨界、跨境的外部竞争。内部竞争方面，随着大数据、人工智能、云计算等金融科技赋能应用，以数字化思维升级金融服务，提升普惠金融覆盖面和精准度，银行业内部竞争日趋激烈。外部竞争方面，跨业竞争主要来自券商、保险、基金、信托等金融机构的竞争。这些机构持牌经营，一是具备较强的资金实力、客户储备等优势，在零售金融乃至部分批发金融领域一定程度上压缩了互联网银行的发展空间；二是面临跨界竞争，随着金融科技的不断创新以及日趋成熟，互联网企业等非金融机构也逐渐切入金融服务产业链条，在营销获客、服务体验优化、技术外包等领域发挥重要作用；三是面临跨境竞争，随着海外资本的准入壁垒逐渐打开，金融市场的服务主体、产品应用越发丰富，互联网银行面临的竞争日趋多元化。

第四节 延伸阅读

一、案例简介

微众银行成立于2014年，是我国首家民营银行和互联网银行，其主要股东为腾讯（30%）、百业源（20%）和立业集团（20%）。微众致力于为个人及中小微企业提供优质便捷的金融服务，现已陆续推出微众银行App、微粒贷、微业贷等产品。微众运用大数据、人工智能等技术探索普惠金融新思路，于2017年成为国内首家获得国家高新技术企业资格认定的商业银行。2019年，国际证券评级机构穆迪和标准普尔分别给予微众“长期存款A3”和“长期BBB+”评级，并一致给予其“稳定”评级展望。

背靠微信大规模流量端口支持，微众银行客户覆盖面广，客户数量增速快，其中2C业务渗透率高于2B业务。截至2020年末，微众银行累计为全国2.7亿有效个人客户提供金融服务；2C产品“微粒贷”客户覆盖31个省级行政区的560余座城市。2B业务方面，微众银行累计触达企业188万家，覆盖27个省级行政区的200余座城市，在贷客户数占业务覆盖地区小微企业总数比例超6%；其中，2020年有效企业客户超过56.7万户，较年初增长约250%。

二、业务板块

微众银行整体业务以贷款产品为主，辅以存款产品和多样化理财服务，后者主要是与银行和金融机构合作进行流量导入赚取中介费。微众银行主要业务可根据目标客群性质和需求分为大众消费端、小微经营端和理财金融端。大众消费端主要包括微粒贷、微车贷、小鹏花钱和We 2000；小微经营端主要有微业贷、微闪贴、“微众企业+卡”等；理财金融端主要有微众提供的各种基金等理财服务。

微众银行的主要盈利来源为小额信贷产品，尤其是微粒贷与微业贷。微粒贷方面，微众采取联合贷款模式，以2∶8的出资比例对客户放贷，合作机构包括城农商行、国有银行等。受2020年银保监会发布的《关于进一步规范商业银行互联网贷款业务的通知》和微众银行资本金限制，未来微众银行的联合放贷规模可能会有一定程度的限制。微业贷方面，公司针对无资产抵质押的小微企业提供流贷支持，最低年利率3.6%，最高可贷300万元，最长贷款期限3年。

三、业务特点及亮点

微众银行的贷款产品旨在推动微信生态庞大流量池转化变现。2020年微众银行拥有有效个人客群2.7亿，微粒贷累计放款超3.7万亿元，与新网银行客户0.5亿和累计放款0.59万亿元相比，显然微众银行引入流量并变现的能力更强。得益于此，近三年微众银行净利持续攀升且2020年达到49.6亿元，实现对腾讯盈利的良好补充。

1. 定位普惠金融，深耕下沉客群和小微企业，积极开拓小额信贷蓝海市场。与传统银行更偏好高资信零售信贷客户和优质大型企业相反，微众银行更关注拥有金融需求的长尾客群，如从事服务业和制造业的蓝领、积蓄较少的年轻白领等，以及在初创期有高融资高发展需求的小微企业。

2. 作为连接窗口，连通平台客户、合作伙伴与信息资源，有效实现流量变现。微众银行通过“SaaS+”等技术有效实现共享式连接，是客群与金融机构、传统银行等合作伙伴的连接通道，双方能在连接中实现用户扩容、大数据资源共享和金融产品互通，完善“互联网银行—用户—传统银行/金融机构”体系，快速实现产品转型升级。

3. 全面深化使用科技 ABCD，形成技术壁垒，有效提高客户黏性。ABCD 分别指代人工智能、区块链、云计算和大数据。微众通过深化使用 ABCD 能快速获取客户支付社交等日常信息与另类数据计算个人资信，极大提升客户资信尽调的速度和准度，提高放贷效率；其次，全自动审批和风控系统能有效压减人工成本并及时发现风险点加以控制，促使微众银行产品与同类之间形成技术壁垒。与同类相比，微粒贷额度计算和贷款发放的时间更短，所需资料更少，授信额度更高，客群覆盖面更广，目前授信客户超 2800 万且累计放贷超 2.5 万亿元，位于小额信贷产品前列；微业贷授信额度高，额度计算与贷款发放速度快，虽授信客户少但笔均贷款高，目前累计放款超 4500 亿元。

四、互联网银行和实体银行对比分析

1. 客户群体：民营实体银行的主要客户群体是有小额存贷款需求的个人和小微企业，同时也会兼顾一些需要消费贷款的顾客，互联网银行的主要客户则是在涵盖了以上三者的同时，利用互联网平台，深入到不同场景下具有消费需求的顾客群体。同时，互联网银行还大量地向无信用记录的个人、企业等发放贷款，如微众的业务中，66%的微业贷客户无任何企业类贷款记录，37%的授信客户在授信时无任何个人经营性贷款记录，27%的授信客户以上两类记录都不具备。

2. 产品设计：互联网银行和实体银行的产品业务模式有相似之处，如富民银行和新网银行二者都发行了信贷产品，即富易贷和好人贷；除此之外，二类银行也都会推出自己的理财产品。但是二者产品设计的具体方向有所不同，实体银行将企业服务作为其产品设计的一个重点，富民银行便推出了富票融、富民极速贴等针对小微企业的产品。而互联网银行产品的品类方面的创新则更多体现在小微贷款、消费贷款中。在各类消费场景中，创设了针对性的产品，如微车贷、小鹅花钱等产品。

3. 流量入口：实体银行的业务入口一般比较单一，以富民银行为例，其富民宝（银行法定存款业务）和富易贷的业务，除了在线下实体银行外，只支持在手机银行 App 上进行操作，需要绑定已有的富民银行账户或需要新开立富民银行电子账户，方式较为单一。但近年民营实体银行也正在加强营销的智能投放。而互联网银行的流量和业务入口则相对多种多样。以微众为例，其微粒贷，微业贷等传统银行业务可以从微信、QQ 等多种入口申请。而在微车贷、微租贷等场景业务中，则更是和场景中的专业机构，如汽车场景中的优信、租房场景中的自如等，进行合作，流量入口更为多样化。

4. 信用评估：信用评估中新技术的应用是互联网金融公司或机构最核心的科技属性

之一。一般而言，互联网银行依托金融科技优势，建立起独特的信用评估和风险控制体系，在降低信用评估成本的同时，优化了客户在申办业务时的体验，在短时间内便能完成审核、评估、放贷的流程。在模型训练方面，以微众银行为例，其通过联邦学习的方法，在保证数据隐私安全和合法合规的基础上，获取了大量用户数据以进行模型训练，从而更好地对贷款业务中的信用“白户”进行建模，一定程度上解决了传统银行贷款业务中的痛点。在技术方面，实体银行在技术方面也有所进步，如富民银行的运维管控和风险控制等系统尽管都越来越智能化了，但暂时仍未脱离传统银行的风控模式。

5. 业务拓展：与实体银行相比，互联网银行有着更深刻的科技基因和科技储备，除了自身的金融业务外，还承担了一部分科技服务平台的功能。如微众利用区块链技术，搭建了基于区块链的分布式事件驱动架构（We Event），应用于实体身份标识和可信数据交换（We Identity）中，利用区块链的特质，提供对账服务，降低了银行间对账成本。

第四章
网络小额贷款

WANGLUO XIAOE DAIKUAN

第一节　网络小额贷款概述

一、定义和内涵

2015 年 7 月，中国人民银行等十部门发布的《关于促进互联网金融健康发展的指导意见》，作为第一个具有规范性质的互联网金融法规，最早明确了网络借贷的含义：网络借贷包括个体网络借贷（P2P 网络借贷）和网络小额贷款。个体网络借贷是指个体和个体之间通过互联网平台实现的直接借贷。个体网络借贷平台和网络小额贷款的比较如表 4-1 所示。

表 4-1　个体网络借贷平台和网络小额贷款对比情况

分类	个体网络借贷平台	网络小额贷款
性质	信息中介	信用机构
提供服务	提供信息撮合、信用审核等中介服务	提供放贷服务
盈利方式	服务费、管理费等	息差收入

中国人民银行公布的金融统计数据显示，2020 年防范化解金融风险攻坚战取得重要阶段性成果，P2P 平台已全部清零。因此，本书以网络小额贷款为主要研究对象，不再涉及 P2P 网络借贷。

根据《指导意见》，网络小额贷款的定义是指互联网企业通过其控制的小额贷款公司，利用互联网向客户提供的小额贷款。2020 年 11 月，《网络小额贷款业务管理暂行办法（征求意见稿）》进一步明确网络小额贷款是小额贷款公司利用大数据、云计算、移动互联网等技术手段，运用互联网平台积累的客户经营、网络消费、网络交易等内生数据信息以及通过合法渠道获取的其他数据信息，分析评定借款客户信用风险，确定贷款方式和额度，并在线上完成贷款申请、风险审核、贷款审批、贷款发放和贷款回收等流程的小额贷款业务。网络小额贷款应遵守现有小额贷款公司监管规定，发挥网络贷款优势，努力降低客户融资成本。网络借贷业务由银监会负责监管。

小额贷款公司经营网络小额贷款业务应当主要在注册地所属省级行政区域内开展。未经国务院银行业监督管理机构批准，小额贷款公司不得跨省级行政区域开展网络小额贷款业务。

二、网络小额贷款的发展概况

中国人民银行 2021 年小额贷款公司统计数据显示，截至 2021 年末，全国共有小额贷款公司 6453 家，贷款余额 9415 亿元，全年增加 550 亿元。2017—2021 年小额贷款公司数量和贷款余额情况如图 4-1 所示。

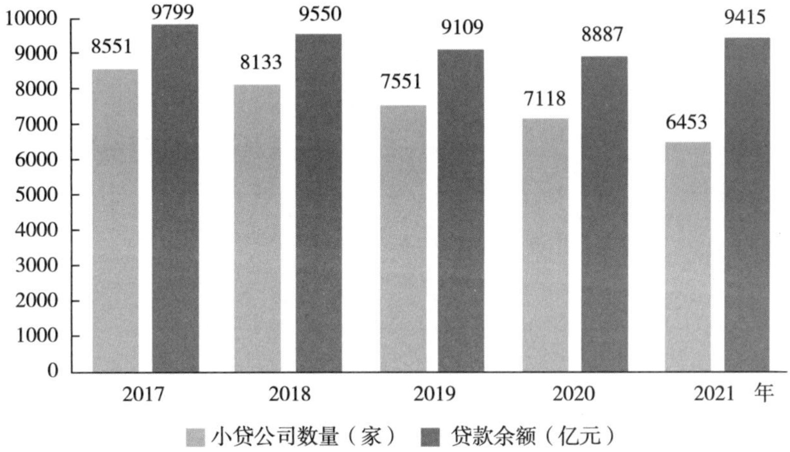

图 4-1　2017—2021 年小额贷款公司数量、贷款余额

（资料来源：中国人民银行，编者整理）

报告显示，小额贷款公司数量最多的省份是江苏省，共 581 家；从业人员数最多的省份是广东省，共 6394 人；重庆市小额贷款公司的实收资本为 1175. 62 亿元，贷款余额为 2407. 23 亿元，均为全国第一。

表 4-2　小额贷款公司分地区情况统计

地区名称	机构数量（家）	从业人员数（人）	实收资本（亿元）	贷款余额（亿元）
全国	6453	63779	7773. 14	9414. 70
北京市	113	941	150. 20	138. 57
天津市	82	1345	104. 06	114. 36
河北省	387	3633	229. 52	226. 00
山西省	216	1850	144. 87	126. 74

续表

地区名称	机构数量（家）	从业人员数（人）	实收资本（亿元）	贷款余额（亿元）
内蒙古自治区	180	1458	151.46	148.85
辽宁省	377	2828	277.22	253.06
吉林省	173	1369	80.77	61.34
黑龙江省	206	1330	178.24	164.00
上海市	117	1132	201.20	224.44
江苏省	581	4699	677.40	774.33
浙江省	285	2655	480.14	535.75
安徽省	326	3215	325.29	392.51
福建省	118	1121	262.06	283.69
江西省	147	1504	178.89	191.16
山东省	266	2600	378.14	417.31
河南省	216	2287	196.23	216.86
湖北省	246	2159	278.35	269.13
湖南省	73	643	54.36	59.70
广东省	420	6394	822.21	895.46
广西壮族自治区	287	2805	244.84	268.74
海南省	55	625	73.89	94.39
重庆市	249	4040	1175.62	2407.23
四川省	204	3772	406.19	475.70
贵州省	95	765	36.98	38.64
云南省	168	1326	83.65	81.20
西藏自治区	19	121	19.91	12.53
陕西省	249	2172	230.55	234.29
甘肃省	255	2360	138.86	122.49
青海省	57	459	32.86	34.80
宁夏回族自治区	67	1001	29.53	26.30
新疆维吾尔自治区	219	1170	129.65	125.11

注：由于批准设立与正式营业并具备报数条件之间存在时滞，统计口径小额贷款公司数量与各地公布的小额贷款公司批准设立数量有差别。

资料来源：中国人民银行，编者整理。

2021 年，全国 6453 家小额贷款公司中有近 300 家已核准取得网络小贷牌照。《网络小额贷款业务管理暂行办法（征求意见稿）》规定，小额贷款公司经营网络小额贷款业务，应当经监督管理部门依法批准。监督管理部门拟批准小额贷款公司经营网络小额贷款业务的，应当至少提前60日向国务院银行业监督管理机构备案。

三、网络小额贷款的运营模式

（一）从贷款流程来划分，我们可将网络贷款平台分为纯平台模式和债权转让模式

纯平台模式是指平台在贷款交易过程中充当了中介的角色。债权转让模式是指股权控制人以个人名义充当资金中介，借款人向股权控制人借款，然后控制人再将为数众多的债权分拆，用不同期限组合打包再转让给真实资金出让方，从中赚取息差。

（二）根据征信方式不同，可分为纯线上模式和线上线下相结合模式

纯线上模式，就是民间贷款机构从实体店搬到了互联网，以前要在店内办理贷款，完成面签等流程，现在在网上就能全部搞定。线上线下相结合就是借款人在网络平台上申请贷款，提交资料后，线下的实体门店、风控团队等对借款人的资质进行审核，通过审核的借款方可拿到贷款。

（三）根据有无担保机制，可分为有担保和无担保模式

无担保模式是不需借款人提供任何担保，是一种纯粹的信用贷款。平台仅发挥信息撮合的作用。有担保贷款需要借款人提供符合平台要求的担保人或担保机构，担保人或担保机构要有能力履行担保义务。

（四）根据提供的产品不同，可分为场景式消费金融产品、供应链信贷产品、物流信贷产品、发票贷、电商消费分期、普惠型信贷产品

1. 场景式消费金融产品

消费金融模式的小贷公司多结合主发起人自身的生态流量资源，运用科技创新，积极开辟消费场景，以此设计产品并进行风险控制，涵盖网络购物、租房、旅游等多种消费场景。客户通过全流程的线上操作完成申请，提交主体信息与实际经营数据后即可进行借款申请评估，基于大数据技术的快速审核，极大地提升和优化了客户借款与还款体验。

2. 供应链信贷产品

供应链金融模式主要依托核心企业及其上下游企业开展业务，针对供应链管理和经营特征，设计出售产品创新、信息管理、线上融资和风险管理于一体的全方位服务平台，为核心企业上下游企业提供融资服务。例如广州的金诺小贷，依托金螳螂集团的家装市场资源，以室内装饰客户为主体，融设计、幕墙、家具、景观、艺术品、机电设备安装、城市智能、家装电商等中小企业及商户于一体，深耕家装上下游供应链金融市场。再如，复星云通小贷依托股东资源，结合医药购物平台现金流、物流、采购合同等信息，专为医药购物平台供应链上游的医药供货方和下游的医药零售门店提供金融服务产品。

3. 物流信贷产品

这是一种专为物流承运商、司机提供的应收货款的专业金融服务，根据物流运输信息对承运企业和司机的应收账款提供融资服务，使其及时取得运费，有效解决承运物流公司和司机流动资金紧缺的问题。

4. 发票贷

这是一种专为税控系统开具增值税发票的纳税企业客户量身定做的网络小微企业贷款产品。产品以企业真实开票、纳税等经营数据作为信用依据。只要申请企业依法开票纳税、有固定经营场所、无实质性不良信用记录即可在线实时申请，无须额外提供任何申请材料、无抵押、免担保，把普惠金融、税银互动落到实处。

5. 电商消费分期

主要是为在电商平台购物的客户提供消费分期服务，客户在购买产品的同时即可通过全流程的线上操作完成申请，实现便捷的金融服务，促进客户的消费升级。

6. 普惠型信贷产品

普惠型信贷类的小贷公司业务模式，主要致力于为小微企业、“三农”和个人提供小额贷信贷类产品，贷款以信用类为主，具有“覆盖广、金额小、周期短”的特点。

四、网络小额贷款业务特点

（一）客户选择系统化

传统融资模式所涉法律、法规甚多，无形中抬高了小微企业融资门槛，由于信息不完整或者资质不达标而被拒绝的小微企业数量多。网络小贷在客户选择上更多依赖供应链上下游企业、平台内客户、园区及市场管理方推荐客户，并在此基础上进行链式开发，批量选择。传统的商业银行则通过已有的存量客户来锁定自己的目标客户，如中国银行的“网络通宝”业务向第三方电子商务平台上经营的小微企业提供综合金融服务方案。纯粹的网络银行只通过原有的支付系统、电子商务系统拓展客户，一些平台公司则通过第三方电子交易平台、信息共享平台开发客户。如阿里小贷是为阿里巴巴认证会员提供小额、分散、短期、无抵押、无担保的资金需求。网络小贷通过链式开发、平台对接、精准营销的方法攻破首要难题，批量化地降低客户开发成本，控制小微企业信贷管理成本。

（二）风险评估工具化

大数据技术为网络小贷谋得竞争力增添工具，能够充分运用大数据挖掘、整合、处理、分析技术是各类网络小贷共同具备的素质。互联网企业借助自身庞大的数据库，通过去差异性的处理对同一口径内的小微企业数据整合，力图通过计算机手段掌握小微企业的非财务信息，并综合社会征信系统，准确地判断第一还款来源，通过适度的溢价贷款覆盖信用风险，提升小贷业务决策的科学性和准确性。当前日益完善的大数据系统为信贷决策提供强有力的依据，为小贷业务的预警及信贷业务的全流程管理提供智能化管理工具，有利于小贷业务不良率的有效控制。

（三）客户管理智慧化

为了解决小微客户数量庞大，而人力资源有限的局限性，网贷机构多选择运用互联网思维进行网络小贷顶层设计。传统商业银行基于互联网交互式可视化技术，建立小微业务的信贷工厂，实现小微信贷业务全流程智能化管理，而新兴的网络银行更是充分引用大数据等高科技手段，对小贷业务进行批量化、流程化、模块化管理，从而有效地降低小贷业务的管理成本，极大地提高了资源的利用率和金融生产力。例如微众银行通常利用客户的登录方式，经客户授权使用资料和数据，第一步就是使用人脸识别技术，提供与公安部的数据库存对比识别借贷个体的真实性；经过身份识别的客户即可进入第二模块，用信用模型评判传统银行财务数据，综合行为数据、社交数据进行终极信用判断，最后确认审批放款。网络小贷以数字化的创新方式实现贷款申请、审批、放款、还款等业务全流程的线上管理，大大地缩短融资周期。

（四）经营场所平台化

信息技术促进小微金融服务发展的另一个表现就是通过电子化、智能化、移动化的技术创新实现经营场所的虚拟化、平台化。网络小贷申请贷款、办理贷款整个流程等不再完全拘泥于传统银行实体场所完成。随着监管制度的创新和技术水平的提升，整个贷款流程客户都可以依靠电脑、移动通信工具等远程渠道完全可以足不出户在搭建的网络平台上完成，而且多数流程还是自助实现，大幅度降低网贷业务的管理成本，提高小微企业融资服务获取方式的便捷性。互联网时代，掌握互联网入口的主体就拥有绝对的竞争力，而微众银行采取无营业网点、无营业柜台、依托互联网为目标客户群提供服务的模式正是从被动的信息推送成功转型为主动的渠道沟通。

五、网络小额贷款风险

（一）虚拟账户缺乏有效监管

互联网交易平台资金运营依靠虚拟账户，这些虚拟账户有别于传统的银行账户，缺乏准入和运行监督。开户材料审核不严格，不能有效落实实名制要求，如缺乏有效验证身份证信息的措施。容易导致“假账户”的存在，管理上存在巨大的操作风险。同时，整个交易平台被“第三方”控制，而这个“第三方”即互联网小贷公司。目前，互联网小贷公司资信水平参差不齐，在经营不善或管理混乱时，容易产生不良动机，存在卷款潜逃和“洗钱”的风险；又由于虚拟账户的一些特性，使其较难直接付诸法律追讨，进一步提高了风险程度。

（二）“异地放贷”“瓶颈”较难逾越

小额贷款公司在注册时有明确的地域范围，然而借助网络平台发放贷款时，则突破了区域上的限制，严格地讲属于“异地放贷”。“异地放贷”将导致信贷资金风险成倍放大，严重违反监管法律法规。而一些公司试图通过限制特定区域 IP 地址的方法，表面上“避免”这一现象。事实证明，这种方法的作用不是很明显，很多异地借款申请人通过简单的运作即可规避，而互联网小贷公司却无力也无意愿落实真实情况。无力，即指无论是通过技术手段还是管理手段，网贷公司明显不能像传统银行业那样，拥有进行贷款调查、检查等必要工作程序的人力及手段。无意愿，一是没有经济动力，如果互联网小贷公司排除“异地放贷”，将大大减少其市场份额；二是其风险防控高度依赖互联网平台建设，而不是传统信贷风控手段；三是“限制 IP”等手段不过是规避监管部门的“障眼法”，而相当一部分公司甚至连“障眼法”都懒得做。

（三）“草根”征信存在侵权行为

大数据处理网贷，以阿里金融为例，通过淘宝、天猫等电子商务平台的长期交易，积累了海量的客户在其各个平台的交易数据，然后通过大量数据模型，对这些客户信息进行大规模集成计算、筛选、整理，映射为客户的信用评价，并据此发放贷款。其对客户信息数据的收集、整理、应用过程，可视为“草根”征信收集应用行为。这种行为属于明显的侵权行为，一是将零星信息集成为信用记录，并在未经客户同意的情况下即应用于经济事务中，侵犯了其客户的隐私权；二是一旦客户信息管理不善，遭到泄露或其他不当运用，不仅对借款人隐私权造成侵害，更有可能对借款人的人身财产安全安构成严重威胁。

（四）依法清收不良贷款存在障碍

由于互联网小贷公司信贷行为是在网络上进行操作，法律文书和手续的签订有别于传统信贷，在诉讼过程中，取证、置证、选择诉讼法院、开庭审理等一系列程序的可操作性不强，难以实现预期目标。尤其是进入执行阶段后，由于区域范围广的特性，空间距离将成为巨大的障碍，严重影响债权利益的实现。

第二节　网络小额贷款应用

一、案例介绍

万达集团通过设立上海万达普惠网络小额贷款有限公司获得了互联网小额贷款的牌照，这也是全国第一家获得互联网小额贷款牌照的公司。

万达普惠是万达集团旗下普惠金融服务品牌。万达普惠立足万达生态场景，以“金融+实体+互联网+大数据”为核心驱动力，通过大数据、云计算、移动互联和智能风控等科技金融和互联网手段，缩短用户与金融服务的距离，为普罗大众和小微企业提供高效、优质、普惠的综合金融服务，践行科技引领金融的普惠发展之路。

万达普惠品牌下辖多个产品和业务形态，各业务由多个互联网信贷持牌机构独立运营，实缴资本合计 40 亿元，最早注册时间为 2016 年 1 月，已先后获得多家银行的资金准入。

万达普惠坚持产品创新和以客户为中心，灵活的产品架构和配置，为广泛的普惠人群提供定制化的信贷产品，满足普惠人群在消费和资金周转需求的同时，助力体系内外的消费侧的客户价值重构。

万达普惠坚持数据驱动决策。在系统上，采用先进的分布式系统架构，拓展性强、多渠道统一管理、高并发支持、安全级别高；在信用评估上，以数据驱动决策，借助机器学习及随机森林等技术进行综合评估。

万达普惠依托万达品牌，一方面对内深耕万达资源，如万达广场，开发信用贷款和场景分期；另一方面赋能各消费场景方，如游戏、奢侈品电商等场景，对外输出信贷综合能力。

二、业务流程

“万达贷”开通流程：

第一步：下载应用

“万达贷”是一款手机贷款 App 产品，用户可以在手机应用商店上输入“万达贷”进行搜索，即可找到该款应用。

第二步：申请注册

下载完 App 以后，可以看到以下界面，万达贷上有两款商品：“万达贷”和“商户贷”。

第三步：完善个人信息

刚注册完毕后，如果点开“万达贷”，系统会提醒需要完善个人信息，让自己尽快进入其“白名单”行列之中。

“万达贷”对个人信息的要求主要包括三个方面：

第一，绑定身份证，不仅需要你填写姓名、身份证、有效期限，而且还需要上传正反两面的照片，这一点要求相当严格。

第二，绑定银行卡，绑定一张你常用的银行卡，便于接受贷款、按时还款。

第三，填写联系信息，个人信息包括手机、住址、工作单位，除此之外，你还需要填写至少一个联系人的信息。

第四步：静待邀请资格

“万达贷”目前采用“白名单”邀请制发放贷款额度，并不是下载就有申请资格，只有完善个人资料审核，收到邀请短信后，才能开通。而据客服电话咨询，得到的答复是：万达金融有一套自己的大数据体系，进行大数据分析是否符合信贷条件及信贷产品额度和利率。

三、应用分析

（一）案例简介

某商贸有限公司成立于2012年11月12日，是一家以经营“品牌牛奶制品”的批发配送为主的小微企业，其经营模式是通过预付定金模式提货囤仓，厂家按提货量阶梯返点，下游主要配送给乐万家、家家福等中小超市、便利店，结款方式一般为月结，部分规模较小的商超采用现结方式。因新营销签约下游合作商超4家、便利店20多家，需增加产品提货量而产生流动资金需求。前后向辖内多家银行咨询，均因需要设定“抵押物”而贷款失败。该商贸公司为融世纪小贷的“白名单”潜在客户，此前有对其进行智能语音电话营销。商贸公司向银行申请借款失败后联系小贷公司，小贷公司在商贸公司提出借款申请1个工作日内完成审核，发放了27万元无抵押经营性贷款，解决了企业燃眉之急。

（二）业务分析

1. 获客方式

线上智能获客，线下上门服务。该小贷公司首先将专家经验转为风险准入规则，选取如成立年限、注册资本、法人股东关联企业数、新闻舆情数量、司法案件、知识产权登记量等维度，通过与某查查、某信宝合作，用其小微企业客户分类标准筛选，建立目标客户“白名单”信息库。其次使用IVR语音系统设置电话营销话术和策略，拨打联系“白名单”信息库中的小微企业客户，介绍公司小微贷款产品，标记意向客户，对意向客户，再由客户经理人工电话、上门营销服务。

2. 业务规则

业务流程线上走，首道风险数据防。商贸公司法人赵某通过下载小贷公司自主开发业务端App，完成在线注册、身份OCR认证、活体验证识别、企业信息、个人信息、联系人信息、征信授权等操作，耗时不到15分钟即完成贷款申请。在此操作过程中，该小贷公司App已调用其风控系统部分准入规则如年龄、户籍经营居住地唯一性，反欺诈规则如司法“黑名单”、频繁重复申请、关联人触黑，反欺诈策略模型完成客户准入第一步。接着小贷公司利用技术手段清洗商贸公司庞杂的历史业务数据，打开与第三方的合作接口，充分利用央行征信报告数据信息，建立起针对小微企业的评分模型和风控策略，同时结合IPC技术，将风控审核流程拆解为多个模块，实现流水线作业，提升业务效率（见图4-2）。

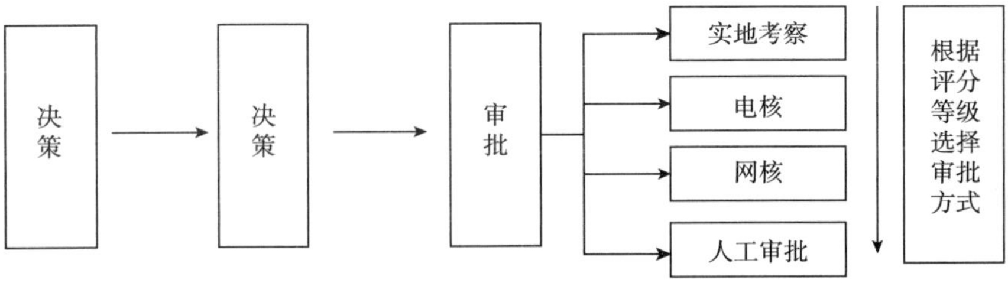

图 4-2　小贷公司业务审核流程

3. 风险应对

案例中，商贸公司借款用于产品提货的真实用途及财务的真实状况难以通过评分卡、征信报告等信息进行有效判断，当技术手段无法确定审批结果时会由客户经理去现场进行实地风险调查。

（1）现场调查验“真用途”

通过实地走访商贸公司，查看了其与商超、便利店的签约协议原件，同时看到其办公场所展示的销售排名榜及悬挂的员工销售激励标语，在与员工聊天时了解到，员工在完成每月销售任务后，超额销售的利润65%给员工作为激励奖励。此外，公司新购置两辆配送车用于提货量的自然增长需求。

（2）资金流水验“稳收入”

该商贸公司现场提供经营相关资料：

近两年的公司内部财务报表，公司 ERP 管理系统；

近 6 个月对公银行账户流水、微信、支付宝账单。

经检验商贸公司当年销售额与 ERP 管理系统一致。但发现商贸公司对公网银流水记录（抽样）与 ERP 管理系统对照差距较大，现场询问赵某原因，反馈近两年受微信、支付宝收付款影响，企业对公网银流水日渐减少。随即要求其提供了近 6 个月微信、支付宝账单验证。通过现场调阅客户微信、支付宝账单，特别是使用账单统计分析功能，对比记录与 ERP 管理系统吻合，公司收入较为稳定。

（三）案例启示

在当前经济下行压力持续加大的经营环境下，小贷公司原本传统的营销方式和审贷方法很难让其保持持续经营的生命力，小贷公司采取数字营销取代传统“盲扫”，实现批量获客的方式不断被尝试。

通过数据统计评分卡取代熟人熟地交叉验证，大数据规则引擎线上审批取代传统人工经验审批，互联网技术手段在提升小贷公司风险防控能力的同时也降低了人力成本，提高了工作效率。

随着微信、支付宝等移动支付工具应用场景不断深入，小微企业日常经营通过微信、支付宝支付结算比例不断上升。该案例中，小贷公司根据借款客户的实际情况，将支付账单用于资信评估，代替银行流水，在检验客户资金流水真实性的同时提高了业务的实操性。

第三节 网络小额贷款未来发展

一、治理体系逐步健全

网络小额贷款源于传统小额贷款公司，经历从萌芽阶段（2005—2015 年）、整治阶段（2016—2019 年）、规范发展阶段（2020 年至今）。自 2005 年以来国家出台了一系列监督政策和整顿措施，包括《关于进一步加强农村工作提高农业综合生产能力若干政策的意见》《关于小额贷款公司试点的指导意见》（银监发〔2008〕23 号）、《关于促进互联网金融健康发展的指导意见》（银发〔2015〕221 号）、《关于立即暂停批设网络小额贷款公司的通知》（整治办函〔2017〕138 号）、《关于规范整顿“现金贷”业务的通知》（整治办函〔2017〕141 号）、《小额贷款公司网络小额贷款业务风险专项整治实施方案》（网贷整治办函〔2017〕56 号）、《关于网络借贷信息中介机构转型为小额贷款公司试点的指导意见》（整治办函〔2019〕83 号）、《关于加强小额贷款公司监督管理的通知》（银保监办发〔2020〕86 号）、《网络小额贷款业务管理暂行办法》等。这些政策文件是网络小额贷款发展进程中的重要举措，对促进行业健康发展具有重要意义。

未来随着网络小额贷款的法律定位、市场准入、业务范围、法律监管以及退出机制等问题得以进一步明确，相关行业治理体系将逐步健全，行业风险管理能力将获得长足提高，这有助于网络小贷更好地成长，也有利于其服务实体经济和民营企业、小微企业。

二、各地争相鼓励网络小贷创新发展

为适应本地区发展及监管需要，多地金融监管部门发布地方网络小额贷款业务管理办法，包括注册资本、股东资质、高管任职要求等为主的准入制度，以融资杠杆、贷款限额、利率规定等为主的经营制度和以信息披露、数据报送、检查方式等为主的日常管理制度。此外，部分地方金融监管部门从行政审批流程、资金来源、资金使用以及机构落户、增资扩股、税收减免、人才引进等方面给予经营互联网小额贷款业务的小额贷款公司一定扶持，鼓励其创新发展。

表 4-3 全国 12 个地市网络小额贷款监管政策

地区	时间	政策文件
赣州	2013 年	《赣州市网络小额贷款公司监督管理暂行办法》
重庆	2015 年	《重庆市小额贷款公司开展网络贷款业务监督指引（暂行）》
广州	2016 年	《广州民间金融街互联网小额贷款公司管理办法（试行）》
上海	2016 年	《上海市小额贷款公司互联网小额贷款业务专项监督指引（试行）》
江西	2016 年	《江西省网络小额贷款公司监督指引（试行）》
宁夏	2017 年	《宁夏回族自治区小额贷款公司开展网络贷款业务监管办法（试行）》

续表

地区	时间	政策文件
黑龙江	2017 年	《黑龙江省小额贷款公司开展互联网小额贷款业务试点相关监管政策规定（试行）》
云南	2017 年	《云南省小额贷款公司开展互联网小额贷款业务监督指引（试行）》
广西	2017 年	《广西壮族自治区小额贷款公司开展网络小额贷款业务监管指引（试行）》
河南	2017 年	《河南省网络小额贷款公司监管指引（试行）》
湖南	2017 年	《湖南省小额贷款公司网络贷款业务监管指引（试行）》
内蒙古	2021 年	《内蒙古自治区小额贷款公司监督管理实施细则（试行）》

三、与传统金融的业务融合加速，普惠金融服务能力提高

网络小额贷款市场参与主体主要包括小额贷款公司、商业银行等金融机构、金融科技企业等，随着数字技术应用的深化，业务合作也将持续迭代升级，分工日渐细化。一方面，金融机构与金融科技公司在资金和技术两方面各具优势，融合发展有助于提高信贷投放精准度、降低服务成本、减少风险隐患、提高普惠金融服务能力。另一方面，在引流获客、资金投放、风险管理、贷后催收等业务环节已存在较为细化的分工，为各类别机构在细分领域创新发展提供了空间，有助于解决网络小额贷款市场特色产品少，行业竞争激烈等问题。

四、面临行业竞争加剧、盈利能力不足的挑战

中国互联网金融协会在对 136 家正在开展的网络小额贷款业务的小额贷款公司进行抽样调查，发现近 20% 尚未依托或形成互联网业务生态，故对应较高的获客及风控成本，业务较少或处于长时间停滞，仅有为数不多依托电商平台开展网络小贷业务的小贷公司经营情况较好。而随着商业银行等金融机构日益深入互联网领域布局，市场竞争将更加激烈，这给网络小额贷款公司的业务发展带来不少挑战，影响其持续经营能力和盈利能力。因此，网络小贷公司要时刻树立危机意识，未雨绸缪，发挥自身机制优势，不断创新自身业务结构和产品结构，不断提高服务质量和服务效率。只有这样，才能在市场竞争中立于不败之地。

第四节 延伸阅读

《中国普惠金融实践案例集锦（2020）》收录的 65 个普惠金融实践案例涵盖普惠金融助力抗击疫情案例、助力脱贫攻坚案例、产品创新案例、数字普惠金融和可持续发展案例五大类型，其中山东省鲁信小额贷款股份有限公司以养牛场里的信贷“私人订制”入选“中国普惠金融产品创新典型案例（2020）”。

一、山东省鲁信小额贷款股份有限公司亮点

山东省鲁信小额贷款股份有限公司（以下简称鲁信小贷）成立于2011年11月3日，注册资本3亿元人民币。

鲁信小贷隶属于山东省重要的投融资主体和资产管理平台——山东省鲁信投资控股集团有限公司，是山东省首批获颁经营许可证的小额贷款公司，在全省范围内经营小贷业务。

经营理念上，鲁信小贷始终坚持“支农、支小、支微”的战略定位，和“小额、分散、灵活、快捷”的经营模式，走“产品标准化、金融科技化”之路。公司实施与银行“错位经营”思路，坚决不碰“三条红线”。公司致力于将传统贷款业务与科技创新结合，进行金融产品和服务的创新，逐步建立了全方位、体验式的综合金融服务体系，为实体经济发展提供资金支持，做真正服务地方的惠民草根金融。

二、产品形式

（一）金融科技化

鲁信小贷坚持推动科技为金融赋能，借助互联网信息技术，发挥普惠金融业务“金额小、期限短、快速灵活”的信贷优势。鲁信小贷借助“智能信贷系统”，实现了客户在线申请、大数据风控、系统自动审批、在线电子签约、系统自动收放款，大大提升了管理质量和管理效率。特别是在上半年疫情期间，公司借助智能信贷系统，为客户提供“不见面、零接触”金融服务，相比传统小贷显现出较大优势。从经营数据上看，贷款投放规模、经营收入、利润总额较以往传统业务形式也有较大增长。

（二）产品标准化

鲁信小贷自成立以来，不断提升产品研发能力，细分市场、细分客户，创新设计标准化信贷产品，目前已逐步形成以农村金融和消费金融为主体的标准化产品体系。

1. 农村金融

农村金融业务是鲁信集团响应国家号召支持乡村振兴，体现国企担当而确定的战略发展方向。目前农村金融“惠农贷”标准产品体系包含牛信宝、大棚宝、生猪贷等，主要基于“小贷公司+优势产业+农户”商业模式设计。自农村金融业务开展以来，至2020年12月累计服务1000余户农户，累计投放金额超过1亿元，存量业务规模超过6000万元。

其中牛信宝产品作为鲁信小贷“惠农贷”的细分产品，专门针对山东阳信县肉牛产业链设计的无抵押无担保的纯信用贷款产品，产品主要面向阳信县肉牛养殖户，提供流动资金，用于采购架子牛、养牛物资、建设牛棚等。

鲁信小贷的工作人员吃住在阳信，扎根南街村，走街串巷，深入养殖场区，了解肉牛养殖户所需，主动服务、深入服务，解决普惠金融惠“三农”的一米阳光难题，使广大农户切实享受到以往“近在咫尺却难以企及”的普惠金融服务。

阳信县南街村目前有肉牛养殖户300多户，其中约2/3都是“牛信宝”产品的客

户。自牛信宝开展以来至2020年10月末，累计放款349笔，服务198户，累计投放金额8243万元，无一笔逾期，赢得了广大农户的一致认可。

牛信宝产品还在2020年由《人民日报》、中国银行业协会、中国保险行业协会、国家金融与发展实验室等共同主办的“中国普惠金融典型案例征集活动”中荣获“中国普惠金融典型案例”。全国仅2家小贷公司获奖，这离不开广大客户的信任和支持。

2. 消费金融

鲁信小贷消费金融标准产品体系代表产品——车易通，属于汽车消费供应链金融产品，与汽车交易平台和山东省工商银行合作，提供汽车交易供应链金融服务。产品2020年9月上线，上线2个月就累计发放贷款900余笔，累计投发金额7000余万元，存量余额5000万元。

（三）在支农、支小、支微方面，“惠农贷”产品最快需要多久审批？

“惠农贷”产品是一款面向种植养殖户、农资或农机经营部、涉农个体工商户等提供小额、分散的金融服务产品，为纯信用贷款，不需要抵押。贷款审核主要依据为农户的银行卡流水、征信等基本情况。主要特点是放款速度快，利用线上风控系统和专业人员复核，从审批到放款仅需一小时。

“惠农贷”充分发挥科技优势，使用人工智能与大数据的有效融合，包括线下获客、线上系统审批、线上收放贷款等环节，通过线下渠道和线上App为农户提供方便、快捷、高效的服务体验。

长期以来，“三农”融资难、融资贵问题一直难以破解。据了解，按照银行通常的放贷标准，很多农户因缺乏房产等有价值的抵押物，较难通过传统抵押方式获得贷款。

“惠农贷”是鲁信小贷立足国企平台、履行社会责任的实际行动，充分利用科技为“三农”、为乡村振兴提供信用贷款，将有限的信贷资金用于支持因自身条件缺乏而难以从传统金融机构融资的“三农”市场上，为广大农户提供了平等享受金融服务的机会。

鲁信小贷全方位的金融服务及灵活多样的贷款模式，为客户提供融资、担保、投资理财、业务咨询等全方位的增值服务，切实帮助客户解决实际困难和问题。使鲁信小贷与客户形成良好的合作关系。

鲁信小贷立足于发展普惠金融，践行初心使命，体现国企担当，服务中小企业，秉承“为客户量身定制金融服务”的理念，在坚持“小额、分散”的前提下，不断丰富业务品种，为“三农”、中小微企业提供更加周到的全方位金融服务，为支持省域经济的发展作出自己的应有贡献。

第五章 互联网证券

HULIANWANG ZHENGQUAN

第一节 互联网证券概述

一、定义与内涵

互联网证券是以互联网为媒介，为客户提供全方位资本市场服务的新兴金融业态。互联网证券业务并不是简单地将线下业务向线上进行平移，也不是对现有平台和信息技术模块做简单整合，而是在“电子化—互联网化—移动化”趋势下，从执行层面对公司传统业务实施从销售渠道、业务功能、客户管理到平台升级的架构重塑及流程优化，架构符合互联网商业惯例和用户体验的综合金融服务体系。随着移动互联时代的到来，过往以线下业务为主体的传统证券公司积极探索科技赋能与平台布局，通过互联网平台获取揽客优势、品牌优势及流量优势，与互联网科技公司的融合不断加剧。近年来，证券经纪、金融产品代销、融资融券、证券投资咨询等各项证券业务的互联网应用日益深化，大大降低了投资者的时间成本和交易成本，提升了证券市场的交易效率和发展质量。

二、互联网证券发展历程

2000 年，《网上证券委托暂行管理办法》和《证券公司网上委托业务核准程序》的推出，为线上开展证券交易提供了规范依据，开启了我国证券业务互联网化的大幕。随着证券交易信息系统的成熟和普及，PC 端线上交易成为我国证券市场交易的主流，较高的信息化程度成为我国证券市场的鲜明特色。

2010 年以来，移动互联网技术的飞速发展，深刻改变了银行、证券、保险等传统金融行业的业务模式。手机银行、第三方支付的出现和普及，使移动端取代线下实体网点和 PC 端，成为个人金融业务的主要载体。非现金支付逐渐取代现金支付，打通了线上消费、支付乃至投资的资金流通环节，进一步推动金融业务向移动端转移。证券行业积极投身变革，主动适应投资者交易习惯的变化，布局移动端 App 和营销渠道，证券业务进入了移动互联网化的新发展阶段。

2013 年，监管层放开非现场开户限制，证券经纪业务实现了开户环节线上化，投资者可全程通过线上方式进行证券投资，打通了互联网获客的渠道。2014 年 4 月至 2015 年 3 月，国内共有 55 家证券公司取得互联网证券业务试点资格。

2016 年以来，随着线上客户的积累和交易习惯的形成，各证券公司纷纷发力互联网业务。在基础服务方面，以综合账户体系为基础，打造"一站式"综合金融服务平台，为客户提供在线开户、在线交易、账户诊断、账户分析、账户管理等多重服务；在差异化服务方面，通过分析用户行为数据、用户画像、风险等级测试等技术为客户提供基础的金融产品配置建议，满足客户的碎片化、差异化证券服务需求。2017 年，华泰证券、东方证券的年报披露显示，线上开户数占同期全部开户数比重都在 85%以上，证券业务的移动端用户数和交易额占比都有显著攀升，逐渐发展成为重要的开户引流渠道。

2019 年 3 月，两家主打境外证券市场的互联网券商老虎证券、富途证券先后在纳斯达克上市，引发资本市场对互联网券商的关注。当年，风险程度较高的科创板、新三板市场，实现了交易权限开通的线上办理。

2020 年以来，新冠疫情倒逼证券公司进一步强化互联网服务渠道，引导投资者通过互联网等非现场方式进行交易及业务办理，并做好相应的系统保障和技术升级。2020 年修订的《深圳证券交易所创业板投资者适当性管理实施办法》，实现了线上办理开通创业板交易权限。

2020 年 8 月 14 日，证监会就《证券公司租用第三方网络平台开展证券业务活动管理规定（试行）》向社会公开征求意见，明确了证券公司租用第三方网络平台开展证券业务活动的责任边界、行为规范、程序性要求、禁止性规定等事项。未来，监管规则的明晰将进一步推动券商与第三方互联网平台业务合作的规范化，促进证券业务与互联网的深度融合。

三、互联网证券业务试点

2014 年 4 月 4 日，国泰君安等 6 家券商获互联网证券业务试点资格，成为首批开展该业务的证券公司。至今拥有互联网证券业务试点资格的券商数量已经达到 55 家，大约占券商总数的一半。互联网证券是电子商务条件下的证券业务的创新。互联网证券行业是以互联网作为媒介，主要为客户提供证券投资资讯（国内外经济信息、政府政策、证券行情）、网上证券投资顾问、股票网上发行、买卖与推广等多种投资理财服务。

表 5-1　55 家互联网证券业务试点情况

批次	时间	数量	名单
第一批	2014 年 4 月 4 日	6 家	中信证券、国泰君安证券、长城证券、平安证券、华创证券、银河证券
第二批	2014 年 9 月 19 日	8 家	广发证券、海通证券、申万宏源证券、中信建投证券、国信证券、兴业证券、华泰证券、万联证券
第三批	2014 年 11 月 24 日	10 家	财富证券、财通证券、德邦证券、东海证券、方正证券、国金证券、国元证券、长江证券、招商证券、浙商证券
第四批	2014 年 12 月 26 日	11 家	华宝证券、东方证券、南京证券、西南证券、中原证券、齐鲁证券、安信证券、华林证券、东兴证券、第一创业证券、太平洋证券
第五批	2016 年 3 月 2 日	20 家	财达证券、东莞证券、东吴证券、国海证券、国联证券、恒泰证券、华安证券、华龙证券、华融证券、民生证券、山西证券、世纪证券、天风证券、同信证券、湘财证券、银泰证券、中金公司、中投证券、中山证券、中邮证券

四、互联网证券企业分类

综观 55 家互联网证券公司的业务模式，互联网证券企业可以分为三类，包括发展互联网证券业务的传统券商、以线上业务为主的纯互联网券商和从其他领域切入证券业务的互联网企业。

表 5-2　互联网证券企业分类

类别	发展模式	典型企业
传统券商发展互联网证券业务	资本实力及经营能力较强的大中型券商自建线上平台	华泰证券
纯互联网券商	聚焦境外证券市场，提供在线交易服务的新兴创业公司	老虎证券、富途证券
围绕证券相关业务的互联网企业	互联网企业从咨询领域切入市场，通过收购获取券商牌照，利用流量等优势，发展一站式服务平台	东方财富

传统券商在拥有牌照优势的基础上，拓展互联网渠道，包括自建互联网平台和账户体系、向互联网公司引入流量、投资于互联网金融平台等。以互联网模式运营的公司，包括拥有券商牌照的东方财富（向券商子公司导流）以及不具备券商牌照的同花顺（与多券商平台合作，向其导流）。纯互联网券商：目前发展较成熟的包括富途证券和老虎证券，主要专注于港美股赛道。IT 服务提供商：为券商提供技术支持，包括恒生电子、金证股份。资讯服务商：包括雪球、万得等。

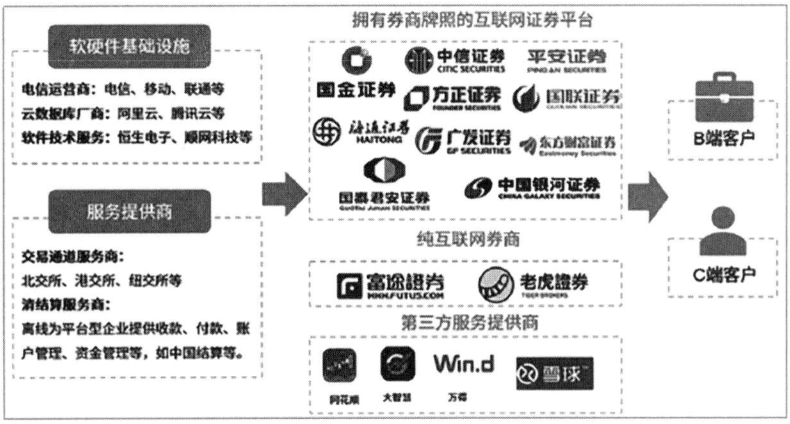

图 5-1　互联网证券平台服务体系

五、互联网证券发展概况

随着中国资本市场的发展，证券业也保持稳定增长，在近两年各行业受到新冠疫情冲击的情况下，行业仍有较好表现，且线上化发展加快。中国证券业协会公布数据显示，2021 年全行业 140 家证券公司实现营业收入 5024. 10 亿元，实现净利润 1911. 19 亿元。截至 2021 年末，证券行业总资产为 10. 59 万亿元，净资产为 2. 57 万亿元，较上年末分别增长 19. 07%、11. 34%。

截至 2021 年末，证券行业为客户开立 A 股资金账户数为 2. 98 亿个，同比增长 14. 89%，客户交易结算资金期末余额（含信用交易资金）1. 90 万亿元，较上年末增长 14. 66%，客户基础不断扩大。艾媒咨询数据显示，中国证券 App 用户规模增长迅速，从 2015 年的 4000 万人增加至 2021 年的 1. 5 亿人，平均增速 46. 7%。2021—2022 年中国互联网证券公司共拥有 App 数量 418 个，微信公众号（不含营业部公众号）604 个，微博账号 139 个，小程序 138 个。超过半数（54. 8%）投资者手机上下载了 2 个证券 App。

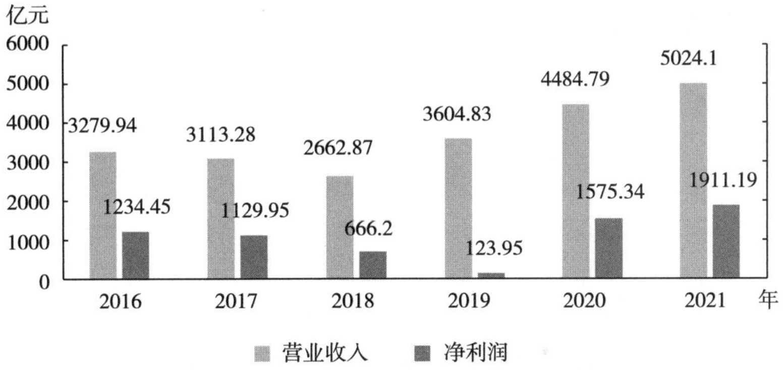

图 5-2　2016—2021 年证券行业营业收入及净利润情况

（资料来源：中国证券业协会，笔者整理）

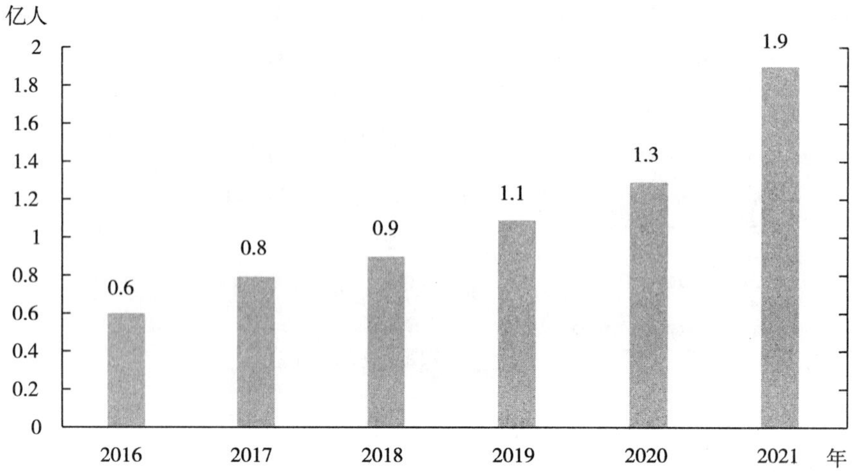

图 5-3 2016—2021 年互联网证券用户规模

六、互联网证券的运营模式

（一）服务模式

从服务模式看，“互联网+”业务模式已构成良好的运行框架，传统金融机构通过“触网”直面C端客户，提供跨地域、高效率、低成本的金融服务。经过多年发展，单纯业务嫁接技术模式已被过度挖掘，依靠直面C端客户带来的规模效应和市场份额再分配获得的全行业“互联网化”的红利逐渐被消耗，“触网”模式创新日益乏力。以各类技术深度创新为代表的金融科技正在驱动证券服务模式创新，重整行业价值链。一方面，以新技术应用全面取代传统以人为媒介的规章和流程控制体系，在统一的数字化平台上依托“数据+技术”进行产品设计和运营管理，简化业务流程、降低成本、提升效率。另一方面，转变企业估值方式，“互联网+”模式下，企业价值取决于C端用户数目和在特定业务领域的市场份额。在深度技术创新模式下，价值将同时取决于B端和C端用户数目、因取代线下设备和人员以及效率提升带来的总体运营成本节约、业务在全产业链中的价值占比等因素。

（二）合作模式

从合作模式看，“牌照”“技术”“数据”作为开展互联网金融的基础，对业务发展十分重要，合作逐渐成为传统金融机构与互联网金融公司共赢的有效选择。如太平洋证券与加拿大达博奥盛金融集团合作开发北美市场，加强跨国投资银行与财务顾问业务；华泰证券收购统包资产管理项目平台 AssetMark，服务资产配置和投顾服务的中台建设；长江证券与奇虎 360 在证券信息技术安全、投资者教育、炒股大赛活动、线上服务系统、金融产品、产业基金、股权投资等方面展开全面深度合作；申万宏源与百度开展合作，在传统经验基础上结合百度金融科技优势，开发信用预警模型等。

（三）盈利模式

从盈利模式看，互联网等技术应用催生了一些“免费型”业务模式，一是如嘉信理财通过共同基金一账户体系进行基金买卖，投资者购买基金免费，交易费用由基金公司承担的直接交叉补贴模式；二是如百度、腾讯、京东、阿里等互联网企业通过为证券公司提供客户流量导入、广告宣传等方式实现价值创造的三方市场免费模式等。

七、互联网证券的优势和风险

（一）优势

1. 助力普惠金融发展，增强市场活力

从产品定位来看，互联网证券类产品和服务，主要定位为大众化、普惠型，旨在通过低成本和极简高效的服务方式，为广大投融资者提供服务：一是低佣开户、线上小贷及在线柜台等基础服务；二是证券 App 平台；三是在线综合理财服务平台；四是智能投资和投顾服务平台；五是资讯服务、生活服务、投资社区等小众服务。随着互联网证券业务发展的深入，不少证券公司建立了自己的互联网证券品牌，并在此基础上打造综合金融服务平台。

2. 加速证券业务线上线下融合发展

从分销渠道来看，互联网证券通过一套不同于传统金融技术的新技术来发挥互联网的数据优势与网络优势，变革过去在服务、价值和安全等方面的思维与模式，拓展了金融服务的获取渠道。如大部分证券公司通过客户引流、移动终端拓展、O2O 等方式增强了金融产品及服务的营销渠道变革，实现了客户规模和业务覆盖范围的大幅提升。数字身份和基于分布式账户技术（DLT）的应用程序创新，可以支持改善终端用户获取金融服务的渠道和质量；机器人投资顾问服务，使由于最低投资门槛过高或高收费等原因不能获得类似传统资产管理服务的投资者，增加了获得财富管理的机会。

3. 证券线上业务发展聚力抗击疫情

2020 年 2 月，证监会发布通知，要求各券商积极改进服务方式，引导投资者通过互联网等非现场方式进行交易及业务办理，并做好相应的系统保障和技术升级；长江证券借助在金融科技领域的积累，完成了大部分线下业务向线上的转移。疫情倒逼券商业务线上转型，加速了互联网证券的发展。

4. 收入结构优化，向证券业务综合体发展

目前，互联网券商虽然发展迅速，但业务总体体量仍然较少、业务结构较为单一。互联网券商突破体量“瓶颈”应加快转型，突破点在于业务延展，发展成为业务综合体。券商平台可以通过优化业务结构，实现盈利模式多元化，找准新的收入增长点，降低自身营收对佣金收入的高度依赖。

（二）风险

1. 产品服务同质化加剧行业竞争

从产品独特性来看，目前主要业务模式表现为与互联网公司合作开户导流、互联网理财产品销售、智能投顾、算法交易、证券自动化研究以及人工智能、区块链、大数据等技术的综合应用，但同质化、差异化不足问题依然存在。

总体来看，互联网证券业务产品层面主要聚焦信息服务、交易及交易辅助、投资及

投资辅助、金融产品销售等功能。其中，信息服务和低佣开户、线上小贷及在线柜台等基础服务已基本在行业中普及，且同质化程度较高。部分证券公司建立了自有互联网金融品牌，明确了自身产品、服务定位，形成了特色、定制化的产品，但整体产品定位及差异化仍相对欠缺，影响核心竞争力的打造和业务模式的可持续性。

2. 证券投资者个人信息安全风险

大数据、人工智能时代的到来强化个人信息的价值，“股民资料网上叫卖”事件即是对其最有力的回应，资本市场投资者的个人信息安全问题不可忽视。证券投资者个人信息类型及受侵害的表现形式包括：个人信息、个人资料被非法泄露、非法利用之安全隐患等。

3. 以虚假信息为核心引发的市场秩序风险

传统媒体的自净和过滤功能被现代信息革命所解构，证券市场信息获取方式的格局被打破，市场上充斥各种真假难辨的信息。现代证券市场以互联网信息传播为核心的违法违规行为方式不断增多，严重损害投资者的合法权益，扰乱证券市场秩序，强化对互联网证券信息的监管是当前证券监管的时代性命题。

4. 操作失误和交易系统故障导致的交易风险

现代信息技术发展方兴未艾，为证券市场高效运转提供技术支撑，但不可避免地伴随系统性风险爆发的可能性。时下，因技术引发的交易风险已成为互联网证券监管不可回避的问题。互联网证券市场技术风险主要表现为：其一，交易系统故障产生的交易风险。如我国 2013 年光大证券异常交易事件及 2016 年国信证券技术故障事件皆表明信息技术的程序故障、线路出错、硬件质量等问题均可能引发证券市场系统性风险。其二，操作失误带来的市场波动。如 2015 年 3 月 20 日“天风证券乌龙指”事件、2017 年 3 月 9 日“宁波水表乌龙指”事件等。

第二节　互联网证券应用

一、业务实训

（一）网上交易软件下载

打开安信证券手机网址（xz. essence. com. cn）即可下载安信手机证券。打开安信手机证券，点击“我要开户”，填写营业网点信息，并输入手机号码、图片验证码以及短信验证码，输入验证码后进入申请。

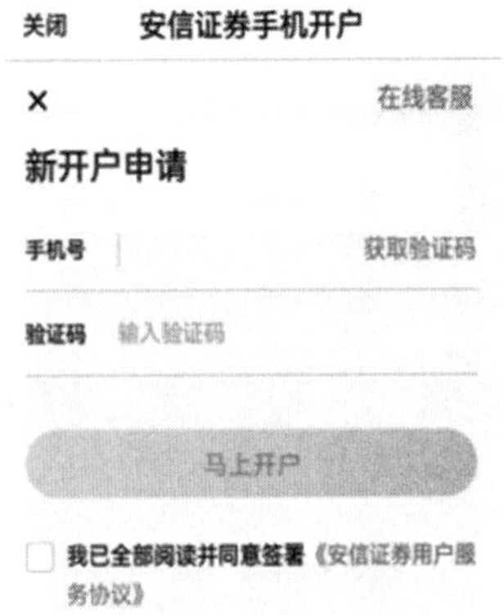

（二）验证手机选择开户营业部

进入开户页面点击申请开户（开户之前准备好身份证、银行卡），输入手机号码，点击获取短信验证码后，收到一条短信，输入短信中的数字验证码，点击下一步选择开户营业部。

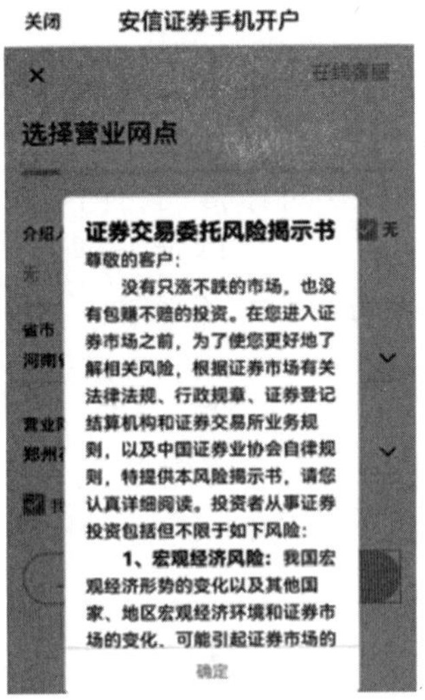

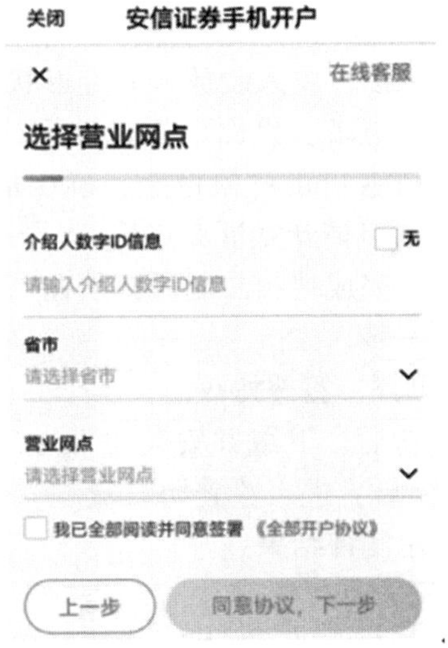

（三）上传照片

上传或拍摄二代身份证正反面。系统会根据身份证正反面的信息进行识别并自动填入下一步的内容。身份证照片尽量拍摄清楚，四边四角齐全，不要反光。另外请务必根据提示横向拍摄。

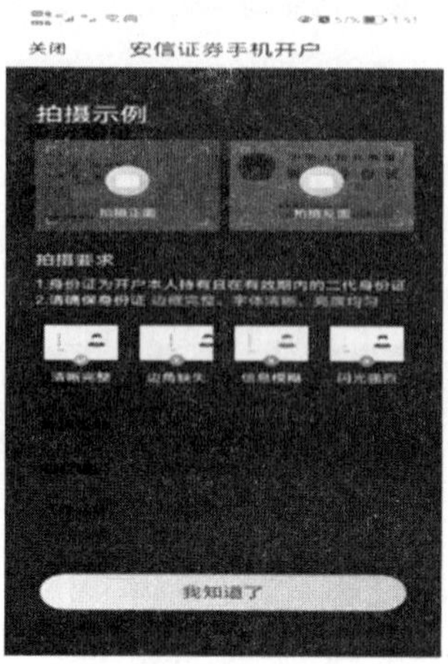

（四）身份信息

系统会根据上传的身份证图片识别出身份信息，需要仔细核对身份信息，例如，证件地址，有效期等是否一致，如果不一致的话需要您手动修改。

个人信息填写完成，进入下一步之后，需针对所有填写内容的真实有效性进行确认。如果信息无误点击下一步即可。

（五）身份验证—单向视频验证

单向视频进入后，将人脸放入固定形状的检测框内，调整好距离及光线，保证拍摄视频头像的完整、清晰。界面下方自动倒计时 10 秒后开始录制，不用手工点击开始按钮。开始录制后请客户正对摄像头，确保面部出现在头像框内，用普通话朗读以下文字——“本人自愿申请开立证券账户。”录制成功后点击“确定”即可，视频上传可能需要一定的时间。完成视频录制后，须在当前页面等待自动安装数字证书，数秒内页面会自动跳转至下一步。

（六）风险测评、签署协议

上传文件成功后，下载并安装中登数字证书，点击“确定”上传文件成功，确认《风险测评提示》后，进入签署协议流程，风险测评一共 21 道题，根据实际情况填写，填写完毕后会显示测评结果。

（七）绑定三方存管银行

不同银行的绑定方式不一样，选择好银行后根据提示操作即可。

（八）提示完成开户流程

账户开设完成后，页面提示客户完成全部开户流程，并等待审核结果。您可以点击刷新开户结果查看账户开通情况。如果您的开户审核不通过，可以点击继续开户进行办理。

二、应用案例

（一）案例介绍

数字化运营平台作为互联网运营能力中心的核心，起到了承上启下、关联整合的作用。海通 2018 年正式立项建设数据化运营平台，包括数据采集、数据清洗、数据整合、数据分析和数据运用五大模块。数据采集实现了 e 海通财 App、e 海通财 PC、e 海方舟等终端用户行为数据的采集以及后台业务数据和日志数据的采集；数据整合模块复用了大数据平台的存储能力，实现了数据的统一管理；数据分析模块具备可自定义多维度的灵活联合检索功能；数据应用模块包括精细化客群管理和个性化消息推送，可实现自动运营。同时，数字化运营平台实现了所有与运营相关的应用模块整合，业务运营人员只需要在数字化运营平台即可完成所有的运营活动。

海通证券目前主要的互联网对客运营活动都是基于数字化运营平台来展开。从开始单纯地通过 CRM 筛选出符合各类条件的客户信息，再经过短信平台下发短信的形式或者电话的形式与客户进行信息的传递。数字化运营平台经过了较长时间的摸索逐步成型。截至目前，数字化运营平台已成为建立于大数据平台、人工智能平台、用户行为分析系统、资讯中心、消息中心、产品中心、会员中心等中台系统基础上，对各类数据进行整合关联的一体化、数据驱动的互联网运营能力中心。具备为 App、PC、微信小程序、微信公众号和基于 H5 的对客终端等终端提供数字化运营支持的能力。

（二）案例业务发展

1. 资讯运营

证券类 App 最重要的功能是开户、行情、交易、理财和资讯。开户、行情、交易和理财从功能上来说，大部分券商基本上相似，从内容运营的角度来看，基本上可操作的空间不大，但是资讯内容各有千秋。海通有一个 10 人以下的资讯运营团队，每天在根据收集到的材料，编辑整理的同时，从研究所获取最新的研究报告通过数字化运营平台进行录入，审核通过后向用户进行推送。

2. 大 V 运营

大 V（投资顾问）对 App 等互联网产品具有非常强的吸粉能力，包括社交类的微博、财经类的雪球等。海通也从员工中培养了一批自己的大 V，时常向客户撰写一些投资方面的专业知识，通过数字化运营平台进行上下架，并在 App 终端专区进行展示。

3. 投教运营

证券类 App 是为用户提供各类证券买卖、融资融券等股市业务服务的平台。为帮助股民应对股市风险，需要为股民提供教育。作为一家综合性证券公司的移动投资平台，海通 e 海通财 App 有一块投教专区，为投资者提供文字、图片和视频等证券市场基础知识、风险教育、投资技巧以及 App 功能介绍等投教内容。业务运营人员通过数字化运营平台配置相关的内容，并在后端对内容进行管理配置。

4. 终端功能图标运营

由于业务不断变化、不断创新，证券类 App 需要有一个灵活的终端架构，既可以由用户自己编辑部分终端界面，满足自己的操作习惯，又能满足业务运营人员在后端对终端功能位置和图标进行配置的需求，实现业务快速上线。海通 e 海通财 App 首页和交易页面的功能图标和位置可以由业务运营人员通过数字化运营平台根据版本动态配置，通过可见及可得的操作体验方便运营人员管理，减少差错。

5. 活动运营

活动运营与内容运营的一个区别在于内容运营是长期的，而活动运营是阶段性的。内容运营是形式上基本固定的运营，而活动运营是阶段性的，需要一定的准备、策划、执行、传播和复盘。每个活动运营都有一个明确的主题，所有的用户围绕这个主题进行活动。海通 e 海通财的活动运营形式非常多，比较大的活动运营有世界杯竞猜大赛、模拟炒股大赛、Leve2 优惠活动、视频直播活动、知识问答活动等。所有的活动运营都可以在数字化运营平台进行新增与删除。

6. 视频直播活动

视频直播是一种非常直接有效的信息传播方式，抖音、快手等直播平台非常受各年龄段用户喜爱。海通 e 海通财尝试通过视频直播的方式向用户提供广播式投资顾问，从而提升 App 的活跃度和黏性。

7. 模拟炒股活动

实盘交易毕竟存在一些风险，为使用户了解交易规则，体验交易过程，积累交易经验，并且引导用户从低风险交易品种入手向交易用户转化。海通 e 海通财举办了 ETF 模拟交易大赛，规定只允许买卖/申购 ETF 基金，通过在规定期限内统计总收入的方式确定比赛名次，并为获奖者颁发奖品。参与 ETF 模拟交易大赛的用户数非常可观，有效地提升了 e 海通财的用户转化率。

8. 知识问答活动

知识问答是近年来开始流行的一种通过回答一系列主题知识获得一定奖励的交互式游戏。海通 e 海通财在数字化运营平台中，将投教类的知识包装成知识问答并提供给用户，供用户在 App 中进行游戏挑战。

9. 自动运营

自动运营是根据用户的个性化特征和业务场景进行逻辑设定，当业务数据触发设定条件时，自动为用户执行个性化服务。自动运营的最大特点就是全程由数据驱动，程序自动执行，不需要人工干预。一个完整的自动运营服务包括数据打通、数据整合、运营计划创建、用户触达、运营计划调整五个部分。

数据打通：首先需要打通数据。通过打通 CRM、数仓、产品中心、资讯中心等应用系统与运营平台之间的数据，对用户特征、用户行为、交易流水、理财产品、新闻资讯等业务数据进行采集。

数据整合：数据打通后，需要进行数据整合，包括标签化处理以及对用户的固定特征进行分群等。

运营计划创建：根据业务数据进行运营计划的创建，设置好计划的类型，选择受众客群。

用户触达：根据最终的业务场景目标制定用户个性化触达策略，包括触达的方式、触达的消息内容以及触达以后用户的引导等。

运营计划调整：根据用户的点击回执以及用户后续的业务办理情况进行自动化运营效果的分析，调整自动运营计划和策略。

第三节 互联网证券未来发展

一、借力新兴技术，筑牢核心优势

近年来，人工智能、大数据、云计算等新兴技术的发展为互联网券商的转型变革提供了技术支撑。互联网券商应加快发展金融科技，进一步推进产品的研发创新，以在竞争日趋激烈的互联网证券市场中筑牢自身优势。

二、优化收入结构，实现业务多元化综合发展

目前，互联网券商虽然发展迅速，但业务总体体量仍然较少、业务结构较为单一。互联网券商突破体量“瓶颈”应加快转型，突破点在于业务延展，尽快发展成为业务多元化的综合券商。券商平台需通过优化业务结构，实现盈利模式多元化，并找准新的收入增长点，降低自身营收对佣金收入的依赖性。

三、树立企业品牌形象，积累用户口碑

投资者群体目前仍非常重视交易资金的安全性，因而部分用户更愿意信任资质和知名度更高的互联网券商平台。目前互联网证券行业中，传统券商依靠线下积累的知名度，更容易在线上化转型中获取用户。而纯互联网券商平台发展时间较短，品牌建设仍需加强，知名度、美誉度仍需不断提高。未来，金融企业之间的竞争就是品牌的竞争。互联网券商只有不断提高品牌知名度，优化用户体验，增强用户信心，积累良好的口碑，进一步扩大用户群体，加强用户黏性，才能在激烈的市场竞争中不断发展壮大。

第四节 延伸阅读

证券互联网服务发展新模式是指依托金融科技应用创新，搭建整体、系统化服务体系，O2O 线上线下协同发展，为客户提供财富管理服务，从而提升客户满意度及单客价值，有效促进金融普惠与行业规范发展。传统证券服务以牌照为中心，而互联网证券服务发展新模式是以客户为中心，其本质是持续、精细化流量运营，贯穿于 3A3R（感知 Awareness、获客 Acquisition、活跃 Activation、留存 Retain、收入 Revenue、传播 Refer）的客户服务全周期，包括服务业态新模式、服务运营新模式和服务支撑新模式三个层面。服务业态侧重于前端的服务感知，旨在从客户服务体验层面阐释证券公司为客户提供的新型互联网服务模式；服务运营则从运营层面深入剖析如何持续优化各类新型服务业态，改善服务效率与体验；服务支撑侧重于后端的能力基础，通过对支撑能力的探究，系统构建以客户为中心的新型服务业态及高效率、精细化流量运营的底层基础。

一、智能化服务：通过科技赋能，为海量客户提供全场景、自动唤醒服务，解决服务人力不足等问题

相较于传统服务，智能化服务涵盖客户投前、投中、投后的全场景，强调场景协同，并在客户的投资场景中适时提供自动唤醒服务，即时响应客户需求，有效地提升了服务效率，优化了服务体验。其本质是为不同投资者提供不同层级的投资者教育服务，为客户理性、科学投资提供参考。

1. 智能投资。在股票投资方面，普通客户学习和使用各类指标的自学难度高、应用效果差，且在日常分析应用中较为耗时费力。而智能投资推出诸如智能选股、账户分析等智能化投资辅助分析服务，既为股票投资分析提供了新方法，也进一步提升了分析效率和精准度，增强了客户的自主分析能力和服务体验。目前实现路径主要包括：一是投资策略工具化。将专业的投资策略打造为智能化、标准化的线上投资工具，客户无须了解策略背后的复杂实现模型，可直接使用获取分析结果，从而极大地降低了使用门槛。二是信息分析模型化。将某种确定类型的分析固化为技术模型系统，系统按照模型自动收集、处理数据，进而自动给出分析结果，避免客户进行耗时费力的自我收集和分析。三是数据挖掘智能化。智能挖掘出普通人力难以发现的规律或信息，从而帮助客户发现投资机会。此外，还能借助量化技术生成智能股票策略，智能选择股票标的并在后续自动完成跟踪调仓。

2. 智能理财。证券公司的理财型客户占比日趋上升，如何选择合适的产品及进行产品的配置成为客户面临的首要问题。智能理财则可帮助客户迅速明确理财目标、制订理财计划，让客户更加高效、科学地进行理财投资。其实现路径包括：第一，理财交易自动化。将理财产品交易流程的步骤进行整合自动化处理，可有效减少客户的操作步骤，降低操作难度。第二，理财策略工具化。将各类理财策略以智能化工具的方式提供给客户，使理财决策更加简单合理。第三，产品推荐精准化。根据客户线上投资行为匹配不同类型的金融产品，并不断优化，可有效减少客户查找适合产品的时间，提升目标人群过程转化率和客户黏度。

3. 智能资讯。传统证券互联网平台的资讯量庞大堆砌，远超客户的阅读能力。智能资讯通过语义识别和机器学习技术，根据资讯内容提炼出资讯标签和格式化内容，提高客户阅读和信息获取的效率，减少信息的过度侵扰，同时降低证券公司的服务成本。目前智能资讯应用主要包括：其一，智能资讯推荐。以资讯标签为基础，根据数据形成客户精准画像，并进行千人千面、及时、精准的资讯推荐，快速、贴心响应客户需求。其二，智能资讯解读。为客户提供经过系统智能分析解读的资讯结果，从而提高客户对资讯的阅读分析效率。其三，智能资讯生产。不仅可在基础层面将海量数据结构化，形成领域知识图谱，而且还能自动提炼新闻和研报观点，智能撰写基础研报，形成智能资讯生产能力。

4. 智能客服。传统客服中心存在服务时间段受限、服务需排队等问题。智能客服通过语音语义识别、自然语言处理等技术应用自动识别客户问题，基于底层行业知识库实

现客户问题的智能化实时应答，成为人工客服的有力补充。主要包含：一是智能客服。实现 7×24 小时全年无间断的海量客户服务，并能不断迭代提高回复准确度。在客户咨询时，可由智能客服优先回答，再将疑难问题转接人工客服，进一步与客户经理、投资顾问进行交互，从而形成逐层递接的全链条服务，无间断、实时响应客户服务。二是智能回访。将结构化的回访问卷加入知识库，可主动拨打回访电话，并按照规范与客户进行回访互动。通过设置较高的检测标准，可实现优于人工回访的工作效果。三是智能语音导航。用预先录制或文本转语音技术合成的语音进行自动应答，实现为客户进行菜单导航的功能，大幅缩短客户咨询的平均时间。

智能服务借助线上服务边际成本为零的巨大优势，可有效弥补服务缺口，提升服务效率，防范服务风险。如国泰君安证券智能客服年服务超过 200 万人次，可代替近 300 人的人工客服团队。智能资讯通过系统打标签仅需 200 毫秒，相较人工效率提升 9000 倍以上；6~7 人的算法团队即可替代 300 人的在线编辑团队。

二、线上伴随式服务：为客户提供有温度的场景化、全程伴随式贴心服务，增强平台的客户信任与黏性

传统证券互联网平台缺少在线服务人员与客户的直接紧密沟通，客户对平台的忠诚度和迁移成本都较低。随着直播平台等线上伴随式服务的兴起，证券公司纷纷依托“三端一微”平台，通过在线直播及问答等实时交互形式，为客户提供“有温度”的在线投教、行情解读、业务咨询等服务，提升互联网平台的客户信任度与黏性。目前证券行业中伴随式服务主要包括图文直播服务、视频直播服务和抢单问答服务等模式。

1. 图文直播服务。图文直播服务是由投资顾问等线上服务人员通过建立网上直播间，以文字、图片等形式，向客户传递最新市场观点、平台功能、策略战法、热门理财等服务内容，同时通过在线问答方式及时响应客户需求的服务模式。通过这种人机合一、总分协同的服务模式，每个直播间可覆盖客户数超 20 万名。客户可获得快速需求响应，第一时间把握投资机会，还可学习使用平台工具，享受投教服务；证券公司则可扩大服务半径，提升服务效率，通过标准化服务工具避免合规等问题；对客户分级服务还可获得更多营销机会。

2. 视频直播服务。视频直播服务是指证券公司服务人员在互联网平台上以视频直播形式向客户提供基于公司业务经营资质的投资者教育、投资咨询等伴随服务，以及与视频直播相关的在线互动服务等。视频直播服务可分为投教型、资讯型和访谈型三大类。其优势在于，能让客户更生动地感知服务的真实性，提高服务可信度。视频直播可提升券商 App 同时段活跃度 40%，促活效用显著，但目前视频直播模式互动性较差。

3. 抢单问答服务。抢单问答服务是广发证券首推的一种类“打车抢单”的线上伴随式服务模式。客户通过各类互联网终端服务入口，可随时随地提出服务请求或投资咨询，依托客户经理、投资顾问和理财管理师在内的全国 7000 多名服务人员，证券公司可线上线下互动，实现秒级响应客户服务需求。公司客户由其开户营业部服务人员服务，非公司客户由其所在地营业部服务人员服务，如客户提问在 5 秒内无应答，则由全国营

业部服务人员服务。其优势在于：一是可迅速响应客户多业务场景需求；二是本地服务人员对口服务本地客户，服务主动性强，有利于业务拓展和客户营销；三是实现服务资源共享与人力互用。

三、普惠财富管理：以数字化手段为客户提供财富管理服务，大幅降低服务门槛，更好地促进金融普惠

普惠财富管理服务通过数字化手段，将分散投资、现代投资组合理论等财富管理实践应用于大数据和机器学习，以此减少对人力的依赖，大幅降低财富管理门槛，让低资产用户也能享受到高品质的财富管理服务。财富管理数字化可达到收益与风险的平衡，帮助客户减少投资决策失误，做出更理性的投资选择。目前主要包括资产配置服务和产品定制化服务两类。

四、智慧网点服务：科技赋能线下渠道，转型轻型智慧网点及财富管理中心

目前，证券公司线下网点仍是一种不可替代的重要服务渠道，且麦肯锡调研显示，越富裕的人群对线下渠道的依赖性越高。在金融科技迅猛发展及财富管理转型已成行业共识的趋势下，未来线下网点将全面优化自身流程设计及运营管理，向轻型智慧网点及财富管理中心转型。

一是转型轻型智慧网点，为客户提供自助式、场景化、智能化证券互联网服务。轻型智慧网点是以人工智能、大数据等金融科技为支撑，通过远程视频柜员机（Video Teller Machine，VTM）等智能终端，解决客户基础业务办理需求，为客户提供自助式、场景化、智能化证券互联网服务的“微型证券机构”。智慧网点不仅可大大节省客户业务办理时间、提升客户体验，而且可有效节约网点人力资源成本、提升网点经营效率。如国泰君安证券已率先在全国营业部全面铺设 VTM，并已实现“双录”等 20 余项业务办理，客户业务办理耗时降低 50%以上。

二是转型财富管理中心，为客户提供“一站式”、个性化、有温度的财富管理服务。未来，部分线下网点将转型为金融科技赋能下的智慧型、综合性财富管理中心，重点服务中高净值客户。一方面，网点功能将不断丰富，不仅仅提供开户、交易等通道服务，且整合证券公司各条线业务，为客户提供“一站式”财富管理服务，从而强化业务协同，更好地聚焦经营客户，提升客户综合收入；另一方面，网点可充分发挥信任感、交互性强的渠道优势，基于全数据客户画像为客户提供个性化、有温度的定制服务，并基于对客户的深度洞察，针对性优化客户体验，持续提升客户黏性及满意度。

证券互联网服务发展新模式研究

研究单位：国泰君安证券股份有限公司、阿里云计算有限公司

（摘选自《中国证券》优秀课题报告）

第六章

互联网保险

HULIANWANG BAOXIAN

第一节　互联网保险概述

2000 年 8 月，国内两家知名保险公司太平洋保险公司和平安保险公司同时开通了自己的全国性网站。太平洋保险公司的网站成为我国保险业界第一个贯通全国、连接全球的保险网络系统。同年 9 月泰康人寿保险公司开通了泰康在线服务，实现了从保单设计、投保、核保、交费到后续服务全过程的网络化。与此同时，由网络公司、代理人和从业人员建立的保险网站也不断涌现，互联网保险市场不断细分，尤其是在风险投资的推动下，互联网保险快速发展。

一、定义与内涵

互联网保险也成为网络保险、网上保险或网络销售保险，是一种新兴的以计算机互联网为媒介的保险营销模式，有别于传统的保险代理人营销模式。互联网保险是指保险公司或新型第三方保险网以互联网和电子商务技术为工具来支持保险销售的经营管理活动的经济行为，即实现保险信息咨询、保险计划书设计、投保、交费、核保、承保、保单信息查询、保全变更、续期交费、理赔和给付等保险全过程的网络化。互联网保险的核心内容是保险企业建立网络化的经营管理体系，并通过互联网与客户交流信息，利用互联网进行保险产品的宣传、营销和提供服务，实现保险的电子交易。

二、互联网保险的产生与发展

世上万物的发生和发展都是不确定的，不确定性和风险伴随人类始终。某人下班骑自行车回家，途中不幸发生交通事故。一辆高速行驶的汽车前轮突然爆胎，冲入非机动车道，将该人撞伤。这突如其来的交通事故给本人及其家属在生活与经济上造成了困难。

风险是指引致损失的事件发生的一种可能性。本次事故中，风险因素的增加——汽车前轮突然爆胎，导致风险事故——交通事故发生的可能性增加；而风险事故——交通事故的发生，可能导致风险损失——将骑车人撞伤的出现。这就是风险要素之间的辩证关系。并且不确定性越高，风险也就越大。也正是由于风险的不确定性，被保险人才有保险的需要，而保险公司才会承保。

中国银保监会的统计数据显示，截至 2021 年 12 月末，我国保险机构 235 家，包括财产险公司 87 家、寿险公司 75 家、资产管理公司 33 家、集团公司 13 家、养老险公司 9 家、再保险公司 7 家、健康险公司 7 家、其他机构 3 家（农村保险互助社）、1 家出口信用保险公司，外国再保险公司分公司名单 7 家。我国保险业机构法人共计 2852 家。

随着互联网的普及，尤其是国家“互联网+”理念的推动，保险业也进入了互联网时代。国外在线保险电子商务涉及较早，网上保险的发展相当成熟，美国由于先前在互联网用户数量、普及率等方面有着明显的优势，成为发展互联网保险的先驱者。美国国民第一证券银行首创通过互联网销售保险单，营业一个月就销售了上千亿美元的保单。我国的互联网保险开始于 2000 年 8 月，国内两家知名保险公司太平洋保险公司和中国平安保险公司先后开通了自己的全国性网站。平安保险开通的全国性网站 http：//baoxian. pingan. com/，以网上开展保险、证券、银行、个人理财等业务被称为“品种齐全的金融超市”。同年 9 月，泰康人寿保险公司也在北京宣布：泰康在线开通，在该网上可以实现从保单设计、投保、核保、交费到后续服务全过程的网络化。

2012 年中国保险监督委员会正式发布《保险代理、经纪公司互联网保险业务监管办法（试行）》，至此互联网保险才有了官方正式的说法，但并未给出确切的定义。根据 IBM 对全球 160 位保险公司资深董事，特别是对 40 多家保险与金融服务公司及客户群体的调查显示，1999 年全球只有不到 3%的保险公司允许投保人通过互联网了解、咨询及更改保单信息，而到了 2017 年 9 月，几乎所有的保险公司均开通了互联网保险业务。

互联网财产保险业务快速增加。根据中国保险行业协会（以下简称中保协）发布的《2020 年互联网财产保险市场分析报告》，截至 2020 年，共计 73 家保险公司开展互联网财产保险业务，相比 2014 年的 33 家开通网上服务的保险公司，6 年增加了 40 家公司。报告显示，2020 年，在互联网财产保险业务中，第三方合计保费收入 593. 23 亿元，占比 74. 34%，同比上升 5. 45 个百分点；其中第三方网络平台保费收入 335. 28 亿元，占比 42. 02%，同比下降 3. 76 个百分点；保险专业中介机构保费收入 257. 95 亿元，占比 32. 33%，同比上升 9. 21 个百分点。自营网络平台保费收入 187. 85 亿元，占比 23. 54%，同比下降 5. 68 个百分点。在保险险种方面，2020 年互联网财产保险业务中前三险种分别为意健险、车险和其他险（主要包括退货运费险），累计保费收入 656. 7 亿元，占比 82. 3%。其中，互联网车险份额比财产保险公司整体市场低 33. 05 个百分点；而意健险则体现出与互联网更高的适配性，占比高于财产保险公司整体市场 27. 93 个百分点。

互联网健康保险持续稳定增长。《2021 年度人身险公司互联网保险业务经营情况分析报告》显示，2021 年共有 60 家人身险公司开展互联网保险业务。2021 年，互联网人身保险业务累计实现规模保费2916.7亿元，较2020年同比增长38.2%。从规模保费增速情况来看，35家公司规模保费实现不同程度正增长，其中，中银三星人寿和中华联合人寿增幅最大。从险种来看，互联网健康保险持续稳定增长，取代年金保险成为第二大险种，占比为18.9%，较2020年同比上升1.1个百分点，不过人寿保险仍为主力险种，占比为65.1%，较上年同比上升近10个百分点。2021年健康保险实现规模保费551亿元，较上年同比增长47%，实现连续七年稳定增长。其中，费用报销型医疗保险累计实现规模保费347.8亿元，同比增长51.8%，占互联网健康保险总规模保费的63.1%；重大疾病保险实现规模保费120.7亿元，同比增长38%，占比为21.9%。互联网健康险近5年内实现跨越式发展，在互联网人身保险中比重快速提升。互联网渠道已成为保险公司开展人身保险业务最重要的增量来源。从大的市场竞争主体看，2021年，互联网人身保险市场前三大、前五大和前十大公司的规模保费市场份额分别为28.9%、45.2%和73.4%，与2020年相比，前三大、前五大和前十大的市场份额均出现下降，但市场集中度仍然较高。其中，排名第一的中邮人寿，累计实现规模保费334.8亿元，市场份额占比为11.5%，较2020年下降6.5个百分点。其次是国华人寿，两者合计市场份额占比为20.2%，较2020年下降10个百分点；排名三至六位的公司，市场份额在7%~9%；排名七至十位的公司，市场份额在3%~7%。从排名前十位公司的情况看，与2020年相比，中国人寿取代人保健康进入前五，泰康人寿、人保寿险和合众人寿取代太平人寿、平安健康和弘康人寿进入前十，工银安盛人寿、人保健康和平安人寿排名均出现下滑。

随着移动互联网时代的发展，作为当下消费主流的“80后”“90后”人群正逐步养成网络消费习惯，该人群具有年轻、新事物适应性强、受教育程度高、主动保障意识强的特征，是互联网保险的主要目标客户群。网上保险将迅速扩大市场份额。美国著名的咨询公司安德森和美国寿险管理协会对全球213家寿险公司、资产管理师和互联网用户的最新调查显示，在未来5年的全球寿险新保单中，将有16%~19%通过互联网销售。另据美国保险行业协会分析，在未来10年内，超过三成的商业保险险种和近四成的个人险种将通过互联网在线交易。由此可见，互联网保险必将在保险销售和服务市场中占据越来越重要的地位。

三、互联网保险的险种

（一）互联网财产保险

按照人们生活工作中涉及的财产及责任损失进行分类，大致包括汽车保险、意外保险、旅游保险、行李保险、家庭保险、企业保险等。

机动车辆保险，即“车险”。机动车辆保险是以机动车辆本身及其第三者责任等为保险标志的一种运输工具保险。其保险客户，主要是拥有各种机动交通工具的法人团体和个人；保险标的主要是指汽车、电车、电瓶车、摩托车、拖拉机、各种专用机械车、特种车。

意外保险。也称意外险、意外伤害保险，是提供被保险人因遭受一般意外或交通意外伤害事故而死亡、伤残或门诊、住院医疗等的保险赔偿。经营财产保险公司的意外保险一般包括人身意外和交通意外。如中国人保财险的网上商城推出的航空意外年度险、交通工具意外险及关爱宝（中老年骨折险）。其中，关爱宝主要针对中老年人出行或运动，跌倒等意外情况所造成的损失，保障项目有意外伤害身故、残疾保险金，意外伤害骨折、脱臼保险金以及意外骨折津贴。

旅游保险。旅游保险主要针对被保险人在旅游途中可能出现的意外所造成的财产损失。例如，中国人保财险的网上商城就推出的国内自驾游保险，提供意外医疗费用补偿、紧急医疗运送和运返、亲友慰问探访、意外身故和残疾保险金，以及身故遗体运返等五项保障。此外，还有国内旅游保险、全球旅游保险，以及航空延误综合损失保险等。

行李保险。行李保险主要针对出门在外，由于行李丢失所造成的各项损失。例如，中国人保财险的网上商城推出的国内公路随车行李保险，以免除车内行李遭遇盗窃、损坏等意外带来的风险。此外，还有国内航空旅客行李保险。

家庭保险。家庭保险主要抵御自然灾害、意外风险及盗抢等给家庭带来的伤害和损失。例如，中国人保财险的网上商城推出的个人账户资金安全保险、家庭财产综合保险、美满 E 家组合保险，以及监护人责任险。其中，个人账户资金安全保险，主要承保个人名下所有的借记卡、信用卡、网银账户、第三方支付账户等的资金安全，外币也可以承保。

企业保险。企业保险主要针对企业经营过程中的财产和责任损失风险所提供的保障。例如，中国人保财险的网上商城推出的专门为中小企业量身定做的一款综合保险产品——创业保，保障范围涵盖企业财产、盗抢、现金，还可转嫁雇主和企业的多种责任，以及为员工提供保障。

（二）互联网人身保险

根据保障需求，互联网人身保险大致分为理财保险、健康类保险及少儿保险三类。

理财保险。理财保险最大的特点是既具有保障功能，又有理财功能。如中国人寿保险公司的网上商城推出的理财保险就具体分为分红保险、万能保险和投资联结保险等 28 款产品。其中，比较热销的国寿福满一生两全保险（分红型）就是一年一返还，即交即领，多重领取，满期给付基本保险金额，享受分红分配和保险保障。

健康类保险。健康保险是指保险公司通过疾病保险、医疗保险、失能收入损失保险和护理保险等方式对因健康原因导致的损失给付保险金的保险。包括重大疾病保险、住院医疗保险、手术保险、意外伤害医疗保险、收入损失保险等。例如，中国人寿保险公司的网上商城推出国寿康宁终身、康宁定期为代表的重疾保险就一直深受客户青睐。

少儿保险。少儿保险是指以未成年人作为被保险人的保险，又称儿童保险。如中国人寿的少儿保险，大多是分红保险，在为孩子提供意外、医疗等健康保障，还有教育金、婚嫁金等生存给付。少儿保险主要用于解决未成年人成长过程中所需要的教育、创业、婚嫁费用，以及应付其可能面临的疾病、伤残、死亡等风险的保险产品。因此，少儿保险主要包括两类：一类是健康保险产品；另一类是教育储蓄性产品。

四、互联网保险的特点与优势

（一）互联网保险的特点

与传统保险相比，互联网保险服务能够让客户有更多的选择，网络服务带来了更加便捷的服务，有效地降低了保险公司或者保险代理公司的经营成本，保险理赔等也更加方便。

虚拟性。开展互联网保险不需要具体的建筑物和地址，只需要申请一个网址，建立一个服务器，并与相关交易机构做链接，就可以通过互联网进行交易。互联网保险没有现实的纸币乃至金属货币，一切金融往来都是以数字化在互联网上得以进行。

直接性。互联网使客户与保险机构的相互作用更为直接，它解除了传统条件下双方活动的时空制约。与传统营销“一对多”的传播方式不同的是，互联网保险可以随时根据客户的个性化需要提供“一对一”的匹配信息。客户也可以主动选择和实现自己的投保意愿，无须消极接受保险中介人的硬性推销，并可以在多家保险公司及多种产品中实现多样化的比较和选择。

电子化。客户与保险公司之间通过互联网进行交易，尽可能地在经济交易中采用电子单据、电子传递、电子货币交割，实现无纸化交易，避免了传统保险活动中书写任务繁重且不易保存、传递速度慢等弊端，实现了快速、准确双向式的数据信息交流。

时效性。互联网使保险公司随时可以准确、迅速、简洁地为客户提供所需资料，客户也可以方便、快捷地访问保险公司的客户服务系统，获得诸如公司背景、保险产品及费率的详细情况，实现实时互动。而且，当保险公司有新的产品推出时，保险人可以用公告牌、电子邮件等方式向全球发布电子广告，向顾客发送有关保险动态、防灾防损咨询等信息，投保人也用不着等待销售代表回复电话，可以自行查询信息，了解新的保险产品的情况，有效地解决了借助报纸、印刷型小册子宣传时效性差的毛病。

个性化及多样化。保险公司通过互联网可以实现高效的客户关系管理，为客户提供更富个性化的专业产品和服务，同时，也为他们提供了更多的保险产品和服务选择，对提高客户的满意度大有帮助。

互联网保险的特点有效地助力了传统保险业的加速发展，使保险公司在险种的选择、保险计划的设计、销售和理赔等方面的费用降低，有利于提高保险公司的经营效益。

（二）互联网保险的优势

相对传统保险，互联网保险具有网上保险信息流优势、网上保险产品优势、网上保险渠道优势、网上保险促销优势、网上保险保障优势、网上保险促销优势、网上保险成本优势、网上保险服务优势等。

1. 网上保险信息流优势

首先，宽带、高速、广域和多媒体化的互联网络具有信息容量大、时效性强的特点。它可以及时为客户提供大量高密度、多样化的专业信息，同时减少投保人投保的盲目性和局限性。其次，网上保险还具有信息调查优势。网络订单一般是标准化的电子保单，比较方便保险公司对各节点访问率进行统计分析，了解消费者的需求特征，制定市场扩张规划、设计险种组合，实现产品多元化经营。最后，网上保险具有信息交流优势。一方面，投保人通过在线浏览，对保险险种和有关条款进行比较确认后实现网上签单，简化了投保手续，给客户投保提供了很大的便利。另一方面，保险人也可以运用互联网加强与公司股东、保险监督机构等相关人员和机构的信息交流，及时了解行业动态和政策法规。

2. 网上保险产品优势

长期以来，我国保险市场的保险经营依从于生产者导向模式，险种同构现象严重，相似率达90%以上。运用互联网电子商务技术可以在很大程度上改变这种窘境：一方面，保险人可根据消费者网络反馈进行文档处理、数据分析、发现和满足消费者需求，制定新产品的开发规划，既有利于满足社会不同层次的需要，加强保险产品的市场竞争能力，又有利于保险产品档次提升，形成险种优势，实现保险行业规范化经营。另一方面，投保人也可以运用互联网在线申请订立特别保单，投保条件、可保范围、缴费方式、融资渠道等条款都依据个性制定，保险商品不再是一成不变的要式经济合同，而是别具风格的特色产品，具有相当的灵活性。

3. 网上保险渠道优势

宽带、高速、广域和多媒体化的网络为网上保险创造了显著的渠道优势。首先，它为保险人将产品适时经济地转移给消费者提供了便利，在很大程度上节省了流通费用，提高了市场占有率，同时也为消费者创造了一个产品比较的渠道，使完全竞争市场成为现实；其次，保险销售网与银行网联网，将保险方和投保方有机地联系起来，是互联网电子商务在保险业中运用的最突出优势，改变了传统保险资金清算方式，使长期延续的上门收缴保费或保户到保险公司缴纳保费的烦琐结算方式逐渐消失；另外，从国外的经验数据看，相对于其他渠道，通过互联网分销的成本最为低廉。根据测算，代理人、经纪人、电话中心和互联网的保险销售成本比为152：116：20：10；每次服务成本之比为19：15：8：0.45。这意味着，通过互联网分销，不仅可以节约成本，而且可以高效实现市场覆盖。

4. 网上保险促销优势

网上保险信息覆盖面广，保留时间长，发布费用低，具有传统保险难以达到的优势，保险公司在网上设立网站或主页，将公司概况、险种种类、条款及费率公布于众，方便了消费者在多家保险公司及多种产品中进行比较选择，有利于客户充分领会保险合同的条款细节，了解保障权利义务，进行险种合理选择；另外，保险信息在网上发布，一般针对特定市场制作，摒弃了传统保险广告容易分散人的注意力而导致印象肤浅的弊病，使保户从消极接受推销转变为自主选择。这更加符合消费者购买心理，更容易促成交易的达成，具有良好的促销效果。

5. 网上保险保障优势

网上投保透明度高，容易确认责任归属以规避风险，可以完整地体现保险的保障功能。在网上保险销售流程中，投保人不再沿袭传统中介展业模式，它直接与保险公司在线签约，经确认后填写电子投保单和保单，然后网上付款取单，整个过程完全公开有效地避免了以往保险中介因利益驱动侵犯隐私的事件发生有利于保护客户商业秘密将保险公司的承保风险降低到最低限度。

6. 网上保险成本优势

保险经营成本过高一直是保险业不能快速发展的重要原因，而互联网电子商务的运用则可以最大限度地改善这种不良状态。第一，保险人在线展业时，网络互动性优势使其可以免去代理人、经纪人等中介环节，只需支付低廉的网络服务费便可保证市场份额，大大节省了企业经营成本。国际咨询机构调查结果显示：采用电子商务技术以后的2年内，保险销售费用将平均下降5%~10%；第二，网络受众群体庞大，通过互联网出售保单或提供服务有一种规模经济效益，它比传统营销方式可以节省58%~71%的费用。据权威机构估计，今后的10年中，保险公司利润的30%将依靠电子商务技术的支撑。

7. 网上保险服务优势

以往传统保险展业推行的是人海战术，营销人员素质低下，令公众信任感缺乏，严重阻碍了保险业的正常发展。运用电子商务网络展业，其服务水平不可相提并论：首先，在线投保不受时空的限制，可以为客户提供最完全的服务。互联网的无间断性特点，使保险人与投保人可以全天24小时进行网上交易，投保不受时间限制。互联网的跨区域性特点，使其可以为身处不同地理位置的消费者提供多样化、多层次化的服务。其次，保险人利用互联网可以对公司员工和代理人进行培训，提高营销人员的基本素质，保证服务水平，使保险展业不再停留在只注重扩大规模、抢占市场的低效益经营水平上。

五、互联网保险运营模式

互联网保险的商业运营模式主要包括官方网站运营模式、第三方电子商务平台模式、保险兼业代理机构网销模式、保险专业中介代理机构网销模式和专业互联网保险公司模式等。

（一）官方网站营销模式

互联网保险的官方网站模式是指在互联网金融产品的交易平台中，大中型保险企业、保险中介企业和新型第三方保险代理机构等为了更好地展现自身品牌、服务客户和销售产品所建立的自主经营的互联网站。建立官方网站要求，互联网保险公司资金充足，产品线丰富且运营和服务体系完善。

与其他互联网保险商业运营模式相比，官方网站模式的运营特点是保险企业或保险代理机构的资金充足、保险产品呈体系、运营管理能力较强、具有保险产品价格优势、完善的内部风险控制体系。

保险企业资金充足。保险企业要建立自己的官方网络，更多的是为了展现企业自身的品牌，销售保险产品。为此，保险企业需要雄厚的资本，以获取更多的流量和广告投入，进而保持企业的竞争优势和经营能力。

丰富的保险产品体系。随着互联网金融的快速发展，很多金融企业利用产品优势获得了成功，拥有几个或一系列完整的产品体系，满足保险客户在不同时期、不同状态下的金融服务需求，一直是选择官方网站模式的企业所追求的目标。尤其是保险行业的产品本身具有很高的同质性，保险产品的差异性和差异化特征较小，就需要具有丰富的产品体系。

运营和服务能力较强。一个保险企业的官方网站要长足经营，需要充分建立和使用互联网快速、便捷、安全的线上管理信息系统、客户关系管理系统、企业资源计划系统等，对运营流程进行改造升级，这就需要保险企业具有很强的企业运营和服务管理能力。

保险企业可获得保险产品价格优势。销售成本低廉、手续简单、流程极简、可以有助于保险公司获得保险产品价格优势。同时官方网站的客户不受线下销售渠道限制，可以有效拓宽投保群体，发挥大样本配置中和风险的作用。

内部风险控制系统完善。由于网上保险销售的手续相比较传统保险来说相对简单，线上出售的产品高度标准化，但赔付和评估依然在线下进行，而且投保人在赔付过程中承担全部举证责任，保证了保险公司在快速扩张销售的同时控制赔付风险。由于线上销售并不要求获得投保人详细信息，因此，建立官方网站要求保险公司具备成熟的线上销售线下理赔模式系统和科学的保险产品设计，以及完善的内部风险控制以此来避免缺乏投保人评估步骤带来的风险。

（二）综合性电子商务平台营销模式

综合性电子商务平台模式主要是第三方综合性电子商务平台，独立于商品或服务交易双方，使用互联网服务平台，依照一定的规范，为交易双方提供服务的电子商务企业或网站。通常来说，第三方电子商务平台具有相对独立、借助网络和流程专业等特点。

独立性。综合性电子商务平台模式既不是买家也不是卖家，而是作为交易的平台，如同实体买卖中的交易市场，保险的购买者与保险公司通过该交易平台完成投保和销售。

依托互联网完成交易。如同京东、阿里等第三方电子商务平台以互联网作为支撑进行电子商务交易一样，互联网保险的投保和销售同样以互联网为支撑，随着电子商务的发展而发展起来的。互联网保险的交易基础就是互联网技术的发展和应用。

专业化。作为综合性电子商务服务平台，第三方电子商务平台需要更加专业的技术，包括对订单管理、支付安全及单证管理等能够为买卖双方提供安全便捷的服务。

（三）保险兼业代理机构网络营销模式

保险兼业代理机构网销是指在从事自身业务的同时，保险兼业代理机构根据其主营业务特点和互联网平台的优势，根据保险人的委托，向保险人收取保险代理手续费，在保险人授权的范围内通过互联网代办保险业务的单位。

互联网时代衍生出网络化的兼业代理模式，逐渐成为目前互联网保险公司中介行业最主要的业务模式之一，以其门槛低、办理简单、对经营主体规模要求不高等特点而受到普遍欢迎。自 2021 年 2 月 1 日起施行的《互联网保险业务监管办法》规定了开展互联网保险业务的保险机构及其自营网络平台应具备一系列条件，为规范互联网保险业务，有效防范风险，保护消费者合法权益，提升保险业服务实体经济和国计民生的水平提供了法律保护。

以主营业务为核心。兼业代理机构进行网络销售的保险产品与其主营业务密切相关，办理相关业务的客户通常对这些保险产品存在客观需求，如购买机票的客户通常也想顺便购买航意险；开展网络销售便于客户选择针对性强、符合自身需求的保险产品，节省客户的时间和精力。

营销推广便捷化。由于互联网保险兼业代理机构如商业银行、航空公司等具有较高的人气和知名度，其互联网保险销售网站的受众面较广、点击率较高，能够借此高效开展保险销售服务，并能够迅速提高互联网保险的知晓度，加快互联网保险的发展。

营销成本有效降低。相对于官方网站运营模式，保险兼业代理机构进行网络营销，能够充分利用商业银行、航空公司等本身开设的网站，增加保险销售模块对其网站运营、维护成本的影响不大，容易产生规模效益，有利于节约互联网保险的推广成本，具有范围经济效应。

商业银行类兼业机构。例如中国工商银行、中国建设银行、中国农业银行、中国银行和交通银行五大国有银行，浦发银行、平安银行、光大银行、招商银行、江苏银行、大连银行、徽商银行等股份制银行、区域性银行，以及农业信用合作社等金融机构均在官网上设立购买保险专栏。如今，互联网保险兼业已经成为商业银行的重要业务内容。

航空类兼业机构。例如中国国际航空公司、南方航空公司、东方航空公司、厦门航空公司、四川航空公司等大部分航空公司均在客户在线订购机票时附加航空意外伤害保险供客户选择。

旅游服务预订类机构。以携程网、去哪儿、芒果网等预订机票、火车票、酒店、景区门票等旅游服务类机构为典型，客户在预订机票、火车票、酒店、接送服务车辆、景区门票等服务时，可以选择购买保险等。目前，这类保险兼业的代理险种以人身意外伤害保险为主。

（四）专业中介代理机构网络营销模式

保险专业代理机构网络营销模式是基于保险公司的委托，在保险公司授权的范围内，利用其互联网平台优势，专门代表保险公司办理保险销售业务的专业代理机构，包括保险专业代理公司和其分支机构，并根据保险销售业绩向保险公司收取代理佣金的模式。

保险专业中介机构网络营销模式分为代理与经纪两种模式，保险代理人即保险营销员与保险经纪人都不属于保险公司员工。保险代理人根据保险公司的委托，向保险公司收取佣金，并在保险公司授权的范围内代为办理保险业务。保险经纪人是基于投保人的利益，为投保人与保险公司订立保险合同提供中介服务，以促成保险合同的订立，并从保险公司获得保险销售佣金。华经产业研究院的研究表明，2019 年我国保险专业中介机构保费收入占比为 15.5%，同比增长 2.8%；兼业代理机构保费收入占 25.34%，同比下降 2.36%；营销员保费收入占 50.4%，同比增长 3.4%。

根据中国银保监会的统计数据，截至 2021 年底，全国共有保险专业中介机构 2610

家，保险兼业代理机构20000余家，保险公司及保险专业中介机构共计执业登记从业人员960多万人。2021年，保险中介渠道实现保费收入4.20万亿元，占全国总保费收入的87.95%，保险中介机构已经成为保险业服务社会的主要渠道。尽管国家颁布了《保险代理机构管理规定》《保险公估机构管理规定》《保险经纪机构管理规定》等一些法律法规，但专业保险中介代理机构的发展由于数量大、管理制度不健全、实时监控难度较大等原因还需要进一步完善相应的法律法规，以促进有序合理发展。

专业性更强。相对于保险兼业代理网络营销模式，保险专业代理中介机构网络营销模式专业性更强，运营管理更加安全可靠，这源于相关法律法规对专业代理中介机构的资本金、网络系统安全、网络销售保险执照等均有严格的规定和要求。

优势性更大。保险专业中介代理机构由于集聚了各大保险公司的产品，为其吸引庞大的客户流和资金流奠定了基础，可以获得规模经济效益，即保险产品价格优势，并能够运用大数据技术利用保险风险数据、算法模型等工具进一步分析和加强自身产品的客户管理和价格优势，从而可以获得与保险公司深入合作的机会和发展有利因素。

随着我国保险中介主体机构的快速发展，我国保险中介市场的保险中介保费业务资金收入水平也呈现向好发展势头。2021年中国经理人杂志提出了保险金牌中介20强，分别是中国最大的人身险电商平台慧择保险经纪有限公司、英大长安保险经纪有限公司、明亚保险经纪有限公司、大童保险销售服务有限公司、心有灵犀保险代理有限公司、梧桐树保险经纪有限公司、新一站保险代理股份有限公司、长城保险经纪有限公司、中怡保险经纪有限责任公司、达信（中国）保险经纪有限公司、昆仑保险经纪股份有限公司、北京联合保险经纪有限公司、华泰保险经纪有限公司、盛世创富保险经纪有限公司、车车保险销售服务有限公司、航联保险经纪有限公司、上海明大保险经纪有限公司、华康保险代理有限公司、兴民保险经纪有限公司、新奥保险经纪有限公司等。其中，慧择2020年总保费达到30.2亿元，同比增长49.9%；总营收达12.2亿元，同比增长22.8%。2021年上半年，慧择总保费20.6亿元，同比增长72.7%；总营收9.5亿元，同比增长97.1%。

（五）专业互联网保险公司模式

专业互联网保险公司是指将公司的核心业务放在互联网云端，只有网络销售团队的专业经营互联网保险的保险公司。就是保险公司提供的保险信息咨询、投保、交费、续期交费、理赔等保险服务实现了全面网络化。基于保险公司经营业务主体的差异性，专业互联网保险公司可以分为三种类型，产寿结合的综合性金融互联网平台、专注财险或寿险的互联网营销平台和纯互联网的“众安”模式。

自2013年开始，保监会开始有序推进专业互联网保险公司试点。2013年11月，首家专业互联网保险公司众安在线财产保险股份有限公司开业。随后，安心财产保险有限责任公司、泰康在线财产保险股份有限公司相继获批成立。2016年2月18日，易安财产保险股份有限公司成立。

保险服务个性化。专业互联网保险公司利用其互联网优势，在客户数据的收集、统计和应用方面具有独特的优势，从而使保险销售服务可以实现个性化。

保险新产品挖掘能力强。专业互联网保险公司能力利用互联网技术和大数据分析手段，针对客户的需求不断发掘新的市场需求，并开发出新产品。

道德风险有效防范。由于专业互联网保险公司利用互联网技术引入了客户信用评价机制，并将其作为承保标准的参照之一，能够有效解决保险领域道德风险的防范问题。

第二节 互联网保险应用

一、业务实训

线下业务流程

传统保险业务的流程主要包括保险咨询、风险评估、保险方案设计、承保、承保后风险防范、出险后查勘定损和理赔等步骤。

互联网保险服务，则是架构在互联网平台上，从“保险咨询”开始，通过QQ、微信、微博、网站等网络平台建立与客户的联系，解决客户的疑问，从中选择优质潜在客户；然后通过大数据对客户进行风险评估分析，然后针对客户的需求设计保险方案，发送给客户；通过客户的网上支付完成承保过程，并给出服务手册，以指导客户了解保险公司的相关服务内容；直到客户出险后，客户通过互联网自助进行相应的查勘定损及理赔服务。最大限度地减少中间环节、流程及相关单证的提交，真正实现“客户为中心”的服务理念。如中国平安财产保险股份有限公司针对小型交通事故，开通了“微信查勘”，即车险微信自助理赔，是客户现场拍照上传，定损员在后台通过微信同客户沟通，实时进行查勘定损的一种自助理赔模式。

二、应用案例

纯粹专业互联网保险公司主要的代表性企业共有4家，其中众安保险是国内第一家注册成立的互联网保险公司。泰康在线2015年挂牌成立，其母公司是泰康人寿保险股份有限公司。泰康人寿历经15年发展，从传统保险网销平台到互联网保险公司，亲身经历了“互联网+保险”的发展历程。易安保险于2016年2月16日获批，注册资本10亿元，注册地深圳。主要业务有相关企业与家庭财产保险、货运保险、责任保险、信用保证保险和保险资金运用等。安心保险2016年1月18日上线，注册资金10亿元，注册地北京，是国内首家全业务系统建立在云上的保险公司，也是第三家互联网保险公司。

互联网保险的官方网站商业运营模式的典型代表企业包括人保财险官网直销、泰康在线和平安网上商城等。以人保财产为例，人保财险于2010年4月正式筹备网销中心，2010年11月17日正式开业。2012年，人保财险实行网销事业部改革，成立网络保险事业部，实现了网销业务的集中运营管理，同时结合了公司传统的落地服务优势。该公司依托官网，借助网络营销、落地服务、线下推荐等手段，综合应用B2C、B2B、O2O等电商模式，实现了网销商业模式的多元化和客户选择的多样性。同时，该公司与电商平台合作以及垂直类网站合作，实现多渠道获取客户资源。不仅如此，人保财险充分借鉴互联网企业的经营模式，进行技术创新，始终关注互联网保险新产品的需求，并迅速上线能满足互联网业务发展需求的产品，不断抢占新型保险领域。该公司还将打造集E-PICC官网、对外合作平台、移动互联于一体的立体化获客平台，积极开展跨界合作。

互联网保险的综合性电子商务平台模式的典型代表平台包括：淘宝/天猫平台、苏宁平台、京东平台、网易平台和百度平台等。例如2013年，信泰保险开始发力网销，从单个项目的探索到信泰天猫官方旗舰店正式上线，再到全新官网商城的运行，启用全新域名等。信泰保险通过不断探索，一步一步摸索大数据时代互联网保险第三方电子商务平台模式。天猫的强大流量很快发挥了作用，在2013年8月8日活动的两天里，信泰保险的一款理财型万能险产品的销售额就达到近5000万元。到了2013年12月12日活动时，信泰保险又和天猫理财频道合作，在业界率先推出了“一元理财”一年期万能险产品。第三方平台具备更多的客户群流量和渠道优势，但需要强有力的金融监管。

第三节　互联网保险对金融业发展的影响

一、对保险保障的影响

保险保障功能是保险业的发展基础和基本作用，主要包括财产保险的补偿功能和人身保险的给付功能。财产保险的补偿功能主要体现在特定灾害事故发生时，在保险的有效期和保险合同约定的责任范围以及保险金额内，按其实际损失金额给予补偿。通过补偿使得已经存在的社会财富因灾害事故所致的实际损失在价值上得到了补偿，在使用价值上得以恢复，从而使社会再生产过程得以连续进行。人身保险的保障功能主要体现在，在保险合同约定的保险事故发生或者约定的年龄到达或者约定的期限届满时，保险人按照约定进行保险金的给付。

二、对资金融通的影响

互联网保险公司由于投保的保险费与保险赔付和保险金给付之间存在的时滞，以及保险人收取的保险费与赔付支出之间存在的数量滞差，都使保险资金中闲置的部分资金重新投入社会再生产过程中，进而发挥了资金融通的桥梁作用。不仅如此，为了促进保险公司的经营稳定，获取最大的盈利，必须保证保险资金的保值与增值，从而需要将闲置的保险资金运用于对社会经济发展具有基础支撑作用的行业，从而有助于社会经济建设。2020年末我国保险公司总资产23.3万亿元，同比增长13.3%；原保险保费收入4.5万亿元，同比增长6.1%；保险资金运用余额21.7万亿元，同比增长17%；保险公司经营活动现金流同比增长106.5%；保险公司综合偿付能力充足率242.5%，核心偿付能力充足率230.5%。

三、对社会管理的影响

社会管理是对整个社会及其各个环节、部门机构进行调节和控制的过程，目的在于正常发挥各系统、各部门、各环节的管理功能，从而实现社会关系和谐发展，整个社会良性运行和有效管理。互联网保险的社会管理功能主要包括社会保障管理功能、社会风险管理功能、社会关系管理功能、社会信用管理功能。

社会保障管理功能是商业保险和社会保障保险的主要功能。其中，商业保险是社会保障体系的重要组成部分，在完善社会保障体系方面发挥着重要作用。商业保险不仅可以为城镇职工、个体工商户、农民和机关事业单位等没有参与社会基本保险制度的劳动者提供保险保障，有利于扩大社会保障的覆盖面，而且商业保险可以为社会提供多层次的保障服务，提高社会保障的水平，减轻政府在社会保障方面的压力。

社会风险管理功能在于防范控制风险和减少风险损失。保险公司从开发保险产品、制定费率到承保、理赔的各个环节，都直接与灾害事故打交道。不仅具有识别、衡量和分析风险的专业知识，而且积累了大量风险损失资料，为全社会风险管理提供了有力的数据支持。同时，保险公司能够积极配合有关部门做好防灾防损，并通过采取差别费率等措施，鼓励投保人和被保险人主动做好各项预防工作，降低风险发生的概率，实现对风险的控制和管理。

社会关系管理功能。通过保险这一中介来应对灾害发生造成的损失，不仅可以根据保险合同约定对财产损失进行合理补偿，而且可以提高事故处理的效率，减少当事人之间可能出现的各种纠纷。由于保险介入灾害处理的全过程，参与到社会关系的管理之中，逐步改变了社会主体的行为模式，为维护政府、企业和个人之间正常、有序的社会关系创造了有利条件，减少了社会摩擦，起到了社会“润滑器”的作用，大大提高了社会运行的效率。

社会信用关系管理功能。诚信原则是保险经营的基本原则之一。保险公司经营的产品实际上是一种以信用为基础、以法律为保障的承诺，在培养和增强社会的诚信意识方面具有潜移默化的作用。同时，保险在经营过程中可以收集企业和个人的履约行为记录，为社会信用体系的建立和管理提供重要的信息资料来源，实现社会信用资源的共享。

第四节　延伸阅读

2021 年，《互联网保险业务监管办法》正式实施，一系列配套规范性文件相继出台，进一步规范互联网保险业务发展和保护保险消费者合法权益，互联网保险由粗放式增长逐步向规范可持续发展阶段转变。

根据中国保险行业协会发布的《2021 年互联网财产保险发展分析报告》，2021 年，互联网财产保险累计实现保费收入 862 亿元，同比增长 8%，较财产险行业整体保费增速高出 7 个百分点。2021 年，互联网车险实现累计保费收入 224 亿元，同比增长 1%，结束连续两年的负增长局面；同时，互联网车险保费收入同比增速较整体车险高出 7 个百分点。2021 年，互联网财产保险业务各渠道保费收入占比呈差异化发展，其中，专业中介渠道累计保费收入 412 亿元，占 48%，同比提升 16 个百分点；保险公司自营平台累计保费收入195亿元，占23%，同比下滑1个百分点；营销宣传引流累计保费收入为248亿元，占29%，同比下滑13个百分点。保费规模稳步增长，高于财产险行业整体增速。根据保险业协会统计，2021年，互联网财产保险累计实现保费收入862亿元，同比增长8%，较财产险行业整体保费增速高出7个百分点。互联网财产保险业务渗透率（指互联网财产保险业务保费与产险公司全渠道业务保费的比值）由2020年的5.9%上升至6.3%。

从单月保费收入来看，2021年下半年呈现明显的低谷期和调整期，主要受各财产保险公司严格贯彻落实银保监会关于互联网保险乱象专项整治工作要求，对“首月1元”等互联网保险乱象进行治理所影响，互联网财产保险自8月起明显下滑，9—10月进入低谷，历经近3个月的调整和整顿，互联网财产保险发展进一步规范，市场开始回暖，11—12月保费收入逐步回升。

从险种结构来看，2021年意外健康险保费收入占比同比下降6个百分点，但仍然为最大险种，占34%；车险保费收入占比持续下降，但下降幅度缩小，占26%；信用保证险、责任险、财产险及其他险种保费收入占比分别为13%、8%、5%和15%，其中信用保证险、责任险和财产险同比上升分别为5个百分点、2个百分点和1个百分点，其他险种同比基本持平。

2021年，互联网财产保险市场集中度与同期相比较为平稳，保费规模前十家保险公司合计市场份额为78%，同比基本持平。其中，众安保险、人保财险、太保产险、平安产险、阳光产险、国寿财险、紫金保险市场份额同比均有所提升。

从保费增速来看，2021年互联网财产保险保费规模前十家保险公司合计保费收入同比增长14%，较整体高出6个百分点。从保费收入变动值来看，众安保险、人保财险、紫金保险、平安产险、阳光产险贡献增量分别为37亿元、26亿元、17亿元、15亿元、12亿元，是互联网财产保险保费增长的主要贡献力量。

车险扭转负增长局面，非车险呈现结构性变化。2021年，互联网车险实现累保费收入224亿元，同比增长1%，结束连续两年的负增长局面；同时，互联网车险保费收入同比增速较整体车险高出7个百分点。分析原因，一是2016—2020年，除2018年呈现短暂的恢复性增长之外，互联网车险均处于负增长状态，因此同期业务规模基数较低；二是互联网车险凭借其优于线下传统渠道的运营效率和客户服务体验，有效吸引客户，在车险综改后时代恢复保费正增长。

2021年，互联网车险市场集中度较同期有所提高，保费收入排名前十家保险公司合计市场份额为85%，同比提升4个百分点。其中，平安产险、太保产险、人保财险、华海财险、安诚财险、国寿财险市场份额同比均有所提升。在车险综改后时代，车险业务发展趋于规范，头部保险公司依托其规模效应和成本管控能力，市场集中度逐步提高。

2021年，互联网非车险市场集中度继续下降，保费排名前十家保险公司合计市场份额为79%，同比下降3个百分点。除众安保险、人保财险、太保产险、阳光产险、国寿财险、紫金保险、天安财险市场份额同比均有所提升外，其余公司市场份额均有所下降。从保费增速来看，2021年互联网非车险保费规模前十家保险公司合计保费收入同比增长 17%，较整体高出 6 个百分点。从保费收入同比变动值来看，众安在线、人保财险、天安财险、紫金保险、阳光产险、太保产险贡献增量分别为 41 亿元、19 亿元、15 亿元、12 亿元、11 亿元、7 亿元，是互联网非车险保费增长的主要贡献力量。

渠道发展日趋规范，专业中介保费占比大幅提升。2021 年，互联网财产保险业务各渠道保费收入占比呈差异化发展，其中，专业中介渠道累计保费收入 412 亿元，占 48%，同比提升 16 个百分点；保险公司自营平台累计保费收入 195 亿元，占 23%，同比下滑 1 个百分点；营销宣传引流（包括互联网平台、保险从业人员引流至保险公司自营平台的业务，独立统计，未纳入前述保险公司自营业务）累计保费收入为 248 亿元，占 29%，同比下滑 13 个百分点。

摘自《2021 年互联网财产保险发展分析报告》

第七章 互联网消费金融

HULIANWANG XIAOFEI JINRONG

第一节　互联网消费金融概述

一、定义和内涵

互联网消费金融是以互联网技术为手段向客户提供消费贷款的金融服务。其目的是把交易环节电子化，信息化，以便更快捷高效地为客户服务。

消费金融本质上是信用贷款业务，是金融机构向消费者提供金融产品和服务，以满足其消费意愿，达到促进消费的目的。

一般而言，消费金融指金融机构向各阶层消费者提供以日常消费为目的的小额贷款，不包括房贷、车贷等大额消费贷款。通常，消费金融的信贷期限不会超过一年，额度在 20 万元以内，常见额度在 1 万元以内。

互联网技术提升了消费金融各个环节的效率和用户体验，驱动了消费金融在客户洞察、产品设计、服务运营、数据实时在线、风险管理等方面与互联网融合。互联网消费金融不仅带来了场景创新、产业结构革新等外部变化，也提高了消费者对互联网消费的需求。随着客户群体的快速演变，互联网消费金融渠道与方式也在快速转变，过去积累的相关经验和行业规则逐步被打破和重建，这反过来又促进了互联网金融产品和服务的创新。

二、互联网消费金融发展概况

2004 年，PPF 集团在中国设立办事处，2007 年正式在广东地区与担保公司合作进行消费金融试点，为消费者提供手机电脑的分期付款业务。2009 年，国家出台《消费金融试点管理办法》，允许在北京、上海、天津、成都四地各设一家消费金融公司。自此，消费金融服务理念才真正进入了公众的视野。

互联网金融生态的完善刺激了消费金融的互联网化，打破了消费金融服务的地理边界，同时借助互联网框架建立了新的风险控制方案。以个人贷款和分期付款为主要表现形式的互联网消费金融在融合消费场景和提供快捷金融服务方面具有天然优势。2015 年 6 月 10 日，国务院常务会议放开消费金融市场准入和将消费金融主体扩展至全国的决定，加快了消费金融互联网化的步伐，消费金融市场细分得到进一步深化。

互联网消费金融市场的发展现状与特点如下：

第一，大型电商平台自建消费金融业务线，利用消费分期，不仅可以提升交易额，增加用户黏性，还可以监测跟踪用户在分期滞后的还款行为，评定用户可支付能力和诚信等，完善征信数据库。代表性产品有京东白条、淘宝花呗和苏宁任性购等。

第二，以消费金融切入垂直细分领域的公司，教育、校园、装修、医疗、租房等细分领域。深入细分产业链，围绕产业链上下游，构建“消费场景大生态”。代表性产品有校园分期的趣分期、分期乐等，装修分期的土巴兔、家分期等，教育领域的爱学贷、蜡笔分期等，租房领域的会分期、租房宝等。

第三，依靠数据挖掘、数据建模、大数据风控，提供第三方信贷服务的金融平台，与拥有场景入口的电商合作。电商平台提供用户、数据，互联网金融平台负责资金、数据挖掘、风控建模，双方采取利益分成模式。用户自主授权、自动化授信，全程体验便捷方便。代表性产品有量化派，闪钱包旗下的闪白条、闪银等。

三、互联网消费金融的运营模式

运营模式包括企业模式和商业模式。从这两方面入手，可以对互联网消费金融的运营模式有一个概括性的了解。

（一）企业模式

消费金融主体多元，模式多样，业态丰富。从参与企业的角度来看，有持牌金融机构模式和非持牌金融机构模式。

1. 持牌金融机构模式

持牌金融机构的优势是资金成本低，风控体系成熟，对接人民银行征信，多年积累的大量客户。缺点是，大部分持牌金融机构的互联网消费持牌准入门槛高，提供的资料烦琐，审批较严格，申请周期相对较长，效率较低，这些问题导致客户的体验与互联网平台存在一定的差距。

当然，也有例外。比如以网商银行、微众银行、马上消费为代表的挑战者金融机构。以网商银行为例，其“310”贷款模式可以为客户提供 7×24 小时的金融服务，该模式是 3 分钟审贷，1 秒钟放款，全程 0 人工介入的全流程线上贷款模式。

持牌金融机构通常分为 4 类。

（1）商业银行。商业银行在信用卡业务和信贷业务领域具有庞大的客户群和得天独厚的政策资源。商业银行可以借助互联网渠道和消费市场转型的巨大红利在消费信贷业务上获得较大的市场份额和利润。

商业银行作为信贷业务的核心机构，在贷款业务方面具备风险管控严密、资金运用规范且信用体系完善的优势，但这也使传统银行受到内部管理和政策监管的约束，使小额贷款、消费信贷等业务发展较为缓慢。业务发展受阻导致消费金融的大部分市场份额被互联网平台、消费金融公司所占领。

总体来说，商业银行虽然在信用卡发卡量、资金和规模上具有优势，但是在渠道、场景和数据方面缺乏竞争力。

（2）消费金融公司。目前，持牌消费金融公司主要由银行系和产业系构成。银行系消费金融公司占消费金融牌照总额的90%以上，主要的出资者是城市商业银行。商业银行涉足消费金融领域有利于填补传统消费金融服务的空白，以独立于银行体系之外的消费金融公司为平台覆盖长尾客户，进而扩大市场份额。

产业系消费金融公司是企业主导设立的公司，目的是实现金融产品与产业消费场景的结合。占总体消费金融公司的比例较小。目前主要有海尔消费金融、苏宁消费金融和华融消费金融三家。这类消费金融公司的优势是可以打通消费场景，把消费金融产品嵌入自身消费场景，以优化用户体验，精准提供消费金融服务并扩大主营业务。

持牌消费金融公司作为消费金融领域的新兴力量，以信贷零售商的角色成为连接资金和场景的重要市场主体，也成为消费金融行业的重要补充。

（3）信托公司。消费金融信托属于信托公司的创新业务。2014 年前后，信托公司开始参与此类业务，截至 2019 年已经有 18 家信托公司明确开展了消费金融信托业务，并具备了一定的信托资产规模。信托公司参与消费金融有多种模式，比如消费信托模式，流贷模式，助贷模式和 ABS 模式。以助贷模式为例。信托公司通过自有资金或者信托计划募集资金，由助贷平台推荐合格借款人，然后由信托公司直接与消费者签订个人消费金融信托贷款合同并放款，借款人直接向信托公司还款。助贷平台作为中介服务机构，提供客户推荐、资质初审、还款提醒、逾期催收等服务，协助信托公司完成贷前、贷中和贷后全流程管理工作。

（4）小额贷款公司。全国约有 8000 家小额贷款公司以及约 260 家网络小贷公司。网络小额贷款是由小额贷款公司作为贷款人，利用互联网向小微企业或个人提供短期、小额信用贷款，使贷款申请、贷中审核、贷款发放网络化。网络小贷公司要遵守现有小额贷款公司的监管规定，不能吸收公众存款。网络小贷公司打破了传统小贷公司的地域限制，可通过互联网在全国范围内发放贷款，成为目前互联网金融行业中性价比较高的放贷模式。

2. 非持牌金融机构模式

（1）互联网平台。互联网平台在用户数据积累、分析、使用以及将互联网消费者转化为消费金融用户方面具有独特优势，既可以以更低的成本准确判断消费者的风险水平，也可以基于数据挖掘识别优质客户，提高盈利水平。但是，在资金成本和资金来源稳定性方面不具优势，需要构建平台生态，以便通过资产流量转发的方式提升客户服务能力和盈利水平。

互联网平台拥有更纵深的消费场景以及更大的渗透能力，发展潜力巨大。除了 BAT

外，美团、滴滴、京东等生活服务平台和电商也都加速布局市场，开发新产品，或者与银行机构合作导流助贷业务。一方面，互联网平台有着庞大的客户群，而且有较明确的消费需求，通过多年积累的大数据资源，可以评估客户的消费习惯和消费能力，有利于构建信用风险评级系统；另一方面，互联网平台可以有效地切入消费场景，由其自身提供消费金融产品，更加方便和快捷。

互联网平台通过各自关联的网络小贷、保理和消费金融牌照，依托平台的客户资源，从自身平台分期逐步发展到其他消费场景分期。行业巨头已经切入细分垂直领域，如租房、旅游、医美、教育和装修。目标客户主要为传统金融服务不充分的三、四线城市，低学历人群和中低收入人群。

目前，消费金融产品是互联网巨头流量变现的一种好方法，与银行机构合作发展助贷业务，对利率进行分成是一种增加利润的成熟商业模式。

（2）金融科技公司。金融科技公司也纷纷抢滩消费金融业务，比如以乐信、趣店为代表的头部金融科技上市公司。金融科技公司的助贷业务已经成为消费金融行业重要的资金供给，这说明了金融科技公司具有流量质量高，风险承担能力优和科技实力强等优势。

除了现金借贷产品外，金融科技公司正积极拓展3C、医美、租房、教育培训等垂直行业以及蓝领等细分人群的消费金融产品。

（3）网贷平台。P2P网贷是指个体和个体之间通过互联网平台实现的直接借贷。它是互联网金融行业中的子类，包括个体网络借贷和网络小额贷款。作为民间借贷的一种，P2P网贷对解决中小微企业资金需求是有帮助的，但作为我国互联网金融领域的一次实践探索，由于监管政策没有及时跟上，造成P2P平台野蛮生长，非法集资，商业诈骗，风险频发，侵害了老百姓的利益，危及国家金融安全，于是，从2014年开始，以规范监管为主的政策相继出台，至2022年5月12日，中国人民银行副行长陈雨露在谈到防范化解重大金融风险有关情况时表示，影子银行乱象已经得到了有效整治，近5000家P2P网贷机构已经全部停业。2022年10月12日，银保监会明确提及全面叫停新设网络小额贷款从业机构，将继续完善有关监管制度，推动网络小额贷款行业规范经营。

（二）商业模式

消费金融常见的商业模式，按照盈利方式，可分为纯利差盈利模式和利差加其他收入盈利模式两种。

纯利差盈利模式主要针对传统的消费金融公司，这类公司的主要收入来自利差收入，因为其资金成本比较低，这也是传统金融的主要盈利模式。

利差加其他收入盈利模式主要针对互联网消费金融，更多的公司通过用户流量导入、促销等方式从产品供应商处获得收益。

消费金融公司的收入/成本构成和自身的核心能力决定了其盈利模式。盈利模式的选择通常是被动的，是市场竞争与合作的结果。

四、互联网消费金融的优势和风险

（一）优势

互联网消费金融具有单笔授信额度小，审批速度快，无须抵押担保，贷款期限短，服务方式灵活，场景化，信用财富化，信用增值营销和客户定位精准化等诸多优势。其中，有几个特色，值得注意。

1. 经营方式在线化

消费金融依托互联网技术和平台完成信息的收集、处理、产品的销售、风险的管理等，完全实现业务流程的在线化、超越时空限制，达到人员使用高效化，经营模式精细化。

2. 大数据分析

新兴互联网金融公司，如支付宝、苏宁云商等掌握了大量电商交易、网上支付和社交网络的客户数据，对客户行为和数据进行分析，了解其信用程度，降低个人和企业与金融机构间的信息不对称。这有利于控制风险的发生发展，也有利于按照客户需求开发出新的金融产品。

3. 资金支付灵活

随着网络技术的发展和手机、电脑的普及，消费者网络消费的支付方式选择更加多样化，便捷化。多样化的网上支付结算服务，如即时支付、延时支付、到期支付、分次支付等多种支付方式给消费者带来了更多的便利。而且支付时间也更加自主化和生活化。

4. 信用支付

支付宝、财付通等中介机构，以其自身信用为支撑，作为中间账户、待买方收货验货再次确认后，才将货款从中间方划拨至卖方账户，确保买方货款的安全。同时，买方必须在征得卖方同意后，才能索回退款，这样保障了卖方的合法权益。

（二）风险

消费金融主要存在以下问题：金融机构消费贷款渗透率低；金融机构消费贷款以中长期贷款为主，难以满足借款人的短期消费需求；征信体系不健全，消费金融服务主体风险控制成本较高。

作为互联网消费金融，有几个风险点需要特别注意。

1. 流量稀缺

互联网时代，许多行业都存在“流量稀缺”的问题。行业发展得越快，流量越贵，获客成本越高。消费金融市场竞争最关键的一环就是获客。当一个市场高度竞争化和同质化时，通过降低获客成本夺得市场份额，增强公司核心竞争力就显得极为重要了。

然而，用户运营成本居高不下，优质客群向头部聚焦，消费金融客户群大多是稍次级的用户，多数在一、二线城市的优质用户，早已被各大平台“瓜分”殆尽，这是消费金融市场规模增速放缓的主要原因之一。2015 年，消费金融企业的获客成本平均在几十元（向一个用户放款），而到 2018 年末，平台的注册成本最高就达到 100 元。在行业产品同质化和成本攀升的同时，消费金融企业若要突破“瓶颈”，寻求新的业务增长，就需要下沉服务客群。不过，这批有潜力的下沉用户又可能会增加获客运营成本和相关的风险成本。

“无流量，不金融”，流量平台的用户量对金融机构有着越来越强的吸引力。流量意味着用户数量，用户数量成为金融业务获客的基石。

流量意味着用户数。对于互联网巨头来说，将用户导流给金融机构，是这一轮流量变现的最好方法，自营金融业务也成为其流量变现价值最大化的选择，各家互联网巨头悉数进入消费金融领域，而围绕互联网流量与金融机构合作的生态逐渐成熟。

放眼望去，但凡有一点流量的 App 都配备了一个借钱或者钱包入口。凭借超高的毛利率和广泛的需求，现金贷俨然成为继广告、游戏、电商之后又一款流量变现的高效工具。2015 年前后，互联网客户的消费金融产品渗透率很低，消费金融类机构通过互联网渠道获得客户的效果很好：成本低，转化率高，客户优质，也容易向 App、公众号等自有渠道导流。但进入 2018 年，互联网渠道获客成本节节攀升，且共债用户多，很难向 App 等自有渠道导流。“烧钱”获得的用户，只有产品和运营能跟得上，才会有用户留存。消费金融机构要在业务爆发式增长的同时，锤炼和夯实风险控制基础。一些持牌的金融平台通过与流量巨头合作实现了规模增长，但运营能力跟不上，无法将借款用户转为自有用户，对所谓的助贷模式比较依赖。这时，消费金融机构高价买来的流量，很难转化为自己的渠道用户，形成了买一次用一次、下次再用再买的状态。若无法跨越把合作渠道的放款用户转化为自有用户的鸿沟，自身核心能力越是退化，对外部流量的依赖度就越高，客户留存率就越低，公司的竞争力就越弱。

贷款超市作为流量采集和分发的中间商，在充分发挥流量优势的同时，也间接抬高了流量成本。贷款超市从百度、头条、新浪等各大流量平台批发流量，再卖给有获客需求的银行、小贷、消费金融等机构。流量生意目前已经进化为分工细致且成熟的产品链，很多贷款超市把同一批流量推给数百家平台，这样可以使其采购的流量价值最大化。很多贷款超市采用 CPC（Cost Per Click）付费或注册 CPA（Cost Per Action）正常采购流量。金融机构一般采用 CPS（Cost Per Sale）的模式来结算，通常按放款的 2%~3% 费率来结算。

流量和用户运营是金融机构的能力弱项，随着流量越来越集中，一方面互联网巨头手握流量，但受资本限制，自营放贷空间有限；另一方面大量的金融机构放贷能力虽足，但缺乏流量来源和资产能力。二者的结合能够实现资源的互补和优化，目前这也是行业助贷和导流的成熟业务模式。在这个合作过程中，掌握流量的一方搭建金融平台，使金融机构难免走向资金管道化，话语权减弱。

2. 成本攀升

消费金融业务利润空间收窄的原因主要源自三个方面：不良贷款率攀升、资金成本升高和获客运营成本上升。

从产品方面来看，市场上包括持牌消费金融公司、银行、信托、金融科技公司等，获客方式多数在移动互联网手机端，非指定用途是现金类贷款，放款机构很难匹配用户使用的用途并跟踪资金动向，目前产品的同质化也比较严重、创新不足。同质化产品会引发重复授信，而重复授信将导致用户金融杠杆的升高，最终放款平台将面临由于不良贷款率升高而吞噬利润的问题。稳健是各家消费金融公司的共识，不盲目追求规模，更注重资产质量。

资金来源是地基，低息稳定资金是持续发展的保障。资金获取能力强的平台在竞争中更加有利。消费金融的本质是信贷，因此，只有获得了稳定且低成本的资金，才能够为消费信贷发放提供坚实的基础。资金端获取能力主要取决于两个方面：第一，平台天然具备资金优势，如银行的资金主要来源于存款，成本最低，因此能够提供相对低利率的消费信贷产品，在利率相似的情况下也能比其他平台获得更高的利差；第二，优质的资产端能够吸引优质的资金，如互联网头部平台，能够依靠优质的资产端获得稳定的利润，使资金方对平台的盈利能力和安全性有充分的信任，同时也可以获得相对稳定和低成本的资金来源。

另外，资金成本的上升会直接影响消费金融业务的利润率。消费企融业务本身属于资金消耗型业务。以持牌消费金融为例，头部招联消费金融公司在 2018 年上半年营业收入与净利润增长幅度存在一定的“剪刀差”，营业收入增幅高达 80%，但是净利润增幅仅为 11%，利润增幅下滑的一部分原因是资金来源成本加大。持牌消费金融公司的资金大多来自金融机构，融资渠道包括股东增资、向金融机构贷款、银行间同业拆借、资产证券化（ABS）及金融债券。资金成本由于渠道不同而有所差异，如通过同业拆借融资成本较低，一年期的 Shibor（Shanghai interbank offered rate，上海银行间同业拆放利率）可以低到 3.228%，但需要消费金融公司满足一定的条件，即只有成立时间较长、资产和利润达到一定规模才有资格申请。截至 2019 年 6 月 10 日，一共有 10 家消费金融公司获准进入银行拆借市场。此外，消费金融公司资金主要来自金融机构贷款，但借款利率一直在攀升，在 2019 年下半年一度达到年化 7%以上。

任何消费金融平台一开始都是从获客入手，通过降低获客成本来争取利润空间。线上流量已经基本被巨头瓜分，越是大的流量入口，客户竞争越激烈。流量价格水涨船高，部分流量平台给出的 CPA/CPS 合作价格很高，大量的产品首贷基本没有太多利润空间。随着线上获客成本的增加，行业运营成本急剧上升，如何运用精准营销来获取流量变得越来越重要。

3. 多头借贷风险高

多头借贷面临行业获客贷超化、风控同质化问题。首先，行业的征信数据在集中，用户流量在集中，消费场景在集中，风控模型也在趋同。其次，互联网消费金融平台的信贷记录未完全纳入征信系统。近几年，随着互联网消费金融的放款和余额不断攀升，行业中多头借贷的现象日益严重。多头借贷一般指单个借贷人在 2 家或 2 家以上的借贷平台上有借贷行为。由于单个用户的偿还能力有限，同时向多家借款平台借贷，那么其偿还能力和持续性必然有较高的风险。通常来看，借贷人出现了多头借贷的情况，说明该借贷人的资金流出现了较大问题，其还款能力和还款意愿是需要质疑的。经验和数据显示，多头借贷用户的逾期风险是一般用户的 3~4 倍，贷款申请人每多申请一家机构，违约的概率就会上升约 20%。借新还旧、每月不断增长的还款本息会导致债务不断累积，当每月借贷本息超过其还款能力时，用户只能选择逾期。

借款人的多头借贷或者以贷养贷的现象越来越严重。根据持牌消费金融内部生态的数据统计，一些年轻人下载的借款 App 多达二三十个。多头借贷很容易造成以贷养贷，即在期限错配过程中很容易通过贷款还贷款，导致债务压力变大。

在业务发展过程中，征信体系不够完善，当多家平台共同发展同一批客群时，必然会存在对同一个用户同时授信和过度授信的情况。当信贷资金超过用户的真实资金需求后，用户就可能做出过度消费，挪用到房产等投资渠道或者让资金流向其他高风险领域的行为，导致风险积累和后移。

从产品方面来看，持牌消费金融公司、银行、信托、创业公司等市场参与者的展业方式多以无场景（用户在申请贷款时会填写用途，但机构并未追踪资金去向）、无抵押的信用贷款为主，产品创新不足。在国内居民征信体系尚未完善的情况下，机构之间的信息孤岛问题严重，“同质化”产品极易引发重复授信。而重复授信将导致用户金融杠杆升高，最终使平台面临不良率抬头的问题。大量的消费借贷发放后，资金流向和发放用户不一致的情况，使用户的金融杠杆升高，也增加了消费金融平台的金融风险。

第二节　互联网消费金融应用

一、业务实训

（一）业务流程

按照客户操作场景的不同，业务流程可以分成获客、注册/登录、申请+审核、借款、还款 5 个阶段。当然在实操中还款并不代表结束，还有贷后催收相关环节，以下是客户主动参与的 5 个阶段。

1. 获客阶段

客户可能通过活动参与、朋友圈消息、爆款软文、App 推广、朋友推荐或搜索等方式与金融机构接触。客户既可能因为借款免息而产生后续的操作，也可能因为犹豫产品是否适合自己而流失。这个阶段可以通过之前对客户的分析，提供个性化的展示（如大额、秒到账等）吸引客户。

2. 注册/登录

这一阶段的操作需要客户提供隐私信息，做得不好会直接导致客户流失。比如，若采用邮件注册，万一邮件被当作垃圾邮件过滤，客户就收不到验证码，所以不如采用简单直接的短信验证码或者微信、支付宝关联登录，用户体验会好很多。减少独立注册环节，比如通过手机号一键登录或在业务管理过程中隐式进行客户的注册和登录。

3. 申请+审核

用户申请需要进行弱实名认证（身份证、姓名）、强实名认证（银行卡认证 4 要素或 5 要素）、活体检测、补充个人信息等繁杂的操作。每一步操作都可能因为资料不齐或操作复杂等原因导致客户流失。这一阶段可以通过场景信息复用或OCR辅助等手段减少手动输入，提前提醒客户准备信息清单，改善客户体验，以此提高转化。

4. 借款

客户对资金的渴求度、未来收入等与金融机构提供的额度、定价、期限等不能完全匹配，从而导致客户流失。这一阶段比较好的做法是通过免息券、自定义额度/期限/划款、会员制、为客户提供主动提额通道等方式来提高客户黏性和转化率。

5. 还款

客户可能因为绑定卡余额不足、还款提醒不到位等还款失败，所以需要通过健全还款提醒、简化还款操作、提供最小还款额度等方式来提高还款成功率，并通过运动积分减息等方式提高客户的交互频率、增强对客户的了解。

（二）业务操作步骤

下面根据一款主流的现金贷产品来体验一下客户从注册开始到借款完成的流程。

1. 下载App和注册

下载和注册比较简单，也比较人性化，不需要设置登录密码，每次输入短信验证码就可以。

2. 申请流程

设置交易密码：6位数字密码同银行卡密码设置策略一致。

人脸识别：活体校验，采用第三方SDK。目前，腾讯、阿里都在发展该技术。

身份证认证：身份证正反面拍照和识别，此环节需要完成3件事：第一，认证申请人身份真伪；第二，留存申请人的身份证照片资料；第三，证明身份证原件在申请人手上。

绑卡：绑卡是客户申请环节中最核心的步骤，客户需要输入办理银行卡时预留手机号收到的验证码，并进行4要素认证，这也是反欺诈的重要环节。

激活授信：所有申请步骤比较简单，易用性好。完成申请后系统自动发红包，用户可以把红包分享给好友，这与“饿了么”之类的App采用的是同一种裂变套路。在授信额度计算过程中，用户可以分享礼包给好友，还可以请好友助力提高额度。

3. 授信审批

审批时，系统自动进入风险控制流程，可能会查人行征信、第三方征信、名单，然后基于这些数据加工成风控变量。不同的客群在自动风险控制审批中走不同风险决策流程，每个决策流程都可能会被拒绝。小部分用户会进行人工审批环节，当所有的风险控制流程走完，系统会评估出用户的风险等级并制定额度。一般地，成熟的风险决策时长在1分钟左右，比较优秀的消费金融产品在30秒内就会得出决策结果。

4. 申请借款

大部分平台授信时间比较短，有些比较优秀的产品的授信时间仅需要10~20秒，接着就会通知客户授信结果。通过授信的客户可以直接在授信额度内借款。比较常见的计息方式有两种：等额等息和等本等息。

5. 借款审批

用户申请提现后，风控系统会进行最后的放款环节，需要核一下名单系统和一些通用的策略，通过率接近100%。如果授信的时间和提现的时间间隔超过30天，用户的资质可能会发生比较大的变化，则还需要重新获取部分三方数据并重新做决策。

6. 放款

打款到客户绑定的银行卡中，不同的银行卡经过资金路由走不同的支付通道，可降低支付手续费和提高支付成功率。

二、应用案例

（一）商业银行互联网消费金融业务应用

以招商银行零售信贷产品——闪电贷为例。

1. 客户细分

闪电贷定位优质消费客群，聚焦银行自身零售渠道高端存量客群，通过合作伙伴补充银行征信数据或资金提供方服务次优消费客群，根据存量客户、新客户、客户等级提供不同的交互体验。存量客户指在招行办理存款、理财、收付易、代发工资等零售业务达到一定期限且个人资信良好、贷款没有逾期的用户，可提前在线申请授信额度。新客户可以在线申请，若想提款，必须去柜台开立招行一卡通账户。

股份制银行、城商行、农商行等单位随着“金融科技+消费金融”应用实践经验的积累，在服务好自身零售中高端存量客群的同时，逐步通过场景合作等方式服务下沉的中低收入的次优消费群。

2. 价值主张

随着商业银行零售转型深入推进，零售贷款占比逐步提升，闪电贷是招商银行“金融科技+消费金融”的应用实践。其通过云计算、大数据、AI等新金融科技将传统零售信贷业务变得更简单。闪电贷提供简单、快捷、移动的消费信贷产品，客户可在线自助办理贷款，贷款的申请、审批、签约放款全流程由系统自动化处理，无人工干预，7×24小时实时运行，使客户可随时轻松获得贷款。

近年来，商业银行借助大数据“授信+风险定价”模型对行内零售客户的内、外部数据进行整合和应用，精准定位客户贷款需求，为客户提供全线上、全自助的贷款服务，满足客户普遍的消费升级需求。

3. 渠道

闪电贷通过App、微信、网上银行等线上渠道，提供更为高效便捷的业务申请方式。

商业银行已经加快了App板块的构建并转变经营思路，以App为核心打造微信、微博、门户、SDK/H5场景嵌入等流量入口。除加强自身场景建设外，它们借助大数据、AI等先进金融科技，通过开放银行、API Banking等开放金融服务拓展获客渠道，提升渠道协同能力，提升服务效能，进一步提升客户体验，实现渠道移动化、场景化。

4. 客户关系

闪电贷通过提供自助申请、在线客服实时答疑、微信公众号品宣等建立和维护客户关系。

各商业银行通过搭建统一客户管理平台实现客户资源和信息集中管理、共享，并辅以智能营销平台强化新客户的开发、存量客户的运营、流失预警等，积极探索各类渠道的交叉销售经验，提高渠道的使用效率，针对客户开展有针对性的金融服务和营销。

5. 收入

商业银行开展消费信贷业务的主要收入来源为：贷款利率、逾期罚息、手续费。如果为联合贷，商业银行则可从资金方获得平台服务费。

6. 核心资源

商业银行有稳定、低成本的资金来源，有零售客户基础、成熟的信贷业务运营及风控体系。因为能对接人行征信系统，若辅以第三方征信平台补充非金融属性数据，那么借助大数据、人工智能等技术，商业银行将能充分挖掘客户背景、信贷行为及共性信息等数据，对客户进行全方位的综合评定。

7. 关键业务

闪电贷是一种从申请到放款仅耗时 60 秒的零售信贷产品，针对优质存量客户，通过零售信贷部提供线上小额信用贷款，基于大数据风控体系快速审批。

该产品特点如下：

贷款额度：个人代发工资客户的额度在 30 万元以内，企业主的信贷额度一般在 20 万元以内。

贷款期限：个人客户分 1 年期、2 年期，企业主分 1 个月、2 个月和 1 年。

贷款利率：个人客户的贷款利率在每天万分之 4.2 以内，年利率约 15.12%；企业主的贷款利率在每天万分之 4.2~4.8。

8. 重要伙伴

闪电贷主要的征信数据来源方有：人行征信、公安、法院、工商、社保、公积金中心、税务、通信运营商、电子商务公司、互联网平台、浙江诺诺网络科技有限公司、腾讯云、试金石、不动产登记中心等。

股份制银行、城商行、农商行等单位开展消费信贷业务主要依靠人行征信系统，辅以第三方征信平台和场景方数据等。

9. 成本结构

成本由浮动成本和固定成本组成。

浮动成本包括获客成本、风险定价成本（数据成本、审核成本）、放款成本（支付成本、资金成本）、贷后成本（催收成本、坏账成本）。

固定成本包括风控模型成本、运营成本、IT 系统成本、IT 基础设施成本、人力成本、管理成本等。

（二）消费金融公司业务应用

以头部持牌消费金融公司为例。

1. 客户细分

消费金融公司客户定位为信用资质较差且不能获得银行服务的次优消费客群、次级消费群，以及少数需要银行之外的补充资金的人群。

2. 价值主张

消费金融公司借助移动互联网和大数据获客，通过对场景业务数据、外部数据整合和应用，精准定位客户贷款需求，为客户提供场景嵌入、全线上自助贷款服务。

3. 渠道

消费金融公司通过 App、微信、支付宝生活号、SDK/H5 场景嵌入等线上渠道，提供更为高效便捷的业务申请方式，拓展获客渠道，实现渠道移动化、场景化。

4. 客户关系

消费金融公司通过与商户合作嵌入个人消费的多种场景提供消费分期服务；通过 App、微信、小程序多渠道自助申请，提供信用消费贷款；通过微信公众号平台进行品宣。

2019 年下半年，消费金融机构纷纷推出了会员制。针对不同等级的会员，消费金融公司在借款费率、会员权益方面会给予一定的优惠，在提升客户活跃度与黏性的同时实现差异化经营。

5. 收入

消费金融公司开展消费信贷业务的主要收入来源为贷款利率、逾期罚息、手续费，如果为联合贷或者导流，则有平台服务费。

6. 核心资源

消费金融公司资金成本较低，能对接人行征信系统并有第三方征信平台补充非金融属性数据，借助大数据、人工智能等技术，可充分挖掘客户背景、信贷行为及共性信息等，对客户进行综合评估。部分消费金融公司依托股东资源整合线上、线下资源，针对优质客户开展线下大额分期业务。

7. 关键业务

消费金融公司提供以生活消费为目的的小额、短期消费贷款，基于大数据风控体系快速审批。

产品特点如下所示。

贷款额度：额度在 20 万元以内，一般线上授信额度在 1000~80000 元。

贷款期限：1 年期为主，支持 1~36 个月。

贷款利率：年利率在 24%以内。

8. 重要伙伴

重要伙伴包括合作商户、三方征信机构：人行征信、公安、法院、工商、社保、公积金中心、税务、通信运营商、同盾、百融、鹏元、白骑士等。

9. 成本结构

成本由浮动成本和固定成本组成。

浮动成本包括获客成本、风险定价成本（数据成本、审核成本）、放款成本（支付成本、资金成本）、贷后成本（催收成本、坏账成本）。

固定成本包括风控模型成本、运营成本、IT 系统成本、IT 基础设施成本、人力成本、管理成本等。

第三节　互联网消费金融对金融业发展的影响

一、互联网程度加深

随着互联网化进一步加深，消费金融产业的互联网化将成为必然趋势。

消费金融的互联网化包括产品的互联网化、风险管理模式的互联网化以及服务模式的互联网化。

首先，互联网经济对于传统经济的渗透逐步增强，互联网化本身存在大量的尚未开发的金融需求，覆盖保险、基金、证券、银行等诸多传统金融领域，这对传统金融的互联网化要求在迅速提升。

其次，互联网正在逐步改变人们的生活习惯，包括支付的方式、消费的场景都在发生巨大变化，因此，传统金融必须在服务模式和渠道方面有所创新，这样才能满足用户对于服务体验的需求。与此同时，互联网也将拓宽企业的服务能力、服务广度和宽度，提升服务效率。

最后，伴随互联网经济的发展以及对线下经济的渗透，未来所有的数据都将是可数据化、可被记录的。数据是未来风险管理的宝藏，而这也将对传统金融风险管理模式提出挑战。互联网企业全面进入消费金融领域也是互联网化程度加深的重要表现。互联网企业将对现有的消费金融体系产生正向刺激作用。包括对于用户的教育和使用行为习惯的培养，在产品和服务模式上的创新等。

二、消费企业将占据重要市场地位

综合国内互联网消费金融企业京东、天猫案例，以及海外的消费金融企业美国运通、日本乐天和 GE Money。消费流通企业在消费金融领域的市场地位将逐步提升，并成为未来该领域的核心增长力量。而这种产业地位提升主要来自两方面：一方面是企业自主开发消费金融服务；另一方面是消费金融公司与消费流通企业之间愈加紧密的合作。

消费流通企业在产业链上的优势地位主要体现在两个方面：了解用户和掌控交易。

了解用户的日常行为更多地发生在消费流通企业中，因此，消费流通企业更容易把控用户的消费行为，包括品类的偏好、价格的偏好以及其他的一切数字化信息。通过这些信息，消费流通企业可以快速发现用户的消费金融需求，了解用户的消费能力，并在一定程度上判断其还款能力。

掌控交易是无论资金来自哪里，交易环节一定是发生在消费流通企业的势力范围内的。一方面是对于产品、物流等信息的掌握；另一方面是进一步明确了贷款资金的实际用途。因此，消费流通企业在产业链上依然有明确的发展优势，并将逐步占据重要的市场地位。

三、数据资产将成为重要资源

基于数据而形成的大数据风险控制模式是核心发展方向，“数据+模型”将是互联网金融企业未来发展的核心工具。客户洞察、市场洞察以及运营洞察是消费金融行业大数据应用的重点。

在客户洞察方面，金融企业可以通过对行业客户相关的海量服务信息流数据进行捕捉及分析，以期提高服务质量。同时可利用各种服务交付渠道的海量客户数据，开发新的预测分析模型，实现对客户消费行为模式的分析，提高客户转化率。

在市场洞察方面，大数据可以帮助金融企业分析历史数据，寻找其中的金融创新机会。

在运营洞察方面，大数据可协助企业提高风险透明度，加强风险的可审性和管理力度。同时也能帮助金融服务企业充分掌握业务数据的价值，降低业务成本并挖掘新的套利机会。

四、垂直化发展

结合目前消费金融发展现状，可预知垂直化发展将是一个重要趋势。

垂直化包括两个维度的垂直化：行业垂直化和用户层级垂直化。

一方面来自行业的垂直化。消费金融领域横跨众多产业，如汽车、旅行、教育、数码、家电、家具、房产等。各细分领域之间的生产线运营模式、产业链格局均有不同发展特征，这对消费金融企业就提出了更高的要求，而单一细分领域的垂直化耕耘也更加适合于中小型消费金融企业的发展之路。

另一方面来自用户层级的垂直化。将用户进行分层，分为高中低收入群体。明确自身的目标市场定位，了解不同用户的综合性需求。

垂直化发展关键在专业化。专业化有助于消费金融企业把控风险，但与此同时，也会面临所处产业整体衰退或高消费经济下滑等市场风险。

五、信用体系建设成为重中之重

发达国家社会信用体系建设主要有两种模式：一是以美国为代表的信用中介机构为主导的模式；二是以欧洲为代表的以政府和中央银行为主导的模式。

以美国为代表的“信用中介机构为主导”的模式，完全依靠市场经济的法则和信用管理行业的自我管理来运作，政府仅负责提供立法支持和监管信用管理体系的运转。在这种运作模式中，信用中介机构发挥主要的作用，其运作的核心是经济利益。

我国目前信用体系建设不完善，需要建立有效的、权威的多元性的征信、评估、信用共享体系。未来，消费金融的授信速度和方式都将让小额分期贷款变得立竿见影，消费金融的用户群和场景也将会变化无穷。

为了将金融授信、信贷业务流程和消费场景打通，神州融与全球最大征信局 Experian 和阿里金融云联合发布了专门针对小微金融机构的大数据风控平台，利用流程引擎驱动，以决策引擎代替纯人工作业判断模式，实现快速、高效流转和自动决策的小微金融业务审批处理，并通过“一站式”整合电商平台和征信机构等信息数据，以及对接多家评分建模机构等。依据不同维度不同种类建立的风险控制模型，有助于实现量化风控管理和对接互联网电商、第三方支付等各种消费场景，为发展消费金融业务的小微金融机构提供“一站式”支持。

第四节 延伸阅读

一、互联网消费金融的内涵

消费金融是指为满足居民消费需求而提供的与消费相关的金融服务。而互联网消费金融则是指基于互联网技术和信息通信技术，以出借资金分期偿还的方式满足居民对除房屋和汽车之外其他商品和服务消费需求的信用活动。近年来，随着小额消费贷款需求的日益旺盛，互联网消费金融异军突起，成为众多企业竞相追逐的蓝海市场。就目前来看，虽然互联网消费金融在快速发展的过程中面临各种“瓶颈”，但凭借巨大的客户群体、高效的运行效率以及良好的用户体验，互联网消费金融已然成为消费金融市场和网络经济未来发展的一个重要方向和趋势。因此，为了更好地促进互联网消费金融的健康稳定发展，必须对其当前存在的瓶颈进行探讨，提出相关对策。

二、互联网消费金融与传统消费金融发展模式对比

（一）互联网消费金融发展现状

当前，我国互联网消费金融进入快速发展期，市场规模不断扩大，金融服务体系愈加丰富，形成了以第三方支付、互联网理财和互联网贷款为主的三大业务类型。首先，以电商巨头为代表推出的第三方支付，自2004年阿里巴巴支付宝开启互联网金融消费市场，腾讯和百度随后也分别推出了财付通和百度钱包。2010年“支付业务许可证”的发放，使第三方支付快速增长。截至2016年，我国第三方支付总交易额达57.9万亿元，增长率为85.6%，其中移动支付交易规模为38.6万亿元，增长率为216.4%，成为电子支付发展的主潮流。其次，互联网理财，主要有P2P理财和“宝”类理财，前者最早起步于2006年，并得到迅速发展，2016年我国P2P网贷运营平台数量超过2448家，成交额突破2.8万亿元，比上年增长137.59%；后者以2013年阿里巴巴集团旗下支付宝推出的余额宝为代表。最后，互联网贷款，该业务发展时间较晚，其目的在于促进个人消费。如2014年2月京东推出的“京东白条”；同年7月，天猫推出的“天猫分期购”等。

传统消费金融发展现状。互联网金融企业介入消费金融市场，对各传统消费金融机构产生了不同程度的影响，后者纷纷选择“触网”。从目前来看，商业银行参与互联网金融活动的方式包括金融业务互联网化、自建互联网金融品牌、与互联网金融企业合作等。例如，中信银行通过积极布局互联网金融，构建金融互联网，在进行产品、业务、渠道创新的基础上，推出了“信金宝”这一互联网消费金融业务。而消费金融公司虽然也在积极进行“触网”，但由于其目标客户群与互联网金融企业的目标客户重叠，三者均以中低收入消费者为主，但后者在客户基础、业务范围等方面拥有的明显优势，使消

费金融公司在开展互联网消费金融业务中，较之以中高收入人群为主要目标客户的商业银行面临更大的竞争压力。

（二）互联网消费金融发展模式

自有产业链为依托的消费金融模式。这种消费金融模式具体可分为电子商务消费金融模式和产业系消费金融模式两类，二者均以自身庞大的线上供应网络为依托，借助大数据技术等优势，为消费者提供分期购物和小额消费贷款服务。区别在于，以京东白条、蚂蚁花呗为代表的电子商务消费金融模式，基于自身电商平台，面向的是自营商品或合作电商的商品，其在细分市场中具有极强的竞争力如图 7-1 所示。而以马上消费金融公司、海尔消费金融公司、苏宁消费金融公司为代表的产业系消费金融模式，则主要通过消费金融分期购和小额消费贷款服务，带动线上线下主营业务的增长。

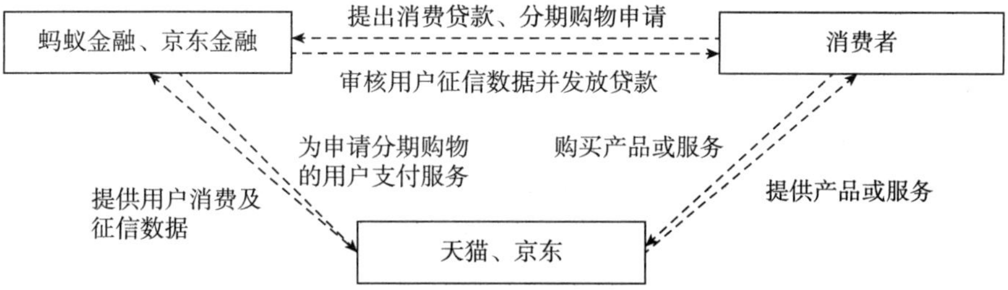

图 7-1　电商系消费金融平台运营模式

其他产业链为依托的消费金融模式。以其他产业链为依托的消费金融运营模式由于没有自己的电子商务平台或供销平台，只能以进驻第三方平台的方式，借助其产业链为消费者提供分期购物和小额消费贷款服务。而按照审核依据和资金来源的不同，这种消费金融运营模式又具体分为支付、征信系消费金融模式和网贷系消费金融模式。前者主要通过大数据技术、信用评分模型等以自有资金为消费者提供服务，如拉卡拉；而后者则以网贷融资作为主要资金来源如图 7-2 所示，如趣分期、分期乐、学好贷。

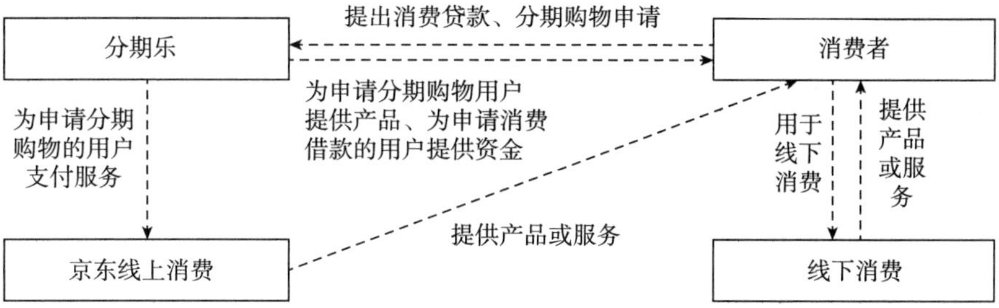

图 7-2　网贷系消费金融平台运作模式

（三）传统消费金融发展模式

相比互联网消费金融，传统消费金融更偏向于中高端客户，因此，客户的来源、信用资质有更好的保障。对于客户的关键个人信息，传统消费金融能够通过中国人民银行的征信系统进行获取。同时，传统消费金融在风险控制以及业务方面受到更多监管限制，在严格的管控和审查下，从正规消费金融体系进行融资的渠道相对于互联网消费金融更为通畅，也能够获取资金支持。

三、互联网消费金融与传统消费金融发展“瓶颈”对比

（一）竞争环境对比

随着消费需求驱动以及一系列针对新消费领域的政策红利逐步落地，传统消费金融与互联网消费金融间的竞争不断升级。就目前来看，快速发展的互联网消费金融企业并未撼动以商业银行为代表的传统消费金融机构在消费市场中的主体地位，后者仍占据90%以上的市场份额；从市场空间来看，主要的消费渠道被传统商业银行控制，互联网消费金融企业可挖掘的市场空间有限；从竞争力来看，受监管、服务等诸多因素影响，互联网消费金融整体竞争力较之传统商业银行存在明显差距。

（二）风险防范能力对比

国家互联网金融风险分析技术平台的监测数据显示，截至 2017 年 6 月 30 日，我国互联网金融平台达 1.9 万家，其中，累计违规平台超过 3200 家。此外，2017 年第二季度网络系统漏洞超过 74 个，高危漏洞占 69.3%。以上数据表明，一方面当前互联网消费金融存在诸多风险因素，另一方面其风险防范能力的不足，成为制约消费金融行业健康稳定发展的突出问题。具体来看，互联网消费金融面临的风险主要有以下三个方面：一是法律与政策风险，互联网消费金融的高速发展与法律、政策完善的滞后性，及互联网天然的虚拟隐蔽性和扩散性，使政策法规存在监管不到位的情况；二是消费金融公司的内部风险，包括客户风险、技术风险和内部管理风险，互联网消费金融所提供的消费信贷多为无抵押的信用贷款，且审核时间较短，未能对用户的信用情况进行全面考察，增加了贷后款项追踪的风险。技术风险，为互联网消费金融运营所处的网络信息环境。内部管理风险，为互联网消费金融公司在内部管理制度设计和人员管理上的不足带来的各种风险；三是市场外部风险，互联网消费金融较低的平台门槛，使水平不一的企业纷纷涌入，造成产品定价混乱、操作不规范等问题，长此以往，将会降低互联网消费金融产品的公信力，不利于行业的发展。

（三）其他特有机制对比

对于互联网消费金融而言，金融征信体系不完善。互联网征信作为征信体系中的重要一环，其完善程度关系着消费金融行业的长远发展。而因互联网征信体系的发展时间较短，在发展过程中仍存在诸多不足，具体表现在：第一，网络征信评估缺乏统一标准。较之评估指标、维度等较为完善的传统消费金融，互联网消费金融征信体系则显得相对不足。如用户信用数据收集有限、信用评估标准设置缺乏统一性等，使互联网消费金融企业在征信评估中极易处于劣势地位。第二，缺乏跨平台的信用数据合作机制。据芝麻信用相关数据显示，超过 40%的逾期订单发生在有 10 次以上的跨平台用户群体中。可以看出，由于消费金融平台之间缺乏信用数据合作机制，在很大程度上提高了整个消费金融市场的征信风险。第三，用户隐私问题。目前，互联网消费金融数据平台间的信息共享，加上互联网消费金融企业在征信工作的制度建立、人员管理、技防手段等方面的缺欠以及利益的驱使，极易出现用户隐私泄露的情况。

对于传统消费金融而言，传统消费金融体制自身就存在一定的发展“瓶颈”。传统金融机构的发展瓶颈集中在以下三个方面：首先，僵化的定价机制制约传统消费金融发展。传统消费金融虽然用户群体体量庞大，但是对于用户的群体类别划分粗放，只倾向于对高净值客户提供信贷服务，而难以对不同信用价值的客户群体进行差异化的定价。其次，传统消费金融面临发展规模困境。当前传统消费金融的主体是商业银行，而商业银行虽然保持业务规模的增长，但是模式较为单一。传统消费金融机构担负着较为低廉的融资成本，吸收存款是其开展融资活动的主要形式，而其他融资活动则受到有限的个人征信体系以及银行严格风险控制的限制。传统金融机构难以覆盖到长尾客户，覆盖的用户场景面较窄，难以提供多样化的服务。

四、互联网消费金融的发展突破路径

推进传统消费金融与互联网消费金融的融合发展。尽管传统消费金融机构和互联网消费金融企业之间存在一定的竞争关系，但并不意味着两者就对立，合作互补才是促进消费金融市场更好发展的关键。具体而言，虽然目前银行系消费金融公司拥有绝对市场份额，电商系也广泛占据线上消费场景，但总体来看，消费金融的整体渗透率仍然较低、风险防范能力不足等问题依旧突出。如受地域性、分散性、触媒接受性等因素限制，在二、三、四线城市，尤其是农村消费市场，仍有大量的消费行为发生在线下，且这些线下的金融服务需求并未得到有效满足。消费金融市场的拓展空间仍然值得期待。通过合作，银行可借助互联网金融信息技术精准识别客户；互联网金融机构则可借鉴传统银行在风险管控、体系建设等方面的经验，增强风险防范能力。所以，需要采取有效的措施来促进传统消费金融和互联网消费金融有效的融合发展。一是支持传统消费金融部门采取以用户为中心的经营理念，并推进互联网信息技术在传统消费金融机构精准营销等方面的应用，以使其经营管理更为高效。二是建设多元化融资渠道，进一步加大对互联网消费金融企业的扶持，以使其消费信贷供给能力得以有效提升。三是加强传统消费金融和互联网消费金融的合作，不断渗透农村消费市场，促进线上线下共同发展。

完善互联网消费金融风险防范体系。针对互联网消费金融存在的风范防范能力不足的发展瓶颈，可以通过不断完善互联网消费金融风险防范体系，增强其抵御风险、排除风险隐患的能力。具体而言，第一，适时制定和完善相关法律法规，加强监管机制建设。法律法规作为互联网消费金融健康有序发展的制度保障，应从法律层面上对消费金融市场进行约束和规范。因此，应加快建立健全互联网消费金融领域的法规制度，以减少因政策法规滞后带来的发展风险。第二，积极引进智能技术，不断提升内部管理水平。当前，利用智能技术，不仅可以提升企业运行的效率，还有利于提升监管效能，提高风险合规的准确性和有效性。第三，健全互联网金融协会的功能，构建和其匹配的方案机制，健全行业统计制度，引入第三方监管，制定违规惩处以及举报奖励机制，形成多方防范与监管的机制。

构建全方位监管防范格局。建立多元化征信体系。第一，努力形成统一的信用评估标准。一些发展相对成熟的互联网消费金融公司，其利用大数据、云计算等技术，在广泛采集用户网络行为信息的基础上，从多指标对信息进行评估，从而真实反映用户的信用水平。如阿里巴巴推出的芝麻信用，通过挖掘阿里电商生态圈内各方面的数据建立起信用评分，同时结合传统评估指标形成风险评估指标，对于初创的互联网消费及金融企业而言，可参考其信用评估指标设定，以形成相对统一的信用评估标准。第二，建立跨平台的信用数据合作机制，加强信息共享。一般而言，银行间的信息共享程度与其面临的信贷风险成反比，因此应积极推进消费金融主体在征信方面的合作，以形成多元化征信机制。各互联网消费金融公司除了要加强在征信领域的合作，还应推动个人征信能力的建设。第三，保护用户隐私。有关管理部门需要持续强化面向互联网消费金融服务机构的监管，实施严格的惩处措施。除此之外，互联网消费金融服务机构需要加大对风险预防工作的关注力度，实施完善的内部管理，构建征信工作奖惩制度，避免出现内部违规的情况。

摘自《互联网消费金融发展模式、瓶颈及对策——与传统消费金融的比较》

第八章

互联网金融风险

HULIANWANG JINRONG FENGXIAN

第一节　互联网金融风险的特征

金融风险是在一定时期内，由于金融市场及外部条件各种因素的变化所造成的金融资产或资产组合价值变化的不确定性。

由于互联网金融兼具金融和互联网的特征，使互联网金融风险在传统金融的风险基础上，又融合了互联网风险，由此产生了一些特殊的风险特征，导致互联网金融风险的多元化和复杂化。

一、互联网金融风险具有隐蔽性、传染性和系统性

（一）隐蔽性

随着互联网技术和传统金融业务的高度融合，传统金融的空间限制被逐渐打破，各类金融机构提供的金融服务相互渗透，不断趋同。

随之而来的是各业务主体的多元化，以及经营主体与客户之间信息维度的几何级数扩张，这进一步加深了金融虚拟化。这种虚拟化使交易对象、目的和过程更加不透明，产生了前所未有的信息分割、信息不对称等问题。由此导致互联网金融风险比传统金融风险更具隐蔽性。

（二）传染性

互联网金融平台是一个高传导、强关联、紧耦合的体系。移动端、PC 端的交易使金融业务失去了时空的限制，这导致物理隔离效应的极大减弱，传统业务中的防火墙作用难以发挥。

于是，业务流程中容易被忽视的细微问题和漏洞，将在互联网平台的传导下迅速扩散，不断放大。这种传染性主要表现为信息技术的高流动性、无边界性、跨时空性和强

融合性。

（三）系统性

隐蔽性和传染性导致互联网金融风险的系统性。

隐蔽性会使金融风险突然爆发，毫无征兆。传染性使风险在短时间内便可通过互联网平台迅速渗透和扩散至多主体、多部门、多领域，甚至跨地域，跨国别，造成全局性金融风险的系统性爆发。

二、互联网金融风险增加了操作风险和技术安全风险的破坏性

（一）操作风险

操作风险主要表现在两个方面。

第一，平台系统和程序漏洞以及相关突发事件。

第二，互联网金融企业员工操作失误、内部人员欺诈以及交互信息失真或沟通障碍等引起的网络账户错误或混乱。

（二）技术安全风险

技术安全风险主要表现在以下三个方面。

第一，由于缺乏完善的风险管控机制或专业的风险管理人员，互联网金融企业存在严重的安全漏洞和隐患。

第二，互联网金融企业的客户进行金融交易时，自身的金融风险防范意识薄弱，特别是对计算机或移动端软件环境的维护不足。

第三，客户在第三方平台进行交易时，输入的密钥或口令通过网络传输时被黑客截取，导致客户无法正常登录。

互联网金融企业非常依赖先进的交易平台系统和专业人员的操作技术。平台系统的滞后和专业人员的缺乏，会导致错失好的交易机会，加之大量资源的耗费，必然降低互联网金融企业的运营效率。

另外，互联网金融平台与客户计算机或移动终端的非兼容性可能导致信息传输失败或滞后。

所以，当风险事件发生时，在突发性和隐蔽性的加持下，如果互联网金融企业没有事前制订有效的解决方案，就很难及时化解和削弱这些风险，并且还极有可能放大这些风险，比之传统金融，互联网金融会加剧操作风险和安全风险的破坏性。

三、互联网金融凸显了数据信息的风险

金融大数据是互联网金融创新的主要推动力，因此，数据信息安全问题关系到互联网金融是否能够健康发展。

在实践中，由于互联网金融的快速发展和网络安全技术的不完善，使数据信息泄露的风险日益凸显，主要表现在以下三个方面。

第一，虚假关系风险。由于不需要进行随机抽样，所以，即使在数据是真实合格的前提下，大数据所揭示的因果逻辑关系并不一定真实存在。这会导致互联网金融企业据

此做出错误判断并造成损失。

第二，错误信息风险。金融大数据的挖掘和分析均建立在海量数据真实的基础上，且对数据的质量具有较强的敏感性。因此，一旦数据中掺杂了虚假信息或有误导动机的信息，就不可避免地造成分析和决策的错误。随着大数据类型的丰富和数据规模与维度的升级，此类风险势必扩大。

第三，信息特权风险。数据服务商拥有海量信息，且可以通过信息的集中化管理和量化及时获取用户大量的私密信息。一旦数据服务商不能安全地使用和处理这些信息，互联网金融用户的信息将大量泄露，造成不可估量的损失。

四、互联网金融加剧了监管套利行为与法律风险

由于监管措施滞后于互联网金融发展和创新速度，导致互联网金融监管存在灰色地带：某些互联网金融企业从事类银行的业务活动，却没有受到相应监管；另一些互联网金融企业转型成为金融科技公司，形成监管套利态势。

与监管层面的情况类似，相关法律的颁布和修订普遍滞后，这不仅导致现有法律法规不适应互联网金融的发展，而且造成相关法律在实践中的不确定性。

第二节　互联网金融的传统风险及事件

一、信用风险

（一）信用风险的定义及产生原因

信用风险是金融风险中最主要的一种，有广义和狭义之分。狭义信用风险又称违约风险，指交易对手未履行合约规定的义务而给对方造成损失的可能性。广义信用风险是在狭义信用风险的基础上考虑到交易对手信用等级下降而带来的风险。

与传统金融交易中的信用风险相比，互联网金融交易的信用风险在触发机制上有其特殊的形成：第一，互联网金融交易中多是无担保、无抵押和无质押形式的借贷行为，对借贷双方的资质审查不严格，从而增加了交易对手违约的可能性；第二，互联网金融通过虚拟介质提供金融产品服务，极易由于信息不对称而造成道德风险和逆向选择，这是导致信用风险爆发的主要动因。

在互联网金融运营实践中，发现信用风险主要来自以下三个方面。

1. 互联网金融企业的风险

任何金融产品都是对信用的风险定价。互联网金融产品没有担保或保证，因此，其信用风险将向整个社会转嫁。

另外，由于投资者的资金从互联网金融平台转移到债权项目的过程中，缺乏独立的第三方直接进行托管和监督，所以互联网金融平台有动机通过虚假债权、虚假增信、虚假项目等手段来骗取投资者的资金，或隐瞒资金用途，进行高风险投资，拆东墙补西墙，给投资者带来巨大损失。

2. 债务人的风险

首先，互联网金融的发展时间短，增长速度快、准入门槛低，使相关从业人员的能力和素质良莠不齐，风险管理专业人才严重短缺，导致在债务资信审查及债务人风险评估过程中出现信息不对称现象。

其次，互联网金融的虚拟性特征决定了债权人和债务人只能通过网络交易，加剧了交易双方在身份确认、资信评价以及资金使用等方面的信息不对称。

这些信息不对称所产生的溢出效应不仅可以诱使债务人利用互联网金融企业与信息不对称的优势进行信息造假以骗取资金，或在多个互联网金融平台上重复贷款。同时，这些行为将激励哪些存在信用缺陷、资金来源不稳定、具有较强投机倾向的信用风险较高的债务人申请互联网金融平台的贷款。

3. 信用信息风险

信用信息是信用风险与法律风险的结合。

以网络作为信息传输渠道，主体在网络上的一切行为或痕迹都能够被各种网络服务器所监测，并将以大数据的形式呈现给网络服务企业。网络服务企业通过大数据挖掘和数据分析，可以透视主体深层次的特征和无法被表象化的需求，从而实现对信用水平和信用行为的准确判断。

在这一过程中，客户可能在完全不知情的情况下，被抓取各种数据，并被进行各种信用信息的分析，这会导致客户信息被泄露的危险。

针对这一情况，2021 年 3 月 22 日，国家互联网信息办公室联合多部门发布了《常见类型移动互联网应用程序必要个人信息范围规定》，并于 2021 年 5 月 1 日正式施行。

（二）信用风险的业态表现

1. P2P 网贷的风险

P2P 网贷中，借款人的信用状况一般较差，所以平台普遍存在信用风险。

在网络借贷行为发生之前，由于 P2P 网贷平台对借款人的资信状况，例如身份信息、银行流水、财产物权等审查不严，导致借贷双方信息不对称，很可能出现借款人欺诈、谎报和虚构信用状况等行为，使信用风险上升。

在网络借贷行为发生之后，由于会出现借款人道德风险问题，且网贷平台缺乏贷后跟踪、回访等风险控制手段，因此无法有效掌握贷款资金的流向，使借款人信用风险上升。

2. 众筹的信用风险

众筹的信用风险主要表现为众筹平台、股权众筹和债券众筹三个层面的信用风险。

众筹平台层面的信用风险。在资金周转中，缺少专门的资金托管部门，这样，如果没有自律机制，必然出现信用风险。众筹平台主要依靠手续费盈利，如果为此降低了准入标准，必然会有一些不合格的项目进入众筹平台，此时，信用风险会比较突出。

股权众筹模式的信用风险。股权众筹，投资人分散，对融资人难以进行监管，存在过度授权行为，这可能引发项目发起人的机会主义行为，对投资人的权益造成极大影响。

债券众筹模式的信用风险。我国尚未建立完善的信用体系，互联网众筹平台运作上不成熟，且规模十分有限。在这种环境下，当平台面临大量借款者时，核实所有借款者的信息真实性难度很大，产生违约风险的概率较大。

3. 互联网理财的信用风险

互联网理财平台多采用刚性兑付方式。在收益率较高的条件下，若遭遇经济下滑、产能过剩或其他风险事件，互联网理财平台可能出现无法兑付的情况，由此造成平台自融，挪用资金，甚至卷钱跑路的现象，给投资者带来灾难性损失。

二、流动性风险

（一）流动性风险的定义及产生原因

流动性风险分为市场流动性风险和筹资流动性风险。

市场流动性风险是市场主体无法在金融市场上按照市场公平价格及时出售特定数量的金融资产而造成损失的可能性。筹资流动性风险是市场主体无法按照市场平均价格筹措特定数量的资金而造成损失的可能性。

流动性风险的衡量维度较多，主要包括价格、交易量、交易时间、市场深度和弹性四个方面。

流动性风险在互联网金融中，主要表现为互联网金融企业虽然具有清偿能力，但是无法及时获得充足的资金或无法以合理的成本及时获得充足的资金以应对资产增长或支付到期债务。

互联网金融中，流动性风险产生的原因主要有以下三个方面。

期限错配。部分互联网金融平台借短贷长，将客户的短期资金投入转换为长期投资，从而产生资金流的期限错配问题。一旦出现客户集中赎回或者提款，平台将面临巨大的流动性风险。

缺乏防范机制。在资金期限错配的情形下，互联网金融企业通常并未像传统商业银行那样，建立存款准备金、风险资产拨备覆盖和存款保险等风险保障制度，显然，对其短期负债和预期外现金流出等情况缺乏相应的防范手段和应对措施。

缺乏风险意识。互联网金融产品和服务以零售为主，投资门槛相对较低，对投资者的要求也较低，因此，交易主体以散户为多。散户普遍缺乏基础投资知识，对线上信息无法进行有效的筛选和甄别，容易盲目跟风、扎堆投资和挤兑，加剧流动性风险。

（二）流动性风险的业态表现

1. 第三方支付的流动性风险

当第三方支付平台无力为负债的减少和资产的增加提供流动性时，就爆发了流动性风险。

第三方平台产生流动性风险的原因主要有以下两个方面。

（1）盈利能力下降。第三方支付行业的竞争很激烈，且平台同质化严重，缺乏产品和服务的创新，无法形成产品和服务的差异化，这导致第三方平台的利润空间被极大挤压。

（2）沉淀资金规模较大。第三方支付中的沉淀资金主要是支付服务商代为保管的在途资金，即从买方支付到卖方收款期间的贷款资金。第三方支付平台具有沉淀资金规模大、沉淀时间长等特点，若采用激进或投机方式，一旦投资失败或资金被套牢，会造成严重的流动性风险。

2. 网络借贷的流动性风险

网络借贷中的流动性风险主要由投资标的拆标和借短贷长形成的期限错配造成。

拆标包括拆金额和拆期限两种。拆金额指将一个大金额标的拆分为若干小金额标的。拆期限指将期限较长的拆分为若干短期限标的。拆标放大了部分客户的投机性，容易造成“羊群效应”，从而增加了流动性风险。

期限错配指网络借贷平台发布若干个期限较短并具有不同起止时间的标的，通过高收益吸收投资者的资金，并将这些资金投入长期项目，依靠短期标的的后一个到期的短期标的投资资金作为偿还来源，依此类推，直到长期项目到期。

无论是拆标还是期限错配，均容易导致网络借贷平台的资金链断裂，爆发流动性风险。

3. 互联网理财的流动性风险

为了减少理财主体的赎回动机，互联网理财平台倾向于牺牲资产组合的流动性，通过期限错配的方式投资于期限较长的债券或其他金融工具，从而提高理财产品的收益率。这样，互联网理财平台短期变现资产的成本将上升，可能会造成难以兑付投资主体的赎回指令，爆发流动性风险。

三、操作风险

（一）操作风险的定义及产生原因

操作风险指因不完善或有问题的内部程序、员工、信息科技系统以及外部事件而造成损失的风险。

根据《巴塞尔协议Ⅱ》，操作风险可分为七类：内部欺诈；外部欺诈；雇佣合同以及工作状况带来的风险事件；客户、产品以及商业行为引起的风险事件；有形资产的损失；经营中断和系统出错；设计执行、交割以及交易过程管理的风险事件。

互联网金融企业操作风险产生的原因主要有三个方面。

互联网金融企业员工的误操作。当前互联网金融还处于发展初期，发展速度较快，产品和服务的更新时间间隔较短，同时，平台系统的内部管理制度和员工培训体系尚不完善，这些都会造成员工业务不熟悉、不理解、不遵守操作规则，从而产生操作风险。

互联网金融平台系统缺陷和实时性。互联网金融产品和服务的种类十分丰富，资金规模的增长速度也很快，使互联网金融的软硬件设备及技术的更新出现滞后，很多设备和系统处于研发和试用阶段，没有妥善考虑操作者的使用习惯，从而造成误操作，增加了操作风险爆发的可能性。

内部员工和外币人员的欺诈。互联网金融主要以虚拟网络作为投资者、互联网平台以及其他关系人之间信息交互的方式，但是，相关法律法规和监管措施不完善，这会导致交易中存在严重的逆向选择和道德风险问题。同时，失信行为很隐蔽，且失信成本较低，这些都会形成互联网金融交易中的欺诈行为。

（二）操作风险的业态表现

1. 第三方支付的操作风险

第三方平台的用户较多，操作频繁，部分支付平台的系统设计存在缺陷，因此存在较大的操作风险。

外部人员利用第三方支付平台的系统漏洞，通过植入木马或钓鱼网站盗取用户支付过程中输入的私人信息，并从用户的支付账户中盗取资金。

由于第三方支付平台的风险管理经验不足，缺乏支付安全方面的有效保障和手段措施，忽视风险管理配套制度建设而造成的风险。

2. P2P 网贷平台的操作风险

目前，P2P 网贷平台的操作风险主要体现为金融诈骗和卷款跑路。

理论上，P2P 网贷平台的资金交易应委托第三方进行管理。但在现实中，资金交易账户归 P2P 网贷平台所有，资金被平台独立支配，因此，对资金账户的监管就处于真空状态，极易引发资金挪用和卷款跑路的道德风险。

技术上，为保证资金交易的安全性，P2P 网贷平台应在商业银行和第三方支付平台之间设立一个中间账户进行资金交易的结算。若这个中间账户缺失，就会降低 P2P 网贷平台道德风险的成本，从而增加操作风险。

另外，由于 P2P 网贷平台在进行贷款信息审核时，无法有效确认贷款人的所有信息，可能造成人为的判断和操作失误，这进一步会误导投资者，使投资者无法获得预期的收益。

3. 网络银行的操作风险

主要表现在以下三个方面。

技术问题风险。技术问题引发操作风险有三个原因：第一，由于硬件损坏或者软件缺陷，导致网络银行的信息系统出现故障。第二，内部员工利用网络银行的系统漏洞进行非法操作。第三，虽然网络银行系统的设计均采用多层安全系统，并不断更新安全技术，但仍然无法有效杜绝外部黑客的入侵。

内部操作风险。目前，网络银行从业人员，特别是基层业务人员，并没有完全符合网络银行业务发展对人才的基本要求，知识结构和专业技能存在明显的滞后，而且，专业技术的培训和新技术的研发与学习也没有及时跟上。这些情况容易导致网络银行员工的误操作或管理层的错误决策，从而造成操作风险。

用户操作风险。网络银行的科技含量较高，缺乏相关知识的客户具有较高的网络银行操作学习的转换成本，容易由于操作失误产生操作风险。此外，客户若不注意私人信息的保护，也会引发操作风险。

四、法律法规风险

（一）法律法规风险的定义及原因

法律法规风险是互联网金融中普遍存在的风险。

法律法规风险指由于缺乏适用的法律法规和监管政策，或者互联网金融企业擅自突破经营范围、从事法律法规禁止的业务以及无法适应和满足新法律法规的要求等而引起损失的可能性。

法律法规和监管的缺位是目前互联网金融主要凸显出来的问题之一。虽然在2015年和2016年相继颁布了一系列法规和管理办法来规范互联网金融业态的经营行为，但由于互联网金融尚属新生事物，并处在快速发展高峰期，法律法规和监管建设不可避免会滞后，加之个别法律法规文件也无力规范整个行业的多种行为，所以，某些互联网金融企业还是处在法律法规和监管的漏洞中。

互联网金融的法律法规风险可分为法律风险和政策风险。

法律风险指互联网金融企业的公司主体、经营规模、公司治理结构、劳资制度以及内控机制等存在缺陷，与现行法律法规相冲突而造成互联网金融企业遭受刑事、民事或行政处罚的可能性。

政策风险指由于出台新的关于互联网金融的法律法规，或是对原有法律法规作出重大修订，导致互联网金融企业的运营受到影响而造成相关主题产生损失的可能性。

（二）法律法规风险的业态表现

1. 第三方支付平台的法律法规风险

主要表现为网络洗钱和法律责任风险。

网络洗钱风险。由于有些平台未全面严格地落实实名制，导致不法分子通过第三方平台伪装成网络交易的买家从卖家获取商品，或通过第三方支付平台提供的不记名充值卡等工具将资产转化为虚拟资产，并用于支付和转账。这样，第三方支付平台无形中为洗钱行为创造了可能性。

法律责任风险。一旦发生用户资金支付失败、欺诈交易、道德风险等问题时，将涉及一系列法律责任的认定问题，比如，电子凭证的认定、网络合约效力、交易责任划分、网络纠纷诉讼等，又由于第三方支付平台为非公个体，难以保障处于纠纷中的消费者权益。

2. 互联网保险的法律法规风险

互联网保险产品过度创新、产品异化导致产品的费率厘定不符合公平性原则，偏离保险本质，抑或产品标的的损失难以准确计量，违反了偿付原则，从而导致产品设计与相关法律法规冲突。

部分互联网保险公司存在不规范经营现象，主要表现是为开拓市场份额和提高客户留存度，采用虚假信息夸大或隐瞒产品的某些信息，误导投保人。

一些不法机构和人员利用互联网平台伪装成保险公司或者互助保险平台进行非法集资活动，形成非法资金池。

第三节 互联网金融的特殊风险及事件

互联网金融企业不仅具有混业经营特征，而且依托互联网、大数据挖掘和分析信息技术等技术，这决定了互联网金融除了具有传统金融风险外，还具有特殊的金融风险。

这些特殊风险主要包括“长尾”风险、混业风险和信息技术风险。

一、“长尾”风险

（一）“长尾效应”

“长尾”风险的定义来源于经济学中的“长尾效应”。

“长尾效应”指那些原来未受到重视的销量小但种类多的产品或服务由于总量巨大，累积起来的总收益超过主流产品的现象。

从形态上看，正态曲线均值出的突起部分叫“头”，两侧相对平缓的部分叫“尾”，且两侧尾部相对较长。大多数需求会集中在头部，而分布在尾部的需求是个性化的、零散的小量需求。这部分差异化的，少量的需求会在需求曲线上形成一条长长的尾巴，因此所谓“长尾效应”就在于它的数量，将所有非流行的市场累加起来就会形成一个比流行市场还大的市场。

在互联网领域，“长尾效应”尤为显著。“长尾效应”的核心在于积少成多，这要求互联网金融企业通过平台战略整合处于尾部的小客户或冷门市场，使其增厚变长，形成足以与主体市场相抗衡的市场份额。互联网金融突破了交易在时间、空间和人际等方面的自然限制，极大地拓宽了交易的可能性范围，这会提高资金流动速度，减少低效无效资金的在途时间，降低差异化服务的成本，从而形成了对尾部市场份额的竞争优势。

随着互联网时代的到来，“二八定律”的优势地位逐渐被长尾理论所颠覆。互联网金融利用移动支付、大数据、云计算、社交网络和搜索引擎等互联网技术，在获取信息以及处理数据方面能力强大，这使信息传播速度更快，资源配置效率更高，有效降低了信息不对称程度，使逆向选择和道德风险发生的概率大大下降，降低了交易成本和搜索成本，且实现了投融资需求的自动匹配。

互联网金融使金融服务的对象由传统金融服务的20%的高端客户拓展到了数量庞大的中小微企业和低收入人群等80%的长尾客户，接近普惠金融目标的实现。

但也应当看到，金融的普惠性，不单纯是个技术问题，更主要的还是个制度问题。从目前的现实情况来看，要真正广泛系统地解决长尾问题，还任重道远。

（二）“长尾风险”的主要表现形式

金融问题往往是一把“双刃剑”。“长尾效应”给互联网金融带来利润的同时，也带来了风险。

1. 恶性竞争风险

为了抢占市场份额，超越平台经营利润的盈亏平衡点，互联网金融企业在长尾市场份额的竞争中可能采取恶性竞争手段，比如，提供部分免费服务，不合理定价，过分压价排挤竞争对手，产业链交易保护等。

一旦部分互联网金融平台因恶性竞争退出市场，将导致平台和客户发生损失，甚至造成系统性金融风险。

2. 企业垄断风险

互联网金融平台对“长尾”市场份额的竞争可能导致少数或极少数平台垄断长尾市场。这些垄断平台具有系统重要性特征，属于系统重要性机构，它们一般会依托庞大的客户群体对业务边界进行拓展，实现混业经营。

一旦垄断型平台发生风险，必然造成跨业务或跨市场传染，可能导致肌肉系统性风险的爆发。

3. “长尾客户”风险

处于尾部市场客户群体的金融知识和风险防范意识相对缺乏，对损失的承受能力也较弱，容易出现个体非理性或群体非理性行为。另外，在资金使用端，主要以小微企业和个体工商户以及个人为主，这部分群体本身具有较高的风险。

一旦发生经济下行或者风险事件，可能导致互联网金融企业使用的大数据模型失效，将导致低估违约率。

二、混业风险

（一）混业的主要表现形式

由于监管和相关法律法规的缺失，逐利的动机和目标将促使互联网金融平台在发展到一定阶段后，主动通过交叉金融产品，互联网金融控股公司和互联网综合金融服务平台等方式来实现混业经营。

1. 交叉金融产品

交叉金融指跨行业的金融业务，主要包括银证通、银行代销、组合理财投资、金融资产信托、证券投资基金等。

互联网交叉金融产品是最基本也是最常见的互联网金融混业模式。许多互联网金融平台推出的涉及第三方支付、协议存款、信托、互联网保险等多项互联网金融业态的理财产品就是典型的交叉金融产品。

2. 互联网金融控股公司

互联网金融控股公司是由大型互联网企业通过设立、兼并、收购等方式成立的，涉足多种互联网金融业态的企业。

我国的互联网金融控股公司可以划分为三类：第一，国务院批准成立的综合金融控股公司；第二，中央和地方管理的国有多元化控股公司；第三，由民营企业发展起来的金融控股公司，包括互联网金融控股公司。

3. 互联网综合金融服务平台

互联网综合金融服务平台主要由某一互联网金融平台及其平台业务的衍生金融产品构成。

例如，第三方支付平台可以利用基础支付功能聚集大量的客户群体，并凭借此资源优势以及平台与客户之间的支付链接进一步拓展出小额贷款、保理、担保等新的金融衍生业务。

这种以某一互联网金融业务平台为核心、多种互联网金融业态并存的综合金融平台模糊了传统金融机构的业务边界，对当前的监管方式来说，是一个巨大的挑战。

（二）混业风险的主要表现形式

1. 关联交易风险

这是互联网金融企业混业经营中所面临的最大风险。

混业经营的互联网金融企业在组织结构方面有较强的复杂性，导致不同业态之间的关联交易隐蔽性增强，投资者、债权人，甚至企业高层都不能清除了解公司内部各成员之间的授权关系和管理责任，从而无法判断和衡量公司的整体风险。

此外，部分非金融企业投资控股互联网金融企业后，存在滥用大股东权力的倾向，通过关联交易为其融资授信开设特权，变相挪用资金，损害企业和客户的利益。

2. 监管缺位风险

混业经营的互联网金融企业涉及多个互联网金融业态或市场，监管标准，监管方法的口径存在差异。

互联网金融企业很可能利用这种差异进行监管套利，这一方面拉长了互联网和金融的链条，形成行业交叉性金融风险；另一方面也削弱了微观审慎监管的效力。

3. 利益冲突风险

混业经营的互联网金融企业是具有跨业态、跨地区、跨平台、跨市场特征的互联网与金融业务的综合体，具有多种角色，如融资方、投资方、平台方、数据提供方、技术输出方等。

当互联网金融企业从事某一互联网金融业务时，有可能难以协调各平台方的利益，甚至损害其他金融平台的利益。这些利益冲突风险，包括互联网金融企业内部成员之间的利益冲突风险以及互联网金融企业内部成员与外部金融业务参与方的利益冲突风险。

4. 法律风险

混业经营的互联网金融企业面临两方面的法律风险。

第一，由于互联网金融企业在业务边界、身份认证、隐私保护等方面缺乏明晰的标准，部分产品和服务处于法律法规和监管的灰色地带，容易引发争议或碰触监管红线。

第二，互联网金融的业务流程相对简化、直接，缺乏对交易主体承担的义务、法律责任等的清晰界定，极易引发利益纠纷。

5. 技术风险

第一，当互联网金融企业通过信息技术将银行、证券、保险三个行业中的业务串联起来实现混业经营时，若业务链条中的某一点爆发风险时，或者软硬件出现故障时，都可能引发整个业务链条上的系统风险。

第二，在混业经营的互联网金融企业中，客户种类和数据场景相对复杂，从海量非结构化数据中过滤和捕捉非法数据的难度呈几何级增长，难以区分优质和劣质，合法与非法，导致分析结果不可靠。

三、信息技术风险

（一）信息技术的特征

信息技术风险是互联网金融所有业态都面临的风险。一旦发生信息技术风险，将可能通过互联网或互联网金融平台之间的链接引发系统性金融风险。

互联网金融信息技术风险主要是在信息技术对传统金融改造的过程中出现的，主要体现在以下三个方面。

1. 主体和技术虚拟化

在互联网环境中，不仅信息，就连货币、凭证等实物也将在互联网中进行虚拟化传递，且这种虚拟化是跨越市场和区域的。

此外，随着分布式计算和储存的发展，金融机构无须购买设备，通过租用云服务就可完成自身 IT 基础设施的建设。服务器、储存器和交换器的虚拟化，标志着技术层面的虚拟化。

2. 金融形态改变

信息技术的发展导致金融消费者的信息能力发生根本改变：消费者从孤陋寡闻到见多识广，从被动接受到积极参与。在这一过程中，消费者潜在金融需求的差异化和多样化倾向被激发出来，并推动了金融市场环境的改变。

同时，信息技术加速了数据信息在金融和其他行业之间的交互渗透，为数据挖掘和分析提供了工具，进而影响了金融形态。

3. 金融技术更新速度加快

互联网金融是建立在互联网大数据和云计算的框架上的。互联网金融的云计算（金融云）是利用云计算的模型构成原理，将各金融机构的信息系统架构转移到云；或者利用互联网实现数据中心互联互通，形成高效的数据共享机制；或者利用云计算服务提供商的云网络，将金融产品、新闻、服务发布到云网络中，提升企业整体效率，优化业务流程，降低运营成本，为客户提供更便捷的金融服务。

云计算、物联网等并行计算方式使金融业态突破了摩尔定律的限制，拓展了发展空间。互联网金融正处于快速更新和突破技术边界的扩张阶段。

（二）信息技术风险的主要表现形式

支撑互联网金融的大数据、云计算等新技术发展尚不成熟，云计算又是一个开放的环境，安全机制还不完善，因此，互联网新技术在带来金融创新的同时，也带来了新的风险。

1. 数据安全风险

主要体现在以下三个方面。

第一，互联网金融企业后台数据库的安全问题。大数据拥有庞大的数据库，一旦数据遭到窃取、泄露以及非法篡改，将对个人隐私、客户权益和人身安全构成威胁。

第二，数据传输安全问题。即互联网金融平台的数据在传输过程中的数据安全问题。

第三，数据容灾备份问题。大数据对数据的容灾机制要求较高，相当部分的互联网金融企业的数据库容灾功能还达不到要求。

2. 网络安全风险

一般而言，互联网金融交易平台需要在三个层面设置安全保障：安全环境检测、安全控件加载、用户账户口令认证。

当前，我国互联网金融平台的密钥管理与加密技术并不完善，互联网金融体系容易遭受计算机病毒以及网络黑客的攻击，可能会影响平台的正常运转，使消费者的资金安全和个人信息受到威胁。

3. 安全应急技术薄弱

互联网金融企业的安全故障恢复机制以及所需的安全保障技术储备有一定的局限性和薄弱性，不足以提供所需的安全响应支撑。

4. 新型的信息不对称风险

互联网金融平台难以明确和保证客户或项目信息的线上和线下一致性，也不能确保线上伦理与线下社会伦理的一致性，这将产生互联网金融中特有的新型信息不对称问题。

第四节　互联网金融风险案例

一、P2P 网贷操作风险——e 租宝事件

e 租宝是“钰诚系”下属的金易融（北京）网络科技有限公司运营的网络平台。在一年半的时间里，e 租宝平台利用广告炒作、广撒网推销等方式铺开业务，吸引了 90 多万实际投资人，诈骗资金超过 500 亿元人民币。2015 年 12 月 3 日，有消息称 e 租宝深圳宝安分公司被经侦突查，40 余人被带走。2015 年 12 月 8 日晚间开始，e 租宝的官方网站与 App 已无法打开。2016 年 1 月 11 日晚间，深圳市公安局经济犯罪侦查局官方微博发布消息称，深圳市公安机关已经对 e 租宝网络金融平台及其关联公司涉嫌非法吸收公众存款案件立案侦查，e 租宝的骗局浮出水面。

（一）企业背景

2013 年 3 月 15 日，丁氏家族正式成立安徽钰诚控股集团股份有限公司（以下简称钰诚集团），公司认缴注册资本为 50 亿元，实缴注册资本 1000 万元，法人代表为高俊俊。丁宁、丁甸、丁延柏、宋淑侠、高俊俊均为自然人股东。安徽钰诚控股集团股份有限公司宣称是以融资租赁主导的金融服务为核心，集高新技术制造业、现代服务业等为一体的综合性集团。e 租宝是钰诚控股集团股份有限公司于 2014 年 7 月成立的子公司、注册资本为 1 亿元，总部位于北京。平台主要提供以融资租赁债权交易为基础的互联网金融服务。据统计，钰诚集团发起设立的公司多达 15 家，其中 12 家公司的成立时间是在 e 租宝上线之后。

除了钰诚集团下丁氏家族主要成员掌控的数家公司外，丁氏家族还控制着多家关联公司。对于e租宝而言，如果缺少融资租赁的项目，就无法发布新标的募集资金。钰诚集团大肆收购小企业后进行增资或者新设立皮包公司，这些皮包公司作为融资租赁项目资产端的借款人，在e租宝平台上发布虚假借款标的，筹集资金。

（二）运作模式及产品

e租宝宣称自己采取全新的资产对个人（Asset to Peer，A2P）的经营模式，具体流程如下。

第一，承租人向融资租赁公司提出服务申请；

第二，融资租赁公司审核企业资质，审核通过后与承租人签订融资租赁合同；

第三，融资租赁公司向供货商购买设备直租给承租人或者以售后回租的形式购买承租人设备再租给承租人；

第四，在融资租赁公司获得融资租赁债权后将已有的融资租赁债权，向e租宝提出转让申请；

第五，e租宝对转让债权的风险进行审核，并设计出不同收益率的产品，在其网贷平台上发布项目信息进行销售；

第六，投资人通过e租宝对债权转让项目进行投资，融资租赁公司将债权转让给投资者，该项目的融资租赁债权转让过程即告完成；

第七，债权转让完成后，承租人通过e租宝平台向投资者定期还款，即承租人定期支付的租金，在租金支付完成后，承租人取得租赁设备的所有权；

第八，投资期满后，投资人收回本金和利息。

根据e租宝的宣传，在还款期间若发生违约，会有融资性担保公司对债权转让项目中的债权承担连带保证担保，全额保证投资人的本息安全；融资租赁公司对债权转让项目中的债权承担连带担保责任；保理公司承诺对债权转让项目中的债权无条件赎回，提高资产流动性，使投资者可以自由赎回资金。截至2016年12月18日，e租宝发布了3240个投资标的，有89.54万个投资者，共计313万次投资记录。

（三）风险疑点

第一，借款金额过度集中。2015年6月以前，e租宝发布的借款标的平均金额差别明显，平均利率上下波动，但是2015年6月之后，e租宝借款标的金额多分布在2500万元上下，平均利率稳定在12%左右，如此平均又集中的利率和金额分布不符合一般经济规律。

第二，利率期限结构反转。一般情况下，借款的期限与利率应成正比，即期限越长利率越高。对e租宝的借款项目数据进行加权平均后得到按期限分类的平均借款利率，不符合此规律，期限最长的借款标的的平均利率最低。

第三，流动性异常。将e租宝上线后到出事时间段内的借款标的按照流动性进行划分，并整合月度数据后发现，2015年3月之前，借款标的的流动性主要是以1型为主。2015年7月以后，e租宝开始进入快速发展阶段，期限短、赎回方式灵活的产品纷纷上线。2015年10月，流动性为0型和1型的借款标的在近一个月的时间内翻了一番，而0

型和 1 型的投资标的期限较短，赎回方式灵活。相较于大部分不可以随时支取的理财产品而言，e 租宝产品的高流动性确实很吸引投资者。尽管 e 租宝在产品推广时承诺可以随时支取，但是在实际操作中，部分产品提前支取时需要缴纳 2%的手续费，而且提现操作并不便捷。不过，e 租宝的广告宣传不时为投资者注射“强心剂”，有效降低了投资者的提现率。

（四）欺诈事实

第一，虚构融资项目。2015 年以后，P2P 网贷对接融资租赁的业务模式兴起，2015 年 10 月 P2P 网贷平台融资租赁贷款单月增加额达到历史最高位，其中 e 租宝的增加额占 80%以上，超过金融机构融资租赁贷款单月增加额。在宏观经济基本面不利的背景下，e 租宝贷款高速持续的增长能力引发多方质疑。

根据新华社的报道，丁宁也证实了 e 租宝虚构项目的事实。为了让 e 租宝有源源不断的新项目上线，丁宁曾经指使下属收购企业或者注册空壳公司，用融资金额的 1.5%到 2%购买企业信息填入准备好的合同，制作虚假项目在平台上发售。为了取得投资人的信任，e 租宝还采取了更改企业注册资本等方式为融资企业包装，这也是许多在 e 租宝平台上融资的企业都有融资前注册资本变更的原因。

第二，虚假担保。e 租宝为了让投资人消除投资资金安全的顾虑，设计多重担保机制，貌似是为投资者提供周密的资金安全保护，然而实际上承诺为 e 租宝提供融资租赁担保的三家担保公司可能因涉嫌超额担保和关联担保而无法履行担保义务。《融资性担保公司管理暂行办法》第二十八条规定：“融资性担保公司的融资性担保责任余额不得超过其净资产的 10 倍。”三家担保公司的最高担保额度加总后不足 50 亿元，这与 e 租宝 700 多亿元的累计交易额相差甚远，三家担保公司已经出现超额担保现象。

e 租宝宣称有保理公司承诺对债权转让项目中的债权无条件赎回，但实际上保理公司也受到钰诚集团的控制，增益国际保理（天津）有限公司的法人代表即为丁宁。为 e 租宝提供融资担保的三家担保公司和保理公司并没有起到分散或转移风险的作用，没有降低投资人的投资风险，投资人的资金安全难以得到保证。

第三，虚假宣传。e 租宝不惜成本，在各大知名媒体上进行广告宣传。特别是 2015 年 4 月后，更是斥巨资投入电视媒体，拉开了 e 租宝品牌推广的大戏。中金网资料显示，e 租宝在央视投放广告的费用为 3102 万元，在北京卫视的广告费用为 2454 万元，在江苏卫视的广告费用为 1440 万元，在东方卫视的广告费用为 1479 万元，在天津卫视的广告费用为 1440 万元，总计 9915 万元。如果再加上湖南卫视、浙江卫视、安徽卫视的广告费用，预计至少每家电视台广告费用为 1500 万元。e 租宝在电视媒体、财经媒体、户外媒体、网络媒体等，进行铺天盖地的广告宣传，借助知名媒体的公信力为其平台信用背书，误导不明真相的投资者陷入 e 租宝精心编织的“财富谎言”中。并且 e 租宝在线下还广泛设立分公司和代销公司，向老百姓提供推销服务，甚至直接帮助投资人开通网上银行、注册平台账户。在此强势宣传下，e 租宝仅用半年的时间就吸引了近 90 万的投资人。

二、股权众筹法律风险——中国股权众筹第一案

2015 年 9 月 15 日下午，北京市海淀区人民法院对“中国股权众筹第一案”做出公开宣判，原告飞度网络科技有限公司（“人人投”众筹平台）胜诉。至此，在全国范围内沸沸扬扬的“中国股权众筹第一案”告一段落。“中国股权众筹第一案”之所以引起广泛关注，一则因其是“全国首例涉筹案件”；二则因为当前国家法律对众筹服务的性质、定位、规范尚不完全明晰，在我国特有的体制下，此案的判决将具有一定指向性。

（一）案情概况

原告（反诉被告）：飞度网络科技有限公司

被告（反诉原告）：诺米多餐饮管理有限公司

原告系经营“人人投”股权众筹平台的公司主体，被告委托原告融资 88 万元以经营一家餐馆。融资成功后，原告认为被告提供的主要交易信息，即房屋权属存在权利瑕疵，信息披露不实，故依约解除了合同，并诉请法院判令：

第一，被告支付原告委托融资费 44000 元；

第二，被告支付原告违约金 44000 元；

第三，被告支付原告经济损失 19712 元。

三项合计 107712 元。被告就此提出反诉，认为原告恶意违约，融资主体超过法律规定的 50 人上限，融资成功后也未将融资款即时支付给被告，故反诉诉请：

第一，要求被反诉人返还 17.6 万元并支付相应利息（以 17.6 万元为基数，按照同期银行贷款基准利率自 2015 年 1 月 22 日起计算至被反诉人全部返还之日止）；

第二，判令赔偿反诉人损失 5 万元；

第三，要求被反诉人承担本案诉讼费。

（二）法院审理

海淀区人民法院在查明事实的基础上，认为案件的核心争议主要为两方面：一是涉案《委托融资服务协议》的法律效力和合同主体之间法律关系的具体界定；二是双方当事人是否存在违约以及应承担何种违约责任。

就第一项争议而言：第一，法院确认了《委托融资服务协议》的法律效力，依据应为现行法律、行政法规中关于效力性的强制规定，主要涉及我国《证券法》第十条中的规定。因本案中的投资人均为经过“人人投”众筹平台实名认证的会员，且人数未超过 200 人上限；结合中国人民银行等十部门出台的《关于促进互联网金融健康发展的指导意见》（以下简称《指导意见》）等规范性文件的精神，从鼓励创新的角度，法院认为案件所涉众筹融资交易不属于“公开发行证券”，其交易未违反上述《证券法》第十条的规定。

第二，我国目前还未出台专门针对众筹融资的行政法规和部门规章，涉及众筹融资行为的文件主要是《指导意见》、中国证券业协会发布的《场外证券业务备案管理办法》等，文件中也均未对本案所涉及的众筹交易行为予以禁止或给予否定性评价。

第三，飞度公司的主体资质方面，在其取得营业执照、电信与信息服务业务经营许

可证等手续的情况下开展业务，目前也无法律法规上的障碍。故法院最终认定案中《委托融资服务协议》有效。

第四，对于本案合同主体之间法律关系的具体界定问题。法院认为委托融资只是双方当事人整体交易的一部分，除项目展示、筹集资金等服务外，飞度公司还提供信息审核、风险防控以至于交易结构设计、交易过程监督等服务，其核心在于促成交易。从该角度分析，双方当事人之间的法律关系主要系居间合同关系。但法院同时说明，将当事人之间的关系界定为居间合同关系是基于对该案争议的相对概括，但众筹融资作为一种新型金融业态，众筹平台提供的服务以及功能仍在不断创新、变化和调整中，其具体法律关系也会随个案的具体案情而发生变化。

就第二项争议而言：法院认为，案中合同不能继续履行的源起为交易各方对融资项目经营用房的样态等问题产生的分歧。在案证据显示，飞度公司与投资人发现经营用房确系楼房而非平房后，飞度公司认为诺米多公司存在信息披露不实，具有相应依据。因上述问题涉及的房屋可能存在违建等隐患，此事项又直接关系到众多投资人的核心利益，在诺米多公司已明确承诺其提供的重要信息真实、准确、完整的情况下，投资人与飞度公司有权要求诺米多公司进一步提供信息。“人人投”平台对项目方融资信息的真实性实际负有相应审查义务，其严格掌握审查标准也是对投资人利益的保护。此时，诺米多公司提供的相关证件仍难以完全排除可能的交易风险，直接导致交易各方信任关系丧失。故飞度公司依据《委托融资服务协议》第 7.1 条解除合同，具有相应依据。纵观合同履行的全部过程，诺米多公司应就合同的不能履行承担更大的责任。

（三）法院判决结果

第一，被告北京诺米多餐饮管理有限责任公司于本判决生效之日起十日内付给原告北京飞度网络科技有限公司委托融资费用 25200 元、违约金 15000 元；

第二，反诉被告北京飞度网络科技有限公司于本判决生效之日起十日内返还反诉原告北京诺米多餐饮管理有限责任公司出资款 167200 元；

第三，驳回原告北京飞度网络科技有限公司其他诉讼请求；

第四，驳回反诉原告北京诺米多餐饮管理有限责任公司其他反诉请求。

（四）司法从业者意见

法院据此认定《委托融资服务协议》有效的理由值得商榷，《委托融资服务协议》效力的认定不适用《证券法》。法院认为，在法律层面，确认《委托融资服务协议》法律效力主要涉及我国《证券法》第十条的规定。然而，我国《证券法》第二条规定：“在中华人民共和国境内，股票、公司债券和国务院依法认定的其他证券的发行和交易，适用本法”。就本案而言，被告诺米多公司委托原告飞度公司在其运营的“人人投”平台上融资，无论是原告飞度公司，还是被告诺米多公司，均不是发行或交易股票、公司债券以及国务院依法认定的其他证券，故双方订立《委托融资服务协议》的行为不被《证券法》所调整。虽然，近期《证券法》修改时，学术界和实务界都希望将众筹这种创新模式纳入其中，但法律尚未修改前，不宜违反《证券法》总则。

第九章

互联网金融监管

HULIANWANG JINRONG JIANGUAN

第一节　互联网金融监管的必要性和原则性

一、互联网金融监管的必要性

互联网金融的快速发展引起社会的广泛关注。2014 年 3 月 5 日，李克强在政府工作报告中指出，“促进互联网金融健康发展”。互联网金融监管是“互联网金融健康发展”的前提。互联网金融在达到金融有效市场之前，仍会存在信息不对称和交易成本等大量非有效因素，使自由放任监管理念不适用。

第一，互联网金融中，个体行为可能非理性。比如，在 P2P 网络贷款中，投资者购买的实际是针对借款者个人的信用贷款。即使 P2P 平台能准确揭示借款者信用风险，并且投资足够分散，个人信用贷款仍属于高风险投资，投资者不一定能充分认识到投资失败对个人的影响。

第二，个体理性，不意味着集体理性（禹钟华、祁洞之，2013）。比如，在以余额宝为代表的“第三方支付+货币市场基金”合作产品中，投资者购买的是货币市场基金份额。投资者可以随时赎回自己的资金，但货币市场基金的头寸一般有较长期限，或者需要付出一定折扣才能在二级市场上卖掉。这里就存在期限错配和流动性转换问题。如果货币市场出现大幅波动，投资者为控制风险而赎回资金，从个体行为看，是完全理性的；但如果是大规模赎回，货币市场基金就会遭遇挤兑，从集体行为看，则是非理性的。

第三，市场纪律不一定能控制有害的风险承担行为。在我国，针对投资风险的各种隐性或显性担保大量存在（如隐性的存款保险、银行对柜台销售的理财产品的隐性承诺），老百姓也习惯了“刚性兑付”，风险定价机制在一定程度上是失效的。

第四，互联网金融机构若涉及大量用户，或者达到一定的资金规模，出问题时很难通过市场出清方式解决。如果该机构还涉及支付清算等基础业务，破产还可能损害金融系统的基础设施，构成系统性风险。如支付宝和余额宝涉及人数如此之多和业务规模如此之大，已经具有一定的系统重要性。

第五，互联网金融创新可能存在重大缺陷。比如，我国 P2P 网络贷款已经出现良莠不齐局面。部分 P2P 平台中，客户资金与平台资金没有有效隔离，出现了若干平台负责人卷款“跑路”事件；部分 P2P 平台营销激进，将高风险产品销售给不具有风险识别和承担能力的人群（比如退休老人）。

第六，互联网金融消费中可能存在欺诈和非理性行为，金融机构可能开发和推销风险过高的产品，消费者可能购买自己根本不了解的产品。比如，在金融产品的网络销售中，部分产品除了笼统披露预期收益率外，很少向投资者说明该收益率通过何种策略取得、有什么风险等。而部分消费者因为金融知识有限和习惯了“刚性兑付”，不一定清楚 P2P 网络贷款与存款、银行理财产品有什么不同。因此，对互联网金融，不能因为发展不成熟就采取自由放任的监管理念，应该以监管促发展，在一定的负面清单、底线思维和监管红线下，鼓励互联网金融创新。

互联网金融有两个突出风险特征，在监管中应注意。

第一，信息科技风险。信息科技风险在互联网金融中非常突出。比如，计算机病毒、电脑黑客攻击、支付不安全、网络金融诈骗、金融钓鱼网站、客户资料泄露、身份被非法盗用或篡改等。阎庆民（2013）提出，对于信息科技风险：(1) 按风险来源分为四类：自然原因导致的风险、信息系统风险、管理缺陷导致的风险、由人员有意或无意的违规操作引起的风险；(2) 按风险影响的对象分为三类：数据风险、运行平台风险、物理环境风险；(3) 按对组织的影响分为四类：安全风险、可用性风险、绩效风险、合规风险；(4) 主要监管手段包括：非现场监管、现场检查、风险评估与监管评级、前瞻性风险控制措施，也可以使用数理模型来计量信息技术风险（比如基于损失分布法的计量方法）。

第二，“长尾”风险。互联网金融因为拓展了交易可能性边界（谢平、邹传伟，2012），服务了大量不被传统金融覆盖的人群（“长尾”特征），具有不同于传统金融的风险特征。(1) 互联网金融服务人群的金融知识、风险识别和承担能力相对欠缺，属于金融领域的弱势群体，容易遭受误导、欺诈等不公正待遇。(2) 他们的投资额小而分散，作为个体投入精力监督互联网金融机构的成本远高于收益，所以“搭便车”问题更突出，从而针对互联网金融的市场纪律更容易失效。(3) 个体非理性和集体非理性更容易出现。(4) 一旦互联网金融出现风险，从涉及人数上衡量（涉及金额可能不大），对社会的负外部性更大。鉴于互联网金融的“长尾”风险，强制性的、以专业知识为基础的、持续的金融监管不可或缺，而对金融消费者的保护尤为重要。

二、互联网金融监管的原则

互联网金融的本质属性是金融属性，对互联网金融监管的基本原则是促进其服务实体经济的金融功能更加充分有效地发挥，保护其稳健、可持续发展。互联网金融需要加快与产业间的产融结合，面向实体经济真实需求，特别是融资需求进行创新和发展，在充分利用科技、信息等为实体经济服务的同时，促进自身良性发展。

按金融服务主体划分，互联网金融可以分为传统金融的互联网化、由互联网企业开展的金融业务、全新的互联网金融业务模式和金融支持的互联网化四种类型。从已有监管实践来看，对于传统金融业务的互联网化的监管按已有的监管框架进行，即根据传统金融行业进行监管。对于基于互联网平台开展的金融业务主要是指金融产品销售的互联网化，仍可以沿用原有的监管框架，对于互联网金融平台则主要通过发放销售牌照加以行业进入的控制。全新的互联网金融模式是监管挑战最大的业态，以 P2P 为例，很多欧美国家的监管仍沿用原有监管框架，但同时会综合运用证券、借贷、消费者保护等方面的法规；与之相反，众筹的监管则是采用了建立专门法律法规的方式进行监管，这种既有继承，也有创新，强调对每种业务本质分析后的差异化、个性化监管的思路和模式值得中国加以关注和参考。

通过规范业务保障行业的可持续发展是互联网金融监管的基本原则。互联网金融的发展适应了构建多元化融资渠道体系、多层次资本市场和完善金融市场体系的发展趋势，在提高居民和企业存量资金配置效率、促进直接融资体系的发展以及促进传统金融创新发展等方面，互联网金融也具有明显的推动作用。从监管上，鼓励互联网金融发展，同时引导市场主体防范技术风险、法律风险和金融风险，加强消费者保护和信息披露，是较为合理的举措。

通过发展互联网金融，建立和完善多层次金融市场和多元化融资体系，是满足经济发展和转型中的多元化融资需求和居民企业多元化、便捷化和低价化的金融服务需求的必然趋势。不能发生系统性风险是所有金融监管的底线，对互联网金融也一样。目前，互联网金融从总量上虽然还只是金融体系的一小部分，但互联网技术效应的“双刃剑”效应决定了其风险具有极强的内在关联性和空间传染性；此外，互联网金融带来普惠性的同时，由于互联网金融消费者往往是对金融风险认知能力、承受能力都偏弱的庞大人群，更容易形成系统性和区域性风险。因此，互联网金融监管绝不仅仅是防范互联网金融特定范围内的特定风险，而是需要关注和防范互联网金融的风险外溢效应，避免发生区域性和系统性风险。中国目前仍是以银行为主导的金融体系，但是互联网金融的风险可能作为一个触发机制或者是“蝴蝶效应”的起点，最终导致系统性风险。这是需要金融监管部门加强对互联网金融风险及其外溢效应的跟踪、研究及应对。

防范互联网金融业务的混业模式与互联网金融监管的分业模式之间的制度性错配，是互联网金融监管的重要原则。互联网金融的很多业务源于跨界和整合创新，综合混业经营的特征非常明显，这种混业经营在很大程度上也影响甚至催化了传统金融混业经营的趋势。例如，很多银行受余额宝的启发，也纷纷推出了理财销售平台服务，这实际上扩大了银行的混业经营边界；更重要的是，银行等金融机构因此而更加依赖短期资金市场，期限错配和管理压力大大增加。我国目前采用的仍然是分业监管模式，这就必然形成了监管对象与监管体系的不匹配，涉及多个分业领域的互联网金融产品无法用现有方式进行监管，从而形成监管缺陷和监管漏洞，形成互联网金融风险。

保护金融消费者是互联网金融监管的最终归宿和落脚点，这其中既包括金融消费者的信息安全，也包括其资金的安全和利益的保障。互联网金融通过实现金融脱媒的机制，一方面有效摆脱了银行服务的高门槛和高成本，另一方面失去了银行的专业和实力的保障，这会导致资金供求方之间委托代理问题或道德风险增加，只有通过更完善的、强制性的信息披露机制，包括信用信息的充分披露，才对金融消费者的利益实现更有效的保障。

第二节　我国互联网金融监管现状与体系建设

一、我国互联网金融监管发展历程

我国的互联网金融监管严格讲应该始于 2014 年，国务院办公厅于当年 1 月印发《关于加强影子银行监管有关问题的通知》，将互联网金融企业纳入影子银行序列进行监管。《通知》将我国影子银行主要分为三类：一是不持有金融牌照，全无监管的信用中介机构，包括新型网络金融公司、第三方理财机构等；二是不持有金融牌照，存在监管不足的信用中介机构，包括融资性担保公司、小额贷款公司等；三是机构持有金融牌照，但存在监管不足或规避监管的业务，包括货币市场基金、资产证券化、部分理财业务等。3 月的《政府工作报告》中提出，要促进互联网金融健康发展，完善金融监管协调机制，密切监测跨境资本流通，严守系统性和区域性金融风险。人民银行与银监会在 4 月联合发布《关于加强商业银行与第三方支付机构合作业务管理的通知》，对商业银行与第三方支付机构合作业务提出 20 条具体的规范措施。8 月，上海市颁布《关于促进本市互联网金融产业健康发展的若干意见》，成为我国首个地方政府促进互联网金融发展的政策文件。文件对互联网金融监管作出专章规定，并明确强化风险防控，引导规范发展的监管原则。12 月，保监会和证监会分别发布了《互联网保险业务监管暂行办法（征求意见稿）》和《私募股权众筹融资管理办法（试行）（征求意见稿）》，对互联网保险和私募股权众筹融资作出规范。可以说，这一年由于互联网金融的蓬勃发展，监管当局一方面希望通过互联网金融的发展，进一步增强金融市场的创新和活力；另一方面对于互联网金融可能带来的风险也有比较清醒的认识，特别是经过国际金融危机的洗礼，我国金融监管的防风险意识进一步增强，但是关于互联网金融比较系统的监管架构尚未完全形成。

2015 年 1 月，中国人民银行印发《关于做好个人征信业务准备工作的通知》，要求芝麻信用管理有限公司等 8 家机构严格按照《征信业管理条例》和《征信机构管理办法》，做好个人征信业务的准备工作。并强调指出培育社会征信机构，对于规范发展征信市场、服务实体经济具有积极意义。这标志着互联网金融的监管开始向纵深领域挺进。7 月，国务院颁布了《关于积极推进“互联网+”行动的指导意见》，要求促进互联网金融健康发展，全面提升互联网金融服务能力和普惠水平，鼓励互联网与银行、证券、保险、基金的融合创新，为大众提供丰富、安全、便捷的金融产品和服务，更好地满足不同层次实体经济的投融资需求，培育一批具有行业影响力的互联网金融创新型企业。同月，中国人民银行等十部门联合印发《关于促进互联网金融健康发展的指导意见》。这是迄今为止最为重要规范互联网金融监管的文件。意见明确了“谁审批、谁监管，谁主管、谁监管，根据业务实质实行‘穿透式’监管”的要求，明确了“依法监管、适度监管、分类监管、协同监管、创新监管”的原则，并具体划分了互联网支付、网络借贷、股权众筹融资、互联网基金销售、互联网保险、互联网信托和互联网消费金融等互联网金融主要业态的监管职责分工，落实了监管责任。由十部门联合发文也从一个侧面说明，我国互联网金融监管采取的还是分业监管思维，多个政府主管部门都或多或少涉及互联网金融的监管。8月，人民银行起草了《非银行支付机构网络支付业务管理办法（征求意见稿）》，明确支付机构基于银行卡为客户提供网络支付服务的，应当执行银行卡业务相关监管规定，以及银行卡行业规范。11月，互联网金融出现在“十三五”规划纲要中，置于“加快金融体制改革”章节下，原文为“规范发展互联网金融”，并于次年“两会”获得通过。这是互联网金融首次被写入国家五年规划纲要，这意味着互联网金融过去的发展得到了认可，未来地位将得到提升，也意味着国家对互联网金融的监管将更加规范严谨。12月，人民银行颁布了《非银行支付机构网络支付业务管理办法》，明确立足国内支付市场发展实际，根据支付机构的财务状况、经营能力、风险管控，特别是客户备付金管理等因素，确立分类监管指标体系，并持续组织开展支付机构分类监管工作。并根据支付机构分类评级情况，在业务监管标准、创新扶持力度、监管资源分配等方面情况，对支付机构实施差别化管理。可以说，这一年是互联网金融监管框架确立完善之年，互联网金融这种金融形态得到确认肯定，对其监管自然而然成为金融监管部门的题中应有之义。由于互联网金融形态众多，且不断发展变化，但对其监管的总体框架已经初步形成。

2016年3月，中国互联网金融协会牵头制定了《互联网金融信息披露规范（初稿）》。针对个体的网络贷款、互联网非公开股权融资及互联网消费金融从业机构的信息披露标准进行了单独要求，并对P2P平台的信息披露作出更严规定，要求详细披露公司信息、交易总额、交易总笔数等21项平台关键运营信息，同时还要对借款项目、借款人、借款机构的信息进行披露。同月，人民银行、银监会联合印发《关于加大对新消费领域金融支持的指导意见》，在鼓励发展消费金融市场的同时，要求维护金融消费者权益，优化信用环境。加强金融消费者教育，完善金融消费纠纷受理处理机制。建立消费领域新产品、新业态、新模式的信贷风险识别、预警和防范机制，提升风险防控能力。4月，国务院办公厅印发《互联网金融风险专项整治工作实施方案》，要求有关部门配合开展互联网金融领域专项整治，推动对民间融资借贷活动的规范和监管，最大限度地减少对社会稳定的影响。在实施方案中明确提出对于互联网金融各类创新业务，要及时研究制定相关政策要求和监管规则。在立足实践的前提下，研究解决互联网金融领域暴露出的金融监管体制不适应等问题，强化功能监管和综合监管，抓紧明确跨界、交叉型互联网金融产品的“穿透式”监管规则。同月，教育部和银监会联合发布《关于加强校园不良网络借贷风险防范和教育引导工作的通知》，要求加强校园不良网络借贷平台的监管和整治。5月，人民银行下发了《征信业务管理办法（草稿）》，对征信机构的信息采集、整理、保存、加工、对外提供、征信产品、异议和投诉以及信息安全等征信业务的各个环节作出规范。8月，银监会会同工信部、公安部、国家网信办等发布了《网络借贷信息中介机构业务活动管理暂行办法》，确立了网贷监管体制，明确了网贷监管各相关主体的责任，促进各方依法履职，加强沟通、协作，形成监管合力，增强监管效力，并对网贷业务管理和风险控制提出了具体要求。10月，人民银行、保监会、证监会和银监会联合针对互联网金融领域存在的乱象，发布了一系列专项整治方案，标志着互联网金融监管的进一步加强。这一年应该是互联网金融监管全面加强的一年，由于监管失之于宽以及对相对滞后，在一系列互联网金融风险事件爆发后，政府对互联网金融的监管迅速收紧，监管的强度进一步增大。2017年至今，互联网金融风险专项整治工作进一步深入，各地都采取了许多有针对性的举措，国家层面对于互联网金融监管的规范性文件不多，但监管力度进一步加强。2月，银监会发布《网络借贷资金存管业务指引》，对网络借贷资金存管业务的各方职责义务、业务操作规则等做出了明确的规定。7月，中央金融工作会议召开。不仅对互联网金融而且对我国金融监管进行了顶层设计，会议强调要以强化金融监管为重点，以防范系统性金融风险为底线，加快相关法律法规建设，完善金融机构法人治理结构，加强宏观审慎管理制度建设，加强功能监管，更加重视行为监管。并决定设立国务院金融稳定发展委员会，强化人民银行宏观审慎管理和系统性风险防范职责。提出地方政府要在坚持金融管理主要是中央事权的前提下，按照中央统一规则，强化属地风险处置责任。具体到互联网金融，则要求加强互联网金融监管。12月，中央经济工作会议提出要防范化解重大风险、精准脱贫、污染防治三大攻坚战，其中防范化解重大风险的重点就是防控金融风险。这直接决定了2018年互联网金融监管的基调，重点是做好重点领域风险防范和处置，坚决打击违法违规金融活动，加强薄弱环节监管制度建设。至此，我国关于互联网金融监管的基本脉络已经清楚，从制度框架构建到逐项规范完善，再到突出防范金融风险。由于我国是互联网金融发展最快的经济体之一，互联网金融监管与之相伴也呈现快速发展态势，同时也产生了一个问题，监管的总体性、协调性、前瞻性不足，短期内并不会产生多大困扰，但长期内如果不解决这个问题，必然会影响互联网金融健康发展。

二、互联网金融监管体系建设

互联网金融的发展与社会环境息息相关，这里不仅是指移动终端设备和互联网技术等硬环境，更是指互联网金融的健康发展对社会软环境提出了较高要求。从某种意义上讲，互联网金融的发展是技术、经济、理念等综合因素形成的社会进步发展在一定阶段的产物。互联网金融健康发展需要社会征信体系健全、消费者保护制度完善和相关法律法规执行到位。

第一，社会征信体系建设是互联网金融正常运行并有效实现功能的基础。通过互联网技术，每一个人的信用信息都被纳入整个社会的信用交易体系中。在绝大多数情况下，金融交易双方并不完全了解对方的状况，尤其是在P2P网络借贷和网络众筹模式中。一旦社会信用体系不能有效制约每一个人的行为，互联网金融平台就有可能被当作诈骗的工具，导致信用关系岌岌可危。

第二，完善的消费者利益保护制度是互联网金融正常运行的保障。互联网金融的长尾效应意味着其参与者的金融专业知识、风险识别能力、风险承受能力均比较弱，这就决定了参与者在互联网金融业务中的弱势地位；互联网金融服务企业的利益与参与者的利益并不完全一致，在制度设计上，就必须将消费者保护制度先于和重于互联网金融平台的利益，以确保消费者合法权利受到侵害时，消费者能够申诉并得到保护；同时，监管当局也需要保护消费者的合法知情权和个人信息的安全性。

第三，加强法律体系建设是互联网金融正常运行并实现金融功能的底线保障。互联网金融功能实现和正常运行是以社会信用体系为基础的，但社会信用体系对互联网金融运营机构或参与者形成的约束力不足，就需要通过法律来保护消费者的权益。互联网金融监管的法律体系包括立法、执法和司法三个方面。除保护消费者外，投资收益担保等各方面都具有风险性，只有建设完善的司法体系，才能有效解决各方面的纠纷问题。

第十章
国外互联网金融发展

GUOWAI HULIANWANG JINRONG FAZHAN

第一节 国外互联网金融发展状况

伴随互联网技术的出现和蓬勃发展，国外互联网金融应运而生。虽然西方欧美国家并无“互联网金融”的明确提法，但美国仍是互联网金融发展的“先驱”。尤其是20世纪90年代以来，发达国家和地区的互联网金融发展非常迅速，出现了从网络银行到网络保险，从第三方支付到个人理财，从网络证券交易到网络金融信息服务的全方位、多元化、多层次的互联网金融服务。

一、国外互联网金融发展历程

国外互联网金融的发展大体上分为20世纪90年代中期以前的起步发展时期、20世纪90年代中期至次贷危机前的蓬勃发展时期，以及次贷危机以来的稳步发展时期。

（一）20世纪90年代中期以前的起步发展

20世纪50年代，计算机开始在美国、日本的银行业务中出现。银行开始利用计算机辅助其业务的开展、办理，进行数据保存，财务集中处理等。这一阶段对计算机的使用简化了操作流程，实现了从手工操作向计算机处理的转变。但是因为信息技术还不够发达，每台计算机是独立的个体，不能进行联网操作，其功能主要是辅助银行进行业务操作和管理，提高业务效率，优化业务流程。

从20世纪60年代开始，计算机从脱机状态慢慢向联网状态发展，这个时期的银行实现了内部以及银行间的信息传递，存、贷、汇业务能够在内部进行管理，汇兑业务也因为有了联网信息的传递而能够在银行间快速地办理。信息技术的快速发展方便了客户，降低了银行的成本，使客户可以跨越空间方便地办理业务，银行广泛地运用通信技术创新发展，POS机、ATM就是在这个时期开始兴起的。

从20世纪70年代开始，在互联网通信技术的快速发展基础上，互联网金融从构想进入实际运营成为可能。1971年，美国创建了Nasdap系统。同时，发达国家银行也基本实现了业务处理和办公业务的电子化，各家银行之间相继完成了联网通信的业务交换工作，不同国家的不同银行之间也建立起了联网通信系统，形成了全球金融网络。电话银行是银行业务电子化之后，客户得到更高效服务的一个重要体现。电话银行主要提高了客户端的服务效率，具有接触速度快、接触成本低等特点，在20世纪80年代中后期得到迅速发展，成为银行服务客户的主要渠道之一。

随着信息化兴起，传统金融业务开始进入信息化体系和业务流程再造的过程中，到20世纪90年代时，互联网已成为金融业务内嵌式的软件框架，二者有机地融合起来，从而使美国甚至全球金融体系一体化进程大大提速，并形成了全球性的金融信息化和支付体系。1992年，美国第一家互联网经纪商E-Trade成立，由于其提供了比美国享有盛名的嘉信理财（Charles Schwab）等传统经纪商更为低廉的佣金费率，在成立后发展迅速并推动了整个证券经纪行业的信息化和网络化。但这个时期互联网金融的发展仍是以传统金融行业的电子化、信息化为主要特征。

（二）20世纪90年代中期至次贷危机爆发前的蓬勃发展时期

在金融电子化的基础上，1995年10月18日，美国的3家银行联合成立了美国安全第一网络银行SFNB（Security First Network Bank），是全球第一家无任何分支机构的“只有一个站点的银行”，其前台业务在网上进行，后台处理集中在一个地点进行。SFNB银行依靠业务处理速度快、服务质量高、存款利率高和业务范围广，在成立后的2~3年里最高拥有1260亿美元资产，位列美国第六大银行。由此开启了互联网金融发展的新纪元。

1998年，美国大型电子商务公司E-bay成立了互联网支付子公司PayPal，并于1999年完成了电子支付与货币市场基金的对接，从而开创了互联网货币市场基金的先例。到20世纪90年代末，美国已经基本形成了较为成熟的互联网金融模式和相对完整的产业链。

进入20世纪，互联网金融逐步呈现出越来越多的独立业态，基于互联网的支付、信用与资金融通业务开创性发展起来。2000年7月3日，西班牙Uno-E同爱尔兰互联网银行第一集团正式签约，成立Uno First Group，其跨洋重组的最终目标是建立全球最大的互联网金融服务体系。2001年，ArtistShare作为全球最早建立的众筹网站开始运营，被称为“众筹金融”的先锋。

2005年3月，全球第一家提供P2P金融信息服务的公司始于英国伦敦的一家名为Zopa的网站。2006年2月，美国第一家P2P借贷平台Prosper正式上线。2007年4月，美国最大的网络贷款平台Lending Club成立。P2P网络借贷模式在全球范围逐渐兴起，这一“点对点”的网络直接融资模式几乎实现了真正意义上的“去金融中介化”，并表现出了旺盛的生命力。

随着互联网行业的蓬勃发展，移动互联成为现实。它从真正意义上将银行推向了在任何时间、任何地点、以任何方式办理业务的可能。手机银行、网上银行等的兴起使客户足不出户就能办理众多的银行业务，满足客户方便、快捷的需求。这一阶段的创新突破了传统银行的经营模式，使银行业发生了革命性的变革。20 世纪 90 年代以来，美国的商业银行重点将外部集成服务与银行内部的信息技术处理相结合，对传统商业银行的流程进行改造和更新。信息技术成为贯穿银行内部所有部门的公共业务，银行的电子网络系统从银行延伸到企业、家庭和个人用户，形成了庞大、复杂、多样的电子网络系统。银行通过与专业的信息技术公司及软件提供商合作，专注于拓展服务市场和增加金融品种。

随着网上银行、网上证券、网上保险、网上理财等业务模式不断涌现。互联网支付、P2P 网络借贷、众筹融资、互联网银行、互联网证券以及互联网保险等各互联网金融业态得到蓬勃发展。

（三）次贷危机以来的稳步发展时期

2007 年，美国次贷危机爆发，并进一步引发全球性金融危机，世界经济发展受到了严重冲击。但是基于现代信息技术推动的互联网金融并没有因此停滞不前，而是进入了一个稳步发展时期。基于智能终端的普及，非传统支付发展较快，非金融企业利用互联网积极推进支付业务的网络化。比如，Facebook 的 Credits 支付系统、PayPal 的微支付系统 Digital Goods 系统、Square 公司的读卡系统以及星巴克（Starbucks）的移动支付程序等。美国三大移动运营商 Verizon，AT&T 和 T-Mobile 利用其话费账户也在积极切入支付领域。在虚拟货币方面，主要是在金融危机的影响下，全球进入了一个流动性宽松的新时代，传统货币的购买力日益消失。2009 年，作为“去中心化”的比特币的诞生带动了数字货币的全球发展。

二、国外互联网金融发展路径

从全球范围看，结合互联网高效性、规模化、普惠性的优势，实现金融资源更有效的配置已是大势所趋，但各国的发展路径略有不同，也就形成了不同的互联网金融特点。

（一）美国

美国的传统金融体系经过长期发展，产品和服务较为完善，而且金融机构自互联网诞生之初就开始了自发的信息化升级，金融的互联网化整体上巩固了传统金融机构的地位同时也推动了互联网金融的快速发展。但由于美国强大的传统金融体系，独立的互联网金融企业发展空间受到限制，只能在传统金融涉及不到的新领域里发展。典型的例子是 PayPal 于 1999 年推出的将余额存入货币市场基金的服务。PayPal 作为第三方支付平台，拥有一张支付牌照，在财政部注册，受联邦及州政府的两级反洗钱监管，其资金托管也受到 FDIC 的监管。在 2005—2007 年利率上行期间，该基金规模曾达到过 10 亿美元，但在 2008 年国际金融危机后，其流动性和保本两大优势纷纷丧失，2008 年后美联储降息至接近零，该产品最终在 2011 年退出市场。事实上，美国的货币市场基金在 1980—1986 年的利率市场化期间，迎来过爆炸式的扩张，而 20 世纪 90 年代其与互联网结合并未带来“第二春”，可见，货币市场基金长期是否繁荣并不在于营销渠道，而是主要取决于利率市场的格局。

（二）日本

日本是由网络公司主导互联网金融变革的典型。与美国不同，日本的互联网金融由网络企业主导，并形成了以日本最大的电子商务平台乐天为代表的，涵盖银行、保险、券商等全金融服务的互联网金融企业集团。乐天公司是于1997年成立的电子商务企业，它于2005年通过收购建立了乐天证券，开始打造互联网金融业务。利用其规模巨大的电商客户群，乐天证券建立当年就成为日本开户数第三位的券商。当前，该公司是稳居日本第二位的网络券商，主营业务涵盖股票、信托、债券、期货、外汇等。

由于其电商平台七成交易都是通过信用卡来支付，乐天2005年开始进入信用卡行业，利用其消费记录作为授信依据。2009年乐天又开办网络银行，目前乐天银行是日本最大的网络银行。2012年乐天金融共创造了1564亿日元的营业收入，占该集团总收入的30%。

（三）英国

英国是P2P网贷的发源地，全球第一家P2P公司Zopa网贷平台为不同风险水平的资金需求者匹配适合的资金借出方，而资金借出方以自身贷款利率参与竞标，利率低者胜出这一信贷模式凭借其高效便捷的操作方式和个性化的利率定价机制常常使借贷双方共同获益。Zopa因此而得到市场的广泛关注和认可，其模式迅速在世界各国复制和传播。2008年国际金融危机爆发后，主导信贷市场的大银行都提升了资本金充足率，对中小微企业的服务不足。在此背景下，英国P2P网贷以及众筹等互联网金融发展迅猛，为解决小微企业及个人创业者融资难题发挥了较大作用。

（四）法国

法国的互联网金融业以第三方支付、众筹、在线理财、网上交易所、小额信贷等服务类型为代表。在第三方支付方面PayPal在法国占据48%的市场份额，为此，法国巴黎银行、兴业银行和邮政银行三大银行于2013年9月共同研发了新型支付方式以争夺在线支付市场。在P2P网贷领域，法国仍处于起步阶段，有营利和非营利两种模式，其中非营利模式的代表是Babyloan用户可以选择感兴趣的项目或个人进行公益投资，贷款人不收取利息。在众筹方面，法国起步较晚，但发展很快，2013年法国境内通过众筹平台共筹集了8000亿欧元，相比2012年翻了一番。

（五）德国

德国的P2P网络借贷处于发展初期，目前该市场主要由Auxmoney和Smava两家公司垄断，它们均成立于2007年。德国的P2P公司普遍都不承担信用风险。在Auxmoney平台上，由贷款人承担所有风险；而在Smava平台上，贷款人可采用两种方式规避风险，一是委托Smava将不良贷款出售给专业收账公司，通常可收回15%~20%的本金，二是同类贷款人共同出资成立资金池来分担损失。第三方支付在德国发展较快，2011年德国网上支付金额占全国商品零售额的7%，其中31%的交易是借助第三方支付完成的。德国的众筹融资尚在起步阶段，规模几乎可以忽略不计。

（六）境外欠发达地区互联网金融发展

与创新往往集中于经济金融发达地区的一般规律不同，全球最常使用手机钱包的国家 3/4 在非洲，最成功的则属肯尼亚 M-PESA，由肯尼亚最大的移动运营商 Safaricom 于 2007 年 3 月推出，迄今用户数已达到 1700 万。M-PESA 最主要的服务是提供手机转账服务。发展至今，服务范围已扩展至支付、购物、手机充值、酒店预订以及和银行合作的各种产品如 M-KESHO、M-Shwari、M-PESA To BANK 等领域。

移动运营商所拥有的销售网络是实现 M—PESA 功能的重要基础，Safaricom 在肯尼亚的市场占有率超过 80%，在推出 M-PESA 时直接利用了已有的移动通信业务分销渠道。实践中，每家代理商大多有多个经销店，之后又引入了另两类代理商资源——加油站、超市等其他零售商、精选的部分银行和小微金融机构。

（七）印度的金融科技生态系统

印度是一个农业大国，其农村人口占总人口的 72%左右。要促进印度经济的快速发展，就要满足农村人口的现代金融服务。印度政府高度重视和扶持金融科技发展，实施了“数字印度”战略，推行“废钞运动”、使用数字身份证卡绑定金融服务等重大举措，着力构建金融科技生态系统，为农村互联网金融的发展供一个良好的发展平台。

印度政府于 2014 年 8 月推出了“普惠金融计划”，以低成本为低收入人群提供相应的信贷业务和金融产品，消除金融歧视，帮助更多的社会群体享受现代金融服务。同时，印度鼓励各金融机构不断创新，将信息通信技术与金融产品结合，为农村贫困人口提供便利的金融服务。

印度互联网金融公司 Paytm 的创始人 Vijay 及其团队发现印度贫富差距悬殊，印度很多平民没有机会使用金融服务，Paytm 希望做一个基于移动终端的工具，让平民有一个账户能够安放他们的财产，不再担心打零工时候会收到假钱，还能随时随地给家人转账，让金融普惠更多人。这一愿景和蚂蚁金服相同，使两家公司走到了一起。Paytm 和蚂蚁金服将用先进的互联网金融经验，进印度新农村建设，让更多印度的农户享受互联网金融带来的红利。

三、国外不同国家互联网金融产业的特点

（一）发达国家互联网金融产业发展更多地体现了“供给驱动”

互联网金融产业在欧美的发展更多体现了技术驱动型创新的特点。比如，作为互联网金融诞生地，20 世纪初美国互联网金融发端的根本原因是受当时互联网热潮的带动和影响，直接体现为信息技术作为一种全新的业务模式在金融业得到广泛应用，直接推动了证券业“三元”业务模式的形成和全球第一家网络银行的成立。在英国，具有开创性意义的互联网金融创新事件是来自几位学生成立的网贷平台，这一金融创新路径更多体现为先进理念的孕育和实施。供给驱动是发达国家互联网金融的原动力。

（二）发展中国家和地区互联网金融产业发展则具有明显的“需求拉动”特点

贫穷落后的肯尼亚成为全球手机银行最发达的地区之一，这一事实与金融创新的强者愈强的惯常逻辑大相径庭，却直接反映了互联网金融近年兴盛繁荣的直接诱因——正是相对欠发达的地区留下的金融服务空缺，从而给互联网金融利用信息技术低成本优势开拓市场提供了可能和空间。中国互联网金融的快速发展，特别是 P2P 网贷平台快速发

展的根本诱因便是一定数量的个人和小微企业尚无法在当前的金融体系中获得所需要的金融服务。

（三）准确的市场定位是互联网金融企业持续发展的核心竞争优势

在肯尼亚，互联网金融业务创新之所以呈现高速扩展态势，最重要的原因是市场定位准确。由于传统金融服务落后，银行网点极少且服务价格高，使用手机银行为家人和朋友汇款是很重要的金融服务需求，其快捷、安全、易用，不需银行账号等特点也显示出明显的获客优势，手机客户端采用 STK 技术，属于 GSM 的技术标准，安全系数较高，市售手机全部支持，既无技术障碍也无换机成本，用户所有操作基本都通过手机短信实现。美国、英国互联网金融的发展历经变迁成为专注于面向小微群体提供服务的特殊市场主体，也充分反映了这一点。

第二节　国外互联网金融业务模式

从全球范围看，互联网金融目前在欧美国家的主要模式大致分为 6 种：互联网支付、P2P 网络借贷、众筹融资、互联网银行、互联网证券以及互联网保险等。但由于在各国的发展路径略有不同，也就形成了不同的互联网金融发展模式。

一、互联网支付

互联网支付，也称第三方支付，是提供网络支付、预付卡发行预受理、银行卡收单及其他支付服务的非金融机构，是收款人和付款人之间的中介。它打破了传统支付方式的限制，不需要金融机构实体网点的支持，不受时间和地域的约束，使用户随时随地都能进行支付活动。

在全球范围内比较知名第三方支付企业有美国的 PayPal、Google Wallet，荷兰的 GlobalCollect，英国的 Worldpay 等。PayPal 是世界上最大的基于互联网的第三方支付公司，它是美国电子商务巨头 eBay 于 1998 年 12 月成立的子公司，总部在美国加州圣荷塞市。目前全球有超过 1 亿个注册账户。PayPal 的定位是跨国交易中最有效的支付工具。

案例分析：Square

Square 是 Twitter 联合创始人杰克·多西（Jack Dorsey）于 2009 年 12 月在美国旧金山市成立的移动支付创业公司，主要解决个人和企业的移动端支付问题。其两大业务体系为：Square reader 读卡器和 Pay with Square 便捷移动支付。

Square 的盈利模式简单明了。其最主要收入来源是向用户收取的交易服务费，目前为每笔交易额的 2.75%。2012 年初，其年交易量达 40 亿美元，实际营收超过 1 亿美元。主要成本在于：（1）交付给各银行的交易佣金；（2）Square 刷卡器硬件成本；（3）团队的开发和运营成本。

Square 提供的基础价值即“移动支付”本身，解决了商家和个人用户直接的资金交易问题；同时，Square 还提供了交易管理、消费者与商家间的交互、移动社交等与支付和日常生活息息相关的价值。

二、网络借贷

P2P 信贷（Peer-to-peer Lending）是互联网金融最大的亮点。P2P 网络借贷这一商业模式最早出现在英国。P2P 是计算机网络的一个概念，表示端对端信息交互在对等网络中实现，不用通过其他中介。P2P 信贷的主要特点包括：参与者广泛、门槛低，交易模式多变、交易方式灵活高效，风险高、收益高。2005 年以来，以 Zopa、Lending Club、Prosper 为代表的 P2P 借贷模式在欧美兴起并迅速在全世界推广开来。自 2006 年开始，我国国内 P2P 借贷平台陆续出现和发展。在短短的几年时间内，P2P 借贷获得了快速发展。

P2P 根据 GAO（美国政府责任办公室，Government Accountability Office）向美国国会提交的报告《人人贷——行业发展与新的监管挑战》提出，美国三大 P2P 公司 Prosper、Lending Club 和 Kiva 发展都非常迅速。截至 2011 年 3 月，Prosper 累计发放贷款 63000 笔，约 4.75 亿美元；Kiva 累计发放贷款 273000 笔，约 2 亿美元。同样，近年来英国的 P2P 行业也发展迅速。其中 Zopa“一家独大”，截至 2013 年 3 月，Zopa 一共发放贷款约合 4.4 亿美元，另外，市场上比较大的两家企业为 RateSetter 和 Finding Circle。

这种模式由于比银行贷款更加方便灵活，很快在全球范围内得到复制，比如德国的 Auxmoney、日本的 Aqush、韩国的 Popfunding、西班牙的 Comunitae、冰岛的 Uppspretta 和巴西的 Fairplace 等。

国外 P2P 网贷的经营模式在探索中前进。就其运营模式来看：Zopa 介入交易较多，通过制度设计来保障投资人利益，主要是强制借款人每月还款、负责坏账追讨；Prosper 则是典型的市场化借贷中介平台，在此投资人和借款人完全是自主交易，它介入交易的程度比较小；Lending Club 相比之下也是介入交易程度较大的，主要表现在根据借款人信用评级规定不同的固定利率；Kiva 是为发展中国家的中小企业提供融资的非营利的公益借款平台。

案例分析：Lending Club

Lending Club 建立于 2006 年，是目前美国 P2P 网络借贷行业的先锋。Lending Club 为借款人提供网贷平台并让其获得贷款，投资者购买由贷款偿付支持的债券。其在美国证监会注册登记，提供二级市场贷款交易。

作为借款者和投资者的中介，Lending Club 首先对借款人进行信用等级评定，再根据信用和借款期限确定贷款利率，最后将审核后的贷款需求放到网站上供投资者浏览和选择，内容包括贷款总额、利率和客户评级。投资者在网站注册后，根据自己的偏好选择投资对象，并自行决定分配给每个借款方的金额，每笔金额不低于 25 美元。而投资者跟借款人之间没有直接的资金往来，而是购买平台发行的与借款者的贷款相对应的受益权凭证，因此双方没有直接债权债务关系，相当于一个贷款资产证券化的过程。在投资者确定了投资目标之后，通过指定的银行（WebBank）对借款人发放贷款，银行马上将贷款以凭证形式销售给 P2P 品该公司，获得投资者为获得受益权凭证而支付给平台的资金。

美国 Kiva 模式：非营利性公益平台

Kiva 成立于 2006 年 1 月，是美国境内主要的非营利性 P2P 贷款网站，主要面对的借款人是发展中国家收入非常低的企业。Kiva 的运作原理非常简单，主要基于同世界各地小额贷款机构的合作。想要在 Kiva 上获得贷款，借款人首先需要先去当地的与 Kiva 有合作关系的小额贷款机构（MFI）申请贷款，这些小额贷款机构通过走访等形式审查后将资金贷给借款人，然后他们再将这些借款需求发给 Kiva，由其志愿编辑及翻译团队进行整理后发布在 Kiva 的官方网站上。每一个贴出的贷款请求会详细提供各企业家的简历、贷款理由和用途、从其他出借人处借贷的总金额、贷款时限（一般为 6~12 个月），以及贷款的潜在风险。网站根据偿还前期贷款的情况、经营时间和贷款总金额等项目把申请者分级。由于 Kiva 带有扶贫的性质，Kiva 采取的是“批量借款人+小额借贷”模式，即每位投资者仅出资 25 美元即可进行投资。在投资人选择完放贷对象，将资金转移给 Kiva 网站后，Kiva 使用 PayPal 将贷款转账给 Kiva 的当地合伙人。当地合伙人一般是发展中国家当地的小额金融服务机构（MFI），他们负责找寻、跟踪和管理企业，同时负责支付和收集小额贷款，最后将到期的贷款收集齐后返还给 Kiva，Kiva 再通过 PayPal 返还给出借人。

三、网络众筹

相较于第三方支付和 P2P 网贷平台而言，众筹这一网络融资模式兴起较晚，但发展迅猛。

众筹真正作为一种融资的商业模式则起源于美国。早在 2001 年，众筹的先锋平台 ArtistShare 公司诞生于美国。2006 年，美国学者迈克尔·萨利文致力于建立一个名为 Fundavlog 的融资平台，第一次使用“Crowdfunding”（众筹）一词解释了 Fundavlog 的核心理念。该平台允许发起人采用播放视频的方式在互联网上吸引潜在投资者进行项目融资。尽管该平台建设最终以失败而告终，但由此众筹进入了公众视野。2008 年，定位于综合类大众众筹平台的 Indiegogo 正式上线。2009 年 4 月，世界最负盛名、最大的众筹平台 Kickstarter 网站正式上线，并很快就为进入的创意项目成功募集到资金。由此，这种全新的融资模式引起了社会的广泛关注。

美国作为众筹模式的来源国，其众多的众筹平台相对成熟和多样。而在欧洲市场中，众筹与小微企业发展和重振市场密切相关。欧盟已将众筹纳入“2020 战略”，将之视作提升就业水平和欧洲企业发展的新型而重要的途径，必须大力推广和发展众筹平台，以实现欧盟到 2020 年的经济发展战略目标。众筹在欧洲各国发展迅速，不仅产生了多样的模式，而且规模也逐渐扩大，进入了监管者的视线，各国政府在鼓励众筹发展的同时，也需要应对各种潜在问题。

从近年来全球众筹的发展状况来看，主要呈现出以下特点：一是全球众筹平台蓬勃发展。根据我国前瞻产业研究院公布的统计数据，截至 2015 年，全球众筹融资规模达 1123.10 亿元，同比增长 82.8%。另有世界银行报告预测，2025 年众筹总额将突破 960 亿美元。二是商业模式多样化。众筹起初被广泛认知是因为回报型众筹的发展，但其后又出现了债权型众筹、股权型众筹、募捐型众筹等多种类型的模式，尤其是基于股权的众筹模式在快速增长，在欧洲的一些国家及澳大利亚等地发展迅速。随着分割方向的垂直化和行业化发展，如今众筹所覆盖的领域已延展到音乐、电影、图书、教育、医疗、科技、旅游、体育、计算机、房地产等越来越广泛的行业。三是监管逐步规范。在外部环境和内部制度的双重压力下，美国在 2011 年 1 月宣布开始“创业美国”计划，通过出台一系列改革措施，旨在鼓励和帮助小型公司的成长。2012 年 4 月，美国总统奥巴马签署 JOBS 法案，使股权众筹在权益众筹和公益众筹之后走向合法化，促进了众筹行业的大发展，并逐步从欧美蔓延到亚洲、中南美洲和非洲等地区。

回报型众筹（奖励众筹）是目前采用较多的众筹模式，投资者对项目或公司进行投资，一般在项目完成后会给予投资人一定形式的回馈品或纪念品，回馈品大多是项目完成后的产品，往往基于投资人对于项目产品的优惠券和预售优先权。回报型众筹的典型代表国外有 Kickstarter、Indiegogo 等。

捐赠型众筹的典型代表如 GoFundMe、创意鼓等。

进行股权众筹的融资公司，一般具有高新技术背景，市场成长空间较大，并且符合现代公司管理制度，自主拥有融资项目并能转让股权。但需要投资者注意的是，股权众筹企业投资回报周期较长，退出渠道相对狭窄，流动性不高，投资风险较大。国外的股权众筹的运营模式主要分为直接股权投资和基金间接股权两种。直接股权投资是指投资者通过股权众筹平台对筹资者发起的项目直接投入资金从而成为该项目原始股东的股权众筹方式。基金间接股权是指投资者对众筹平台发布的可投资项目的投资并不经过众筹平台，而是转入一家风投基金，由风投基金把投资者募集的资金注入项目公司的方式，投资者是项目公司的间接股东。

案例分析：

1. Kickstarter

成立于 2009 年 4 月，它是目前全球最大最成功的众筹平台。Kickstarter 早在 2010 年就实现了盈利，并且成功为诸如 Instagram、Nest 和 WhatsApp 这些初创企业的创始人提供了大量原始资金。

Kickstarter 的自我定位是“全球最大的创意项目融资平台”，是一个非股权类的综合性众筹平台。其众筹的项目分为艺术、漫画、舞蹈、设计、时尚、电影和视频、食物、游戏、音乐、摄影、出版、技术和剧院共计 13 类。

Kickstarter 的盈利模式非常清晰：它会从所有成功的项目募集的资金中收取 5%作为赢利，支付第三方 Amazon 公司则收取资金金额的 3%~5%。在筹资过程中，资金由第三方托管平台 Amazon 公司监管，在筹资成功结束后，Amazon 公司根据 Kickstarter 网站的指示向发起人拨款，并直接在款项中扣除佣金。但 Kickstarter 对网站上的项目不拥有任何权利，它只是提供一个平台。

值得关注的是，2015 年重组后更名为 Kickstarter 公益公司，Kickstarter 明确承诺每年捐出 5%的税后利润，一半用于在纽约市的低收入区进行儿童和青少年的艺术类培养活动；另一半资金将捐给 NGO，致力于消除不同人种和性别之间的不平等现象，为受到歧视的人群提供更多成功的机会。截至2016年2月7日，Kickstarter完成了第10万个项目的成功众筹。细数Kickstarter上的这些项目，你会发现许多都不仅仅为了赚钱。它们有歌曲、绘画、雕塑、纪录片、公益活动、科学研究，它们甚至获得过格莱美和奥斯卡奖。

2. Indiegogo的运作模式

Indiegogo成立于2008年，当时主要针对电影项目，目标是成为大型而多元的投资公司。有特定的服务对象，Indiegogo不希望限定他们的客户类型，它从多元化的融资方式中获得了商机。CEO Slava Rubin表示："从肝脏移植、购买新专辑或者开饭馆，我们都可以为客户满足资金的需求。"

Indiegogo的服务费用收取有两种模式：固定的和灵活的。选择前者，则只有在项目达到筹资目标时平台才会收取4%的服务费用，但如果没有达到筹资目标，则已筹得的款项会被退还给供款人；选择后者的话，如果项目达到筹资目标，同样收取4%的费用，如果没有达到目标，会收取9%的费用，但是筹款人可以保留筹得的钱。灵活模式的目的是鼓励大家设置更合理的筹资目标，并且尽力去推广项目。此外，还特别为非盈利项目提供25%的折扣。

2016年，Indiegogo上线了企业众筹服务（Enterprise Crowdfunding）针对的不再是初创公司，而是通用电气（GE）、孩之宝（Hasbro）这样的世界500强公司。对于这些公司来说，筹集资金当然不是它们的目的。如果和初创公司相比，500强每年都有巨额的资金来支持研发新产品。实际上，它们的困扰是，实验室中的新项目和点子太多了，有时候会不知道该真正量产哪些。如果量产的产品遭遇市场冷落，公司将面临巨大的损失。众筹则是一个测试消费者意愿的好方法。有人愿意花时间关注，甚至直接付款支持足以显示新产品的受欢迎程度。和其他众筹项目一样，它从筹集的资金中抽取5%作为佣金，它也会给这些客户提供诸如挑选项目、优化文字描述和视频等服务。

3. GoFundMe的运作模式

GoFundMe成立于于2010年。GoFundMe的目标是建成一个为个人需求、个人活动或是个人目标提供众筹募资服务的平台，它的服务范围十分广泛，例如，为患病的亲友募捐，为一场体面的葬礼募捐，为社区的橄榄球队募捐，或是为一场旅行募捐等。GoFundMe将项目分为21个大类，包括重大灾难、医疗、志愿者、紧急事项、教育、纪念、体育、动物、生意、慈善、社区、竞赛、创意、节日、信仰家庭、重大新闻、婚嫁、旅行、心愿和其他等。GoFundMe有约17%为医疗众筹项目，11%为筹集学费项目，10%为筹集旅行费用项目。

4. Funders Club的运营模式

股权众筹平台Funders Club是美国JOBS法案的产物，于2012年8月建立。它挑出那些有潜力的创业公司，供人们通过网络对它们进行投资，并获得真正的股权作为回报。如果某家创业公司被收购或者成功IPO，投资者可以将股权变现。由于只有创业公司获得成功Funders Club才能赚钱，因此它会花大力气去挑选最好的创业公司。因此，Funders Club从根本上讲是一个用来吸引投资者的孵化层机构。据Funders Club网站披露，在其第一个3.5年期间，其资助和支持以及超过150个创业公司。Funders Club严格筛选一批“高客户增长、钱途乐观、受投资者追捧和其他增长信号”的初创公司，供“合格的投资者”挑选，这些“合格的投资者”必须具备年收入超过20万美元或者净资产超过100万美元身价。这些投资者通过查询了解公司情况后，挑选他们认为值得投资的公司，投资额度最小为1000美元，并获得真正的股权作为回报。潜在的投资者也可以看到初创项目的目标和当前已经参与投资的风投机构和天使投资人。这些初创公司的融资目标从几万美元到100万美元不等，待这些公司被收购或者上市，投资者可以将股权变现获取回报。

Funders Club不收取“合格投资者”会员费，同时免费其评估潜在的投资机会，其盈利主要源于对于初创企业的增值服务。主要包括：一是为企业融资收取的费用及部分混合基金管理费用。例如，Funders Club并不直接经手资金，取而代之是为一家风投基金进行融资，然后再注入初创公司（Amazon Payment则是整个交易过程中最重要的资金托管和交易平台）。捐助者的钱会全部进入Amazon Payment，融资者也只有通过Amazon Payment才能把钱转进自己的账户。Amazon会依照交易额的大小收取3%~5%的交易费用。对于每个Funders Club基金来说，这些钱都保存在单独的托管账户内。二是Founder Club推出的更多的增值服务，来帮助投资人与初创公司。比如，Funders Club Bundles服务可以让投资者进行选择组合性投资，问答服务可以让投资者向创业者获取更多的信息，人工服务热线可以让投资者进一步了解平台的运作，举办活动让投资人和创业者之间面对面交流等。

四、互联网银行

互联网银行通常指纯线上的直营银行，这些银行一般不通过传统的营业网点和柜台服务，而是通过电话、信件和ATM，以及后来通过互联网和移动终端来提供银行的服务。

互联网银行最早出现于20世纪80年代的欧美国家。由于在互联网技术的发展和应用方面的优势，美国的互联网银行渐渐脱颖而出，数量也最为集中，基本代表了互联网银行的发展状况和趋势。人们普遍将1995年10月美国SFNB的成立作为互联网银行诞生的标志。

案例分析：ING Direct USA

ING Direct USA是荷兰ING集团为了拓展美国的零售银行业务设立的子公司，后来因ING集团全球业务收缩，2012年ING集团将ING Direct USA以总计90亿美元（62亿美元的现金与价值28亿美元的5590万股股票）的价格，出售给了美国最前十大银行之一的Capital One。

ING Direct USA有两个特点：一是目标客户群明确。他们对客户群的定位是熟悉互联网、受到良好教育、收入水平良好、对存款利率敏感、对于价格敏感的客户。他们并不太富有，也不需要太多的金融服务，这类消费群体规模庞大，他们最希望享受的是：较高的储蓄回报和尽可能节省时间的交易过程。二是“薄利多销”的经营策略，主要表现为高息吸存，低息放贷。互联网直营银行相对传统银行有其天然的竞争优势，没有分支机构，无须承担大量的员工支出，以较少的运营支出即可维持良好的经营。因此，ING Direct USA 有能力为客户支付较高的存款利息，同时以较低的利率向客户发放贷款。

ING Direct USA 在产品方面的策略主要有四个：一是针对直销渠道提供有限的产品选择，从而使有限的产品选择集中在储蓄产品和部分贷款产品，客户易于尝试；二是通过关联，即时从活期账户中获取资金；三是专注于简化的“自助”银行产品，可由消费者独立管理；四是没有最低存款额度要求，消除客户对存款最低金额的担心。

五、互联网证券

伴随互联网的兴起和广泛运用，国外网络证券在自 20 世纪 90 年代以后开始了飞速发展。线上开户数量呈现出巨大增长，线上交易量占整个交易量的比重也在不断上升。不同的客户基础和发展策略决定了互联网与证券行业融合产生的 4 种经营模式。一是纯网络券商，定位低端客户，提供最低佣金，采用这种模式的券商有 Ameritrade 等公司；二是线上线下结合，定位中低端，收取佣金较低，提供一定的资产管理产品，采用这种模式的券商有嘉信理财、富达投资等；三是线下为主、线上为辅，定位高端和机构投资者，收取的佣金较高，提供高质量的综合化金融服务，采用这种模式的券商主要有美林证券、摩根士丹利等；四是创新型互联网券商模式。这些互联网券商历史并不悠久，也没有庞大的实体资产。但是在互联网金融的趋势下，仍然具有独特的价值和魅力。这些小而美的网络券商不会照顾到市场上所有投资者的行为及偏好，公司的成立往往是针对某一类细分市场提供更加贴近需求的创新型服务。以 LightSpeed 为例，该公司成立于 2006 年，其鲜明的特色为其采用的 DMA 技术，这项技术使客户的交易指令不需要经过中间商直接传至交易所，从而其交易速度远快于其他交易平台。LightSpeed 专注的细分市场特点明确：专业的投资者，LightSpeed 收取极低的佣金费用，这种“薄利多销”的行为依旧可以为 LightSpeed 创造出大量的盈利。其他创新型网络券商还包括 Motif Investing、Loyal3 和 TradeKing 等。

美国是开展网络证券交易最早的国家，也是网络证券交易经纪业务最为发达的国家。美国网上证券业务是伴随互联网的普及和信息时代的到来而迅速崛起的。网上证券交易，主要包括网上开户、网上交易、网上资金收付、网上销户四个环节。美林证券（Merrill Lynch）、嘉信理财（Charles Schwab）和 E-TRADE 是美国券商当中非常有特点的三家，它们各自有着不同的个性鲜明且都取得成功的经营模式。

案例分析：E-TRADE

E-TRADE 于 1992 年创立后不久，就赶上了美国第二波佣金降价潮，并成为美国佣金价格战的先驱。在客户黏性上，E-TRADE 一直是美国点击率最高的券商之一，领先其竞争对手嘉信理财的两倍以上。其特点是：以网站为中心的营销体系；全方位零售网点的拓展；丰富的信息咨询内容。

总体来讲，E-TRADE 作为纯粹网络证券经纪公司的杰出代表，最主要的竞争优势还是在于较强的技术开发能力，便捷的网上交易通道。由于未设立实体营业网点，因而成本较低。同时，还以折扣方式吸引价格敏感且服务要求不高的客户。E-TRADE 仅提供纯低端通道服务，客户所有交易均在网上进行，平均每笔佣金约 10 美元。

六、互联网保险

由于网络技术方面的领先地位和优越的市场经济环境，美国、欧洲等国家的网络保险在 20 世纪 90 年代中期就开始出现网络保险，多数保险公司都已发展网上经营。网络保险主流模式有代理模式和网上直销模式两种。代理模式主要通过和保险公司形成紧密合作关系，实现网络保险交易并获得规模经济效益，优点在于其庞大的网络辐射能力可以获得大批潜在客户；网上直销模式则更有助于直接提升企业的形象，能够帮助保险公司开拓新的营销渠道和客户服务方式。而具有目前最大保险公司、保险集团的欧洲，更多的是采用网上直销模式。Fianaccord 调查数据显示，英国、德国、法国、意大利、波兰、西班牙 6 国客户通过互联网平台购买家财险或车险的比例从 2008 年的 35. 4%提升至 2012 年的 42. 3%，其中英国是欧洲网络保险最大的消费国。在 2012 年 69%的汽车和家庭财产保单是通过网上实现销售的。

由于在网络技术方面的领先地位和优越的市场经济环境，美国依然是发展互联网保险最早的国家，出现于 20 世纪 90 年代中期。在美国，多数保险公司都已发展网上经营，比较有影响力的主要有 InsWeb、Insure. com、Quicken、Quickquote、SelectQuote 等。

案例分析：InsWeb

InsWeb 于 1995 年 2 月在美国加利福尼亚州成立，是全球最大的保险超市网站之一。它是美国互联网保险代理模式的成功案例。

InsWeb 为消费者提供多家保险公司的保险产品报价，消费者可以比较各家保险公司的产品，进而做出购买决定。InsWeb 最初主要提供汽车险的网上报价，随后逐步拓展到定期寿险、住宅保险、健康保险等多种互联网保险产品。InsWeb 以通过出售保险产品而获取的佣金收入为主要营业收入。

2011 年下半年，InsWeb 被 Bankrate 收购，而后者于 2012 年又收购保险服务网站 InsuranceAgents，使之与 InsWeb 的 AgentInsider 系统整合，从而使 InsWeb 的服务更加强大。

七、互联网金融信息服务

Credit Karma 是“完全免费”的美国个人信用管理平台。

Credit Karma 于 2007 年成立于美国旧金山，是一家免费的个人信用管理平台。Credit Karma 从美国信用局 TransUnion 和 Equifax 获得信用数据，并为用户提供每周免费更新的信用分数、信用报告以及多种工具来帮助用户优化和监测信用分数。此外，Credit Karma 还向用户推荐一些如个人贷款、信用卡等的金融产品。截至 2016 年 9 月，Credit Karma 网站拥有超过 6000 万名用户，估值超过 35 亿美元。

Credit Karma 为用户提供的信用管理服务主要包括免费的信用监测、信用教育、金融工具。用户可以通过 Credit Karma 免费获得来自 TransUnion 的信用监测服务。用户可以通过信用监测服务有效地防范身份盗窃（ID Theft）现象的发生。

Credit Karma为用户提供了多种金融工具如信用分数模拟工具、购房能力计算器、债务偿还计算器、简单的贷款计算器、分期偿还计算器来帮助用户更好地管理信用分数、债务状况。

八、互联网金融服务形式

互联网金融从服务形式角度划分可以分为三种模式，即传统金融服务的互联网延伸、金融的互联网居间服务和互联网金融服务。传统金融服务的互联网延伸，是一种广义的互联网金融。它是借助互联网本身的便捷和广度实现传统金融机构在互联网上的服务延伸。电子银行、网上银行乃至手机银行、网上证券、网上保险、网上理财等都属于这类范畴，传统金融服务的互联网延伸业务渗透到了社会经济生活的各个方面。在这一模式下，传统金融服务从线下扩展到线上，在时间和空间上外延了银行等金融服务。从狭义的层面，互联网金融只包括金融的互联网居间服务和互联网金融服务。前者典型的应用模式有第三方支付平台、P2P信贷、网络众筹等，后者是网络形式的金融平台，包括网络小额贷款公司、互联网基金、保险销售平台等，这一模式多为电商向金融行业的渗透。

第三节 国外互联网金融监管

一、互联网金融风险隐患

互联网金融并没有改变金融的功能和本质，互联网金融的本质仍是金融，而金融的核心是风险经营和管理。由于互联网金融是传统金融业与现代互联网技术融合而产生的一种创新，因此除了具有传统金融业在经营过程中存在的流动性风险、信用风险、利率与汇率等风险之外，还存在技术、业务和法律等新型风险。由于采用了现代互联网技术的互联网金融在运行中，会放大传统的金融风险并产生新型的金融风险，因此，互联网金融在发展过程中面临比传统金融更大的风险考验和挑战。从国外互联网金融发展现状来看，其风险主要体现在以下四个方面。

（一）信息泄露

无论是个人还是企业，在互联网上申请融资，则需要提供身份证件、银行账号、营业执照、经营流水等信息。因此，互联网金融首要的风险是信息泄露风险。美国花旗银行、美洲银行、富国银行等商业银行对客户进行互联网业务满意度调查，其结果表明客户最关注的就是信息安全问题。

（二）身份识别问题

美国对于签字、认定数字签名与手写签名具有同等法律效力。但在互联网金融存在无法现场核对以及在网络传输中容易出现篡改、假冒等问题，使互联网金融成为经济犯罪的重要途径之一。

（三）有效监管问题

由于互联网金融存在无法实现现场监管的问题，因此出现问题时，责任认定与风险处置等都比传统金融更加困难，给监管带来巨大麻烦。监管缺位带来的风险隐患也不容忽视。如在非洲，已经出现了利用手机付款方式进行网络诈骗，抢注商标、以假乱真，借用政府采购之名实施诈骗，通过小额订单获取信任后，实施大额诈骗，以及非法汇款敲诈等风险隐患。

（四）技术系统失败问题

互联网金融除面临金融业的信用、流动性、市场和利率等风险外，还会因信息技术问题如订单系统、交易系统、支付与清算体系等，造成部分或整个系统的失效，都可能引发严重的金融风险。

二、国外互联网金融监管

国外互联网金融起步相对较早，传统金融的网络化程度较高，令监管部门非常重视互联网金融出现的问题，并随着经济发展的实际需求，不断调整互联网金融监管策略。由于国外成熟市场对各类传统金融业务的监管体制较为健全和完善，体系内各种法律法规之间互相配合协调，能大体涵盖接纳互联网金融新形式，不存在明显的监管空白。因此欧美国家基本都将互联网金融纳入现有监管框架，不改变基本的监管原则。

（一）网络银行的监管

目前网络银行大多是传统银行开展网上业务为主，纯网络银行的数量少、规模小，各国仍以原有的银行监管机构和监管范围为基础，但加大了监管机构之间、监管机构与其他政府部门之间的协调，以应对网络银行跨区域、跨国界发展业务和客户延伸引发的监管规则冲突。

美国的监管模式以现有立法为基础，根据网络银行的特点，通过补充新的法律法规，使原有的监管规则适用于网络电子环境。因此，在监管政策、执照申请、金融消费者保护等方面，美国对网络银行的监管与传统银行的要求十分类似，但在监管措施方面采取了审慎宽松政策，强调网络和交易安全，维护银行经营的稳健和对银行客户的保护，重视网络银行在降低成本、服务创新方面的作用，基本上不干预网络银行的发展。

欧盟的监管模式较为新颖，欧洲中央银行要求各成员国国内监管机构对网络银行采取一致性监管原则，并负责监督统一标准的实施，其监管的目标是提供一个清晰、透明的法律环境，坚持适度审慎和保护消费者的原则，监管重点集中在以下四个方面：（1）区域问题：包括银行间的合并与联合、跨境交易活动等。（2）安全问题：包括错误操作和数据处理产生的风险、网络被攻击风险等。（3）服务技术能力。（4）随着业务数量和范围扩大而增加的信誉和法律风险，包括不同的监管当局、法律体系可能造成的风险问题。

（二）网贷监管

英国是 P2P 网贷的发源地，其三大 P2P 网络借贷平台，即 Zopa、Funding Circle 和 Ratesetter。英国对 P2P 网络借贷行业监管主要包括以下几类。

（1）以《消费者信用贷款法》为依据，将 P2P 网络借贷界定为消费信贷，具体划入债务管理类消费信贷业务。

（2）实行统一监管。初期由公平贸易管理局和金融服务管理局共同监管，公平贸易管理局以消费信贷许可证制度严控 P2P 网络借贷平台的市场准入，金融服务管理局通过《金融服务补偿计划》保护贷款人的资金安全。

（3）从 2014 年 4 月起，英国金融监管局（Financial Conduct Authority，FCA）将 P2P 网络借贷机构纳入监管机构。P2P 小额贷款行业须遵守英国行业自律组织 P2P 金融协会制定的《P2P 网络借贷准则》。

美国并未制定专门针对 P2P 网络借贷行业监管的法律，主要是通过查找现有与 P2P 相关的法律，从中寻找有用的监管措施。P2P 网络借贷行业需受联邦政府和州政府双重监管。美国证券交易委员会以信息披露方式对 P2P 网络借贷行业进行监管，主要通过强制信息披露、反诈骗和其他相关责任来保护放款人利益。另外，美国联邦贸易委员会虽不是监管部门，但可对不在其权力豁免范围内并参与到第三方债务催收中的 P2P 网络借贷企业采取执法行动，即联邦贸易委员会承担 P2P 网络借贷行业的执法责任。美国也不断强化对金融消费者权益的保护和监管力度，尤其在国际金融危机后，专门成立消费者金融保护局具体负责对 P2P 网络借贷的金融消费权益进行保护和监管。

韩国对 P2P 网络借贷行业监管并未单独立法，而是基于现有的法律法规进行管制。一般是将 P2P 网络借贷公司与一般商品中介公司同等对待，均视为网络电商，并按网络电商中相关法律法规对 P2P 网络借贷公司进行监管。韩国 P2P 网络借贷行业监管的法律法规包括：《电信法》《消费者权益保护法》《电子商业基本法》《公平显示广告法》《促进信息通信网络利用及信息保护法》及其他有关消费者权益保护的法律法规。

欧盟与网络信贷相关的立法主要是消费者信贷、不公平商业操作和条件等方面的指引性文件，在具体监管上要求只有注册的信贷机构才有权通过网络发布信贷广告，并对网络信贷制定了比其他信贷形式更为严格的信息披露要求。

（三）第三方支付机构的监管

欧美等发达国家对第三方支付的监管指导思想逐步从“自律的放任自由”向“强制的监督管理”转变，先后制定了一系列有关电子支付、非银行金融机构和金融服务的法律法规，形成了与本国第三方支付发展相适应的监管模式。

美国对第三方支付实行功能监管，将第三方支付视为货币转移业务，把从事第三方支付的机构界定为非银行金融机构，监管机构涉及财政部通货监理署、美联储、联邦存款保险公司等多个部门，其监管的重点是交易过程而非从事第三方支付的机构。

欧盟针对电子货币及电子货币机构的监管专门制定了相应法律法规，2001 年颁布的《电子签名共同框架指引》，确认了电子签名的法律有效性和在欧盟的通用性。同年颁布的《电子货币指引》和《电子货币机构指引》，规定了第三方支付主体的营业执照问题，即非银行的电子支付服务商必须取得与金融部门有关的营业执照。2012 年 4 月，欧洲央行发布《关于互联网支付安全的建议》，针对互联网支付安全提出了 14 条建议，涵盖客户身份识别、交易监测与授权等内容。2013 年 7 月，欧盟委员会发布《支付服务指令管理规定（修订版）》，在加强支付领域消费者权益保护、加强支付机构监管、强化客户支付认证等方面提出政策措施。对网络信贷相关的立法主要是针对消费者信贷、不公平商业操作和条件的指引性文件，这些指引对信贷合同缔约前交易双方提供的信息（如包含所有可预见税费在内的信贷成本）及各方义务等进行了规定。

美国、欧盟两种模式在监管目标和手段上均具有较高的一致性。首先在监管目标上，强调促进和维护第三方支付手段和支付体系的高效和安全，保护消费者利益以及防范反洗钱风险，其次在监管手段上，对第三方支付机构设定了业务许可制度，对第三方支付机构的资金实力、财务状况、风险管理以及报告制度等均有具体的准入要求。在初始审批的基础上，实施过程监管和动态监管，确保第三方支付机构维持良好的经营和财务状况。

（四）众筹监管

2012 年 4 月 5 日，美国通过《促进初创企业融资法案》，允许小型企业通过众筹获得股权资本，美国成为第一个改变相关监管章程而让公民自由参与众筹融资的国家。具体包括：

（1）适当放开众筹融资。《促进初创企业融资法案》明确规定满足相关条件的众筹融资平台不必到联邦证券交易委员会注册，即可进行相关股权融资活动。

（2）对项目融资总规模进行限制。每一个项目通过网络平台募集，其融资规模每年不能超过 100 万美元。

（3）对投资人的融资规模进行限制。每一个项目可以有很多的投资人，但每一个投资人的融资规模有一定的限制。保护投资者的相关利益。要求筹资者在联邦证券交易委员会完成备案后，需及时向投资人和中介机构披露相关信息；不允许筹资者采用广告宣传的方式促进发行量的提升；对筹资者如何补偿促销者作出明确限制；筹资者必须向联邦证券交易委员会和投资者提交有关企业运行、财务状况等年度报告。

英国金融行为监管局（FCA）发布了《关于众筹平台和其他相似活动的规范行为征求意见报告》，对规范众筹业务提出了若干监管建议。2014 年 3 月 6 日，发布了《关于网络众筹和通过其他方式发行不易变现证券的监管规则》（以下简称《众筹监管规则》），并于 2014 年 4 月 1 日起正式施行。根据《众筹监管规则》将需要纳入监管的众筹分为两类：即 P2P 网络借贷型众筹（Crowd funding based on loan）和股权投资型众筹（Crowd funding based on investment），并且两者的监管标准也各不相同。从事以上两类业务的公司均需取得 FCA 的授权。

英国和意大利规定，期限在一年内且发行规模在 500 万欧元以下的融资产品无须公布募资的说明书；德国规定，期限在一年内且发行规模在 10 万欧元以下的融资产品无须公示募资的说明书。英国和德国均将股权式众筹融资认定为合法的融资模式。西班牙规定众筹必须受《工商行业监管法》的监管。英国和意大利对众筹融资模式的监管比较严格。其中，英国规定众筹的借贷模式和股权模式两者均要受金融行为监管局的授权才可开展经营活动，意大利则规定众筹的借贷模式必须受《综合银行法》及相关法律法规的监管。

加拿大没有设定全国性的众筹监管规则，而是由各州的监管机构负责监管，股权模式的众筹融资在安大略省（Ontario）已被合法化，并受安大略省证券委员会（OSC）的监管，但在加拿大其他省份仍属于违法的融资形式。

三、国外互联网金融监管经验

从国外互联网金融的监管模式，我们看到当前以欧美为代表的主要发达国家对互联网金融的监管已呈现出由宽松自由到加强规范的趋势，在具体实践上强化监管与支持创新并重，立足现有法律法规，对相关制度办法进行补充和完善，以适应互联网金融规范发展的需要。这既为互联网金融向深层次发展、跨领域经营预留了空间，也为互联网金融的稳健经营提供了有利的法制环境。

（一）各国普遍将互联网金融纳入现有金融业监管框架

大家普遍认为，互联网金融是传统金融业务信息化的产物，重在渠道的升级，而非产品与内涵的创新，因此互联网金融并未改变金融的本质，从功能上来看仍脱离不了支付、金融产品销售、融资、投资的范畴，既然作为金融业务，那么就理应接受监管。因此，国际上普遍的做法是，将互联网金融纳入现有监管框架，不改变基本的监管原则。例如，美国证监会对 P2P 贷款公司实行注册制管理，对信用登记、额度实施评估和管控。英国从 2014 年 4 月将 P2P 网贷、众筹等业务纳入金融行为监管局（FCA）的监管范畴，德国、法国则要求参与信贷业务的互联网金融机构需获得传统信贷机构牌照。

美国金融监管体制是以立法为核心的多部门按职责范围分工进行监管，包括全国性监管机构和各类州立的监管机构。其中，全国性监管机构主要有美联储、美国货币监理署（OCC）、财政部储蓄机构监管局（OTS）、联邦存款保险公司（FDIC）、全国信贷联盟协会（NCUA）和联邦金融机构检查委员会（FFIFC）等，这些监管机构以联邦监管法案为依据进行具体的职责划分，以保障监管的合法性和严密性。此外，美国对于不同的互联网金融业务，管理模式也不尽相同。除法定监管体系外，互联网金融行业在美国还受到一些银行集团、清算协会等自律性机构的管理，但这些管理仅针对协会会员，不具有强制性，且主要涉及行业标准、技术等领域。

（二）注重行为监管，根据业务的实际性质，归口相应部门进行监管

互联网金融业务交叉广、参与主体来源复杂，以往侧重市场准入的机构监管模式难以完全满足监管需求，因此国际上普遍做法是，针对不同类型的互联网金融业务，按照其业务行为的性质、功能和潜在影响，来确定相应的监管部门以及适用的监管规则。涉及谁的监管职责就由相应的监管机构负责，往往没有统一的主监管机构。美国第一网络银行（SFNB）、贝宝支付（PayPal）等就曾分别由银行和证券监管机构负责监管。美国、意大利、西班牙将互联网融资分为股权、借贷两种模式，分别由金融市场监管机构、银行监管机构实施监管。法国根据众筹机构是否同时从事支付和信贷发放，来确定负责监管支付行为的金融审慎监管局是否参与。

各国针对本国互联网金融发展的不同情况，采取了强度不等的外部监管措施。澳大利亚、英国等大多数国家采取轻监管方式，对互联网金融的硬性监管要求少，占用的监

管资源也相对有限。而美国证监会面对金融危机中公众对监管不作为的指责，认定 Prosper 出售的凭证属于证券，须接受其监管。监管手段主要是注册登记和强制性信息披露，以金融消费者和投资者的权益保护为重心。

（三）完善法律法规体系

在将互联网金融纳入现有监管体系的同时，世界各国也在根据形势发展，不断创新监管理念，针对互联网金融出现后可能出现的监管漏洞，通过立法、补充细则等手段，延伸和扩充现有监管法规体系。如美国，除《金融服务现代化法案》《多德—弗兰克华尔街改革和消费者保护法案》等规范传统金融业发展的法律外，为了适应互联网金融发展所需要的法律保障，2012 年 4 月，美国颁布了《工商初创企业推动法》（英文简称 JOBS 法案）。JOBS 的一系列改革措施旨在降低私人公司融资的规则限制，同时提高了私人公司成为公众公司、需要强制公开披露的门槛，并提出了新的众筹方案。该法案对以众筹模式等开展的融资活动的准入规则、投资者身份等不同层面的问题都做出了具体的规定，在一定程度上减轻了互联网金融发展的负担，避免了互联网金融从事借贷融资业务时可能触及的非法集资等法律风险。

美国、澳大利亚、意大利通过立法给予众筹合法地位，美国、法国已拟定众筹管理细则。英国 FCA 在正式接受互联网金融监管的同时，配套推出涵盖众筹、P2P 等产品的"一揽子"监管细则。加拿大计划启动了《反洗钱和恐怖活动资助法》修订工作，完善了打击利用网络虚拟货币从事洗钱和恐怖融资活动等内容。

（四）强调行业自律

在行政监管的同时，各国也在积极发展各类互联网金融的行业自律监管组织。国际上，很多行业协会通过制定行业标准、推动同业监督、规范引导行业发展。英国三大 P2P 平台就建立了全球第一家小额贷款行业协会，美、英、法等国积极推动成立众筹协会，制定自律规范。很多企业本身，也通过制定企业内部监管规定、规范交易手续、监控交易过程，实施自我监管。如澳大利亚众筹网站 ASSOB 注重筹资流程管理，为长期安全运行发挥了关键作用。

（五）完善征信体系，促进信息畅通

由于互联网金融各类业务模式大多依赖互联网技术和大数据优势，进行线上审核与交易，不需要面对面的交易，因此，信用体系建设就成为保障互联网金融的正常运行的核心环节。美国、英国利用三家市场化的征信公司建立了完整的征信体系，可提供准确的信用记录，实现机构与客户间对称、双向的信息获取，如美国 P2P 平台 Lending Club 与多家银行实现征信数据共享，将客户信用等级与系统中的信用评分挂钩。德国、法国则发挥政府主导征信体系的权威性和完备性，大大减小了市场的违约风险。

美国的信用体系早在互联网金融行业发展之前就已经建立，为互联网金融企业识别客户信用风险和提高放贷效率提供了大量原始的信用评价数据，进一步支撑了互联网金融行业的快速发展。英国作为 P2P 网贷发源地，还设置了客户资金管理与争议解决及补偿机制。

四、借鉴及建议

在借鉴国外同行业发展经验基础上，针对我国互联网金融行业发展，建议如下：

（一）注重行业立法

在将互联网金融纳入现有监管体系的同时，世界各国也在根据形势发展，不断创新监管理念，针对互联网金融出现后可能出现的监管漏洞，通过立法、补充细则等手段，延伸和扩充现有金融法律法规体系。美国 1999 年颁布的《金融服务现代化法》将第三方支付机构界定为非银行金融机构，规范了第三方支付机构行为。在 P2P 贷款方面，美国证监会规定，P2P 贷款属于直接融资的一种，根据 1933 年证券法 Sections5（a）and（b）的规定，禁止任何人在没有有效注册或获得豁免的情况下要约（提供）或出售证券。在众筹方面，2013 年 9 月 24 日，美国证监会的 JOBS 法案的 Title II 条例正式生效，私人企业现在可以在各种媒介以各种形式公开融资需求，并且可以向认证过的投资人筹集资金。欧盟为了加强互联网金融的监管，先后颁布了《电子签名共同框架指引》《电子货币指引》《电子货币机构指引》等具有针对性的法律法规。各国立法先行规范了参与者行为，维护了投资者的利益，保障了互联网金融行业的健康有序发展。我国要尽快建立与互联网金融相关的配套法律体系，包括互联网金融监管规则、交易者的身份认证、个人信息和隐私保护、互联网金融安全、电子合同有效性确认、集团诉讼制度、金融消费者权益保护、金融消费者教育和适当性原则、小额赔付制度、互联网金融犯罪、反洗钱等相关法律法规，完善互联网金融基础法律体系。

（二）创新互联网金融监管模式

针对互联网金融跨行业融合发展的特点，吸收工信部加入由中国人民银行、银保监会、外汇局等跨部门组成的工作协调小组，通过部际联席会议制度，联合研究制定互联网金融政策，加强与货币政策的协调，实现信息共享，跨市场监管协调，防范系统性风险。开展互联网金融监管的国际合作，保持与国际监管标准的一致，加强信息沟通与问题处理。不断创新监管模式，监管部门需要改变对传统金融企业监管模式，由事前监管改为备案监管，由对企业的前端监管改为事中监管和加强对投资者、消费者的保护。应通过“负面清单”和“红线边界”厘清互联网金融创新的底线、边界。取缔未经监管许可的互联网金融平台，建立互联网金融的行业统一数据平台。建立健全互联网金融消费纠纷解决机制，强化对金融消费者特别是互联网金融消费者的教育，引导消费者树立正确的投资理念，提高消费者的风险意识和自我保护能力。

（三）提高互联网金融企业经营门槛

对进入互联网金融的企业互联网安全、信息披露、高管任职等方面应设置一定的规范和标准，不再沿袭传统金融牌照制度的做法。由于互联网金融企业从事金融业务，其必须服从一定的金融秩序和监管规范，通过技术安全标准、高管任职资格、信息披露规范等建立现代公司治理结构、完善内控等手段来规范互联网金融企业的经营和风险控制。

（四）严厉打击违法犯罪行为

在精心呵护互联网金融创新精神和普惠性的同时，必须及时惩治各类金融违法犯罪行为。互联网金融行业发展良莠不齐，少数互联网企业运营中基本没有建立规范的数据采集和内部控制制度，而是披着互联网的外衣不持牌地做传统金融，有些平台甚至挑战了法律底线。如一部分P2P公司脱离了平台的居间功能，先以平台名义获取资金再进行资金支配甚至挪作他用，投资人与借款人也不直接接触，这实际上已经演变为非法集资的平台，背离了P2P贷款的初衷。为此，我们必须划清商业模式创新与违法犯罪行为的界限，依法严厉打击金融违法犯罪行为，推动互联网金融行业健康有序发展。

（五）加强信息披露，强化市场约束

信息披露国外发达金融市场的成功经验，是指互联网金融企业将其经营信息、财务信息、风险信息、管理信息等通过媒体公开告知客户、股东等。准确充分全面的信息披露，一是有助于提升互联网金融行业整体和单家企业的运营管理透明度，从而让市场参与者对互联网金融业务及其内在风险进行有效评估，发挥好市场的外部监督作用；二是有助于增强金融消费者和投资者的信任度，奠定互联网金融行业持续发展的基础；三是有助于避免监管机构因信息缺失、无从了解行业经营和风险状况，而出台过严的监管措施，抑制互联网金融发展。加强信息披露的落脚点是以行业自律为依托，建立互联网金融各细分行业的数据统计分析系统，并就信息披露的指标定义、内容、频率、范围等达成共识，形成规范。

（六）加强消费者教育和消费者保护

强化消费者保护是金融监管的一项重要目标，也是许多国家互联网金融监管的重点。要引导消费者厘清互联网金融业务与传统金融业务的区别，促进公众了解互联网金融产品的性质，提升风险意识。在此基础上，切实维护放贷人、借款人、支付人、投资人等金融消费者的合法权益。当前重点是加强客户信息保密，维护消费者信息安全，依法加大对侵害消费者各类权益行为的监管和打击力度。例如，针对第三方支付中消费者面临的交易欺诈、资金被盗、信息安全得不到保障等问题，有针对性地加强风险提示，及时采取强制性监管措施。

要做好农村、中老年人等重点人群的互联网金融普及宣传工作，建立电子商务责任追溯机制和诚信监管体系，规范企业网上交易行为，完善网络消费环境。建立网络信任治理长效机制，开展网络巡查，设立网上举报中心，及时发现和取缔“消费陷阱”、恶意软件、“钓鱼”网站和虚假信息。加快制定个人信息保护条例，加强个人信息保护，严厉打击非法买卖个人信息行为。

（七）加强行业自律

互联网金融创新速度快，很多产品形式仍在不断变化之中，现有的金融监管体系也一时无法做到全覆盖，大部分已经纳入监管的业务，也由于相关制度的不完善，也存在监管不到位的现象，因此更多地需要靠企业自律、行业自律来约束。相比于政府监管，行业自律的优势在于：作用范围和空间更大、效果更明显、自觉性更强。

除了法律和制度监管外，互联网金融健康发展还离不开行业自律，包括行业自律性组织及协议。我们需要充分发挥金融行业协会、互联网行业协会等行业协会的作用，倡议互联网金融行业从业者自觉遵守法律法规、自觉维护金融稳定、自觉防范管控风险和维护公共利益、自觉接受社会监督、自觉抵制恶性竞争，共同维护好行业利益。国家需要支持各类互联网金融行业协会、组织的发展。研究互联网金融行业发展规律，推动制订互联网金融行业发展规则和标准，引导行业健康规范发展。为此，行业领头的企业必须发挥主动性，尽快带头制定自律标准，建立行业内部自我约束机制，不应一味等待政府的强制性干预。互联网金融协会、小额贷款行业协会要在全行业树立合法合规经营意识，强化会员单位对各类风险的认识，提高风险放控能力，包括客户资金和信息安全风险、IT 风险、洗钱风险、流动性及兑付风险、法律风险等，通过制定企业内部的相关管理规定、规范交易手续和交易过程，实施自我监管。如澳大利亚众筹网站 ASSOB 注重筹资流程管理，为长期安全运行发挥了关键作用。

（八）加快征信体系建设

我国应尽快完善与互联网金融发展相配套的征信体系建设，将互联网金融平台产生的信用信息纳入央行征信系统范围，向互联网金融企业开放征信系统接口，通过系统对接搭建商业信用数据共享平台，为互联网金融主体提供征信支持，推动信用资信认证、信用等级评估和信用咨询服务等的发展，进而降低互联网金融产品的信用风险，提高金融市场资金的配置效率。参考美国的经验，出台《公平信用报告法》，明确相关机构获取个人信用报告需要遵守的原则和程序；充分发挥互联网金融的大数据优势，鼓励社会征信机构和 P2P 平台合作开展征信业务，完善和补充社会征信体系；提高失信成本，创建良好的信用环境。通过对个人征信体系的建设，促进行业健康发展。

第十一章 互联网金融发展趋势与展望

HULIANWANG JINRONG FAZHAN QUSHI YU ZHANWANG

第一节 互联网金融发展趋势

一、我国互联网金融发展趋势

我国的互联网金融经历了野蛮生长到调整再到规范整顿阶段。2013 年出现的余额宝，短短不到半年时间，投资人数与交易量远远超出了人们的想象。截至 2013 年底，余额宝的客户数已经达到 4303 万，规模为 1853 亿元。余额宝的快速发展使人们对互联网金融的发展前景充满了信心。之后，网络借贷、众筹、互联网理财等新型互联网金融业态呈现出井喷式的发展，尤其是网络借贷，并且出现了许多创新模式。

互联网金融快速发展的同时，问题与风险也不断出现。为了加强互联网金融监管，2015 年，李克强在《政府工作报告》中明确指出，要“促进互联网金融健康发展”；“十三五”规划提出“要加快金融体制改革，规范发展互联网金融”。2015 年 7 月 18 日，中国人民银行等 10 部门联合下发了《关于促进互联网金融健康发展的指导意见》（以下简称《指导意见》）。《指导意见》提出了鼓励创新、支持互联网金融稳步发展的政策措施，对互联网金融的监管分工和基本业务规则做出了具体规定，对规范互联网金融市场秩序提出了明确要求等。2015 年 12 月 28 日，为规范非银行支付机构网络支付业务，防范支付风险，保障当事人合法权益，中国人民银行制定了《非银行支付机构网络支付业务管理办法》。2016 年 8 月 17 日，银监会、工业和信息化部、公安部、国家互联网信息办公室四部门联合下发了《网络借贷信息中介业务活动管理暂行办法》（以下简称《办法》），《办法》明确了网贷业务的主要管理措施、规定了出借人和借款人的具体行为、客户资金实行银行业金融机构第三方存管制度及网贷平台信息披露制度等要求。在 2016 年 3 月的“两会”上，李克强提出要“规范发展互联网金融，大力发展普惠经济和绿色经济”，并将“规范发展互联网金融”列入2016年国家重点工作部分。2016年的《互联网金融风险专项整治工作实施方案》中也明确要鼓励和保护真正有价值的互联网金融创新。

我国互联网金融行业已经从门外的野蛮人跃升到中国搭建多元化、多层次金融市场的重要一环。互联网金融的市场定位主要在“小微”层面，具有“海量交易笔数，小微单笔金额”的特征，这种小额、快捷、便利的特征，有普惠金融的特点和促进包容性增长的功能，在小微金融领域具有突出的优势，一定程度上填补了传统金融覆盖面的空白。因此，互联网金融和传统金融相互促进、共同发展，既有竞争又有合作，两者都是我国多层次金融体系的有机组成部分。

（一）市场需求提升互联网金融的发展潜力

中小企业已经成为现代经济运行中不可缺少的重要组成部分，为国民经济的发展作出了巨大贡献。相关数据显示，全国中小微企业超过1200万户，中小微企业每年为国家提供50%的税收、60%的GDP、70%的专利、80%的城镇就业，由此可见中小微企业在国内的活跃程度。目前，我国大量的中小微企业及创业者都有旺盛的融资需求，小微企业融资难、融资贵依旧是亟待解决的难题。小微企业融资难属于比较普遍且难以解决的问题，其他国家也深受这一问题困扰。由于国内目前特殊的经济环境，小微企业数量一直在高速增长，这也导致小微企业融资需求的总量增大。同时，国内对于小微企业融资系统建立的时间相对较晚，融资渠道较少，也加剧了小微企业的融资难度。国内传统金融机构对中小微企业的金融服务相对较少，能快速获得融资的途径不多。究其原因，一方面，传统金融机构有大量大中型企业可以服务，且尚未饱和，因此无须专注为中小微企业服务；另一方面，中小微企业的稳定性、规范性有限，因此对传统机构而言，需花费更多的成本才能开展中小微企业融资业务。互联网金融是解决小微企业融资难的一个“利器”，能够满足企业融资、居民理财等市场需求。

（二）信息科技推动互联网金融不断创新

当前，我国互联网用户超过6亿人，互联网普及率为51.7%，客户群体庞大；移动化、大数据、云计算、智能设备、生物识别等技术迅猛发展，互联网基础设施不断完善，有力地支撑了互联网金融的发展。技术进步尤其是数字技术、大数字分析，提供了发展的可能性。移动终端可以帮助获客，降低了人工成本，在互联网金融的快速发展中，科技创新起到了很大的推动作用，主要体现在以下两个方面。

（1）移动互联网的发展降低了获客成本。移动互联网的普及提高了工作效率，并逐步实现了普惠金融。此前，每一次理财和借贷行为过程相对复杂，时间成本相对较高。当前，只需要打开手机，便可轻松理财，降低了交易成本。

（2）大数据技术的应用极大地解决了信息不对称问题。大数据技术的应用对风险管理来说十分重要。此前，对于用户信用风险的识别需要人工进行。目前来讲，通过对大数据的应用，可以很方便地了解用户的信用状况等信息，帮助解决风险定价的问题。

二、互联网金融生态化和专业化趋势明显

（一）互联网金融生态化发展格局凸显

所谓互联网金融生态化，就是将支付、基金、保险、银行、证券、信托、征信等多种金融业务进行整合，形成一个生态的价值服务的产品链条。目前，一些大型互联网金融机构由单一业态向综合化、多样化业态融合发展，形成一个涵盖完整金融消费产业链的综合化和一体化的金融服务平台。近年来，蚂蚁金服积极打造全产业链生态发展路径，其生态链已涵盖支付、银行、消费金融、众筹、网销保险、网络理财、供应链金融、金融云等众多领域。传统商业银行也在积极构建“互联网+”金融生态系统，如中国建设银行通过网上银行、手机银行、微信银行三大渠道，搭建起了包括“善融商务”“悦生活”“惠生活”三大平台。未来，互联网金融企业为打造生态化金融环境，将在申请新牌照或收购现有牌照方面下功夫。

（二）互联网金融专业化发展模式显著

未来互联网金融产品和金融服务将通过个性化、定制化的方式来提高金融服务的专业性。专业化发展主要是针对中小互联网金融机构，专注向某一个垂直细分领域（如P2P、征信、保险等）方向发展。随着整顿深入、监管加码及行业竞争的加剧，商业模式清晰、能够专注垂直细分领域的互联网金融企业将会凸显专业优势，在资产端挖掘、风险定价、逾期坏账控制、贷后管理方面展现良好的把控力。未来，可能会有更多的互联网金融企业考虑通过垂直化经营集中资源优势，深耕某一细分领域，提升平台实力。

三、移动互联网金融成为互联网金融的方向

移动互联网金融是传统金融行业与移动互联网相结合的新兴领域。移动互联网金融与传统金融服务业所采用的媒介不同，它采用的是以智能手机、平板电脑和无线POS机为代表的各类移动设备，通过上述移动互联网等工具，使传统金融业务具备透明度更强、参与度更高、协作性更好、中间成本更低、操作更便捷等一系列特征。

随着通信技术、互联网科技的发展和移动终端数量超过银行自助终端数，移动支付将逐渐取代传统支付。移动支付作为互联网领域和金融领域的革命性创新，在促进电子商务及零售市场的发展、满足消费者多样化支付需求方面正发挥着越来越重要的作用。据阿里云咨询网分析，截至2015年末，全球移动终端数量超过50亿，移动支付的交易总额较2014年的2400亿美元增长了近180%。《中国支付清算行业运行报告（2015）》数据显示，近年来，我国移动支付行业迅猛发展，业务规模实现爆发式增长，仅2014年一年就处理各类移动支付业务超过150亿笔、8万亿元，同比分别翻了近3倍和6倍。未来金融最高效的方式是在不同的场景产生不同的金融服务要求，而只有移动互联网才能满足这一点。从这个角度来看，移动互联网金融势将成为互联网金融的主流发展方向。

四、互联网金融趋向智能化方向发展

智能投顾（Robo-Advisor）的诞生很能说明这一问题。智能投顾又称“机器人理

财”“机器人投顾”，即利用大数据分析、量化模型及算法，根据投资者的个人收益和风险偏好提供相匹配的资产组合建议，并自动完成投资交易过程，再根据市场变化情况动态调整，让组合始终处于最优状态的财富管理服务。智能投顾的服务流程包括客户分析、构建投资组合、自动执行交易、动态调整组合、投资组合分析。

与依靠理财师、投资顾问实现的传统投顾服务相比，智能投顾具有多方面特点。一是大数据、人工智能。大数据和人工智能是智能投顾最核心的技术，也是能与传统投顾相比较的最大优势。用户行为大数据与金融交易大数据是机器学习的“养料”，它们驯化出来的人工智能是整个智能投顾的核心。二是门槛低、费率低。传统投顾只服务中高净值人群，而且每年收取的咨询费率昂贵，智能投顾则大大降低了投资门槛和费率，让投顾服务触达长尾市场。三是透明化、便捷化。智能投顾的投资组合完全公开，服务流程标准、简洁。

我国居民家庭财富稳步增长，中产阶级日益扩大，财富管理市场空间巨大，但投资集道稀缺，经过一轮 P2P 市场的洗礼，互联网理财开始广泛被接受并且流行，同时大众的风险意识也有所提高，年轻一代对互联网财富管理更加认同。在这个背景下，2014 年底，智能投顾概念开始引入我国，随后大量的科技创业企业开始出现，2015 年下半年以后，传统金融机构也开始大力布局智能投顾方向。

五、区块链技术带来数字货币发展

（一）数字货币

根据欧洲中央银行的定义，数字货币是由非中央银行、信用机构、电子货币机构发行并控制的，被某些特定虚拟社区使用或接受，可以作为货币替代物的数字表现。数字货币不同于电子货币，电子货币是法定货币的电子化，包括常见的银行卡、网络银行、电子现金等，严格来讲第三方支付也属于电子货币范畴，因为究其源头，这些货币形态都是中央银行发行的法币。数字货币虽然也是无形的，但是区别电子货币最显著的特征就是发行主体不同。因为发行主体不同，数字货币的流通体系与现有法币体系也有所不同，具体区别如表 11-1 所示。

表 11-1 数字货币与法定货币、电子货币的区别

分类	法定货币	电子货币		数字货币	
	主权货币	货币电子化	电子化货币	闭环内	闭环外
典型代表	人民币	网上银行	第三方支付	Q 币	比特币
发行主体	中央银行	中央银行	中央银行	企业	特定算法
流通体系	金融机构	金融机构	非金融机构	虚拟社区	互联网
接受范围	全球	全球	中国境内并向海外拓展	虚拟社区	互联网并向实体经济拓展
监管现状	严格监管	监管	监管不足	监管不足	无监管
与法币关系	—	法币电子化		非法币电子化	

数字货币体系主要包括以下四方面的关键要素：一是发明人。他们制定数字货币发行规则，开发相关技术标准，制定技术规则，维护数字货币体系稳定运行。二是发行机构。既可以是以某个机构（企业），甚至个人来集中发行，也可以由任何一个主体，按照确定的技术规则分散发行。三是存储机构。需要某个主体按照既定的规则，为数字货币提供存储服务。闭环内数字货币一般由发行机构为使用者提供一个类似数字钱包的服务。闭环外的数字货币，如比特币，则是采用分布式虚拟存储单元，只保存使用者的比特币地址和私钥信息，为所有者访问区块链上的账户信息提供通道。四是交易服务商。为数字货币在不同使用者之间转让提供服务。关于数字货币是否是货币这一问题，目前不少学者还有争论。从交易媒介来看，数字货币大多在特定虚拟社区被接受和使用，但是不少虚拟社区的规模已经超过了很多国家的人口数，比特币甚至突破了闭环使用范围，向现实经济拓展。从价值手段来看，数字货币可以为数据商品标价，也可以通过一定兑换规则为实物商品标价。从储藏手段来看，数字货币的价格波动较大，缺少法定货币的储藏特性，也不能因为存储而获得利息。总体而言，数字货币具备了一定的货币特征，但还不能成为广泛接受的货币。

（二）数字货币的发展历程

货币形态随着经济发展而不断发展演变。从原始经济阶段的物物交换，到商品经济阶段的一般等价物，再到以纸币为代表的信用货币。随着信息技术的发展，电子支付方式催生了电子货币形态。随着网络经济和虚拟经济的发展，数字货币逐渐出现。本质上说，数字货币是货币形态演变中一个新的部分。经济发展对货币形态提出新的需求，技术进步又为货币形态提供了创新的可能，正是在这两方面的共同作用下，数字货币形成并发展。数字货币从最初的萌芽到现在，已经有三十年的发展历程，大致可以分为两个阶段，第一阶段是初期探索，第二阶段以密码货币的兴起为代表。

数字货币的初期探索阶段始自 1982 年出现的 eCash。eCash 作为第一种数字货币，其出现主要是为了满足三个需求：第一，零售支付快捷方便的需求，特别是小额支付；第二，保护个人隐私的需求，即不必因为完成支付而向互联网提交个人信息；第三，金本位制崩溃后对现代货币体系的反思，如弗里德曼的单一货币规则、哈耶克的货币非国家化等。在 eCash 之后，还有 1996 年的 e-gold、1998 年的 B-money 和 2005 年的 Bitgold，前后经历了二十余年的探索，其背后核心的动力在于对隐私权的尊重和对自由货币的认可，虽然最终都没有成功，但是这些探索加速了货币形态由实物货币向数字货币演进的过程，仍然是数字货币历史上的一个重要里程碑，并具有深远的历史意义。eCash 以隐私为核心，为后来的大量创新和研究奠定了基础。数字货币的第二阶段以密码货币真正的兴起为代表的，以 2009 年比特币正式上线为开始的标志。2008 年国际金融危机后，美联储推出了量化宽松政策，居民财富大大缩水，货币非国家化理念再次被关注。在这样的背景下，以比特币为代表的去中心化密码货币兴起。2008 年由自称中本聪的人发布了比特币白皮书，比特币在 2009 年正式上线，这是第一个去中心化的数字货币。比特币使用区块链技术成功解决了探索阶段数字货币在安全性、去中心化方面的致命问题，但是随着比特币关注度的不断提高，其缺陷也逐渐暴露，包括交易速度慢、通缩倾向、安全性、隐私泄露等问题。其后，陆续出现了包括以太坊（ETH）、瑞波币（XRP）、柚子（EOS）、莱特币（LTC）、比特现金（BCH）、泰达币（USDT）、波场（TRX）、恒星币（XLM）、币安币（BNB）在内的一系列数字货币。中国对于数字货币的研究已经持续三年多时间，并在近期也有了重要进展。2016 年 11 月，中国成立数字货币研究所，开始了对数字货币的研究、咨询、发展规划及相关活动，致力于促进数字货币行业的科研与实践融合发展。2020 年 4 月 17 日，中国人民银行宣布，将先行在深圳、苏州、雄安新区、成都及未来的冬奥场景进行数字化人民币的内部封闭试点测试。与比特币、莱特币等传统意义的数字货币不同，中国人民银行推出的数字货币是有国家信用背书的，具有法偿性，可以说是数字人民币，这就意味着中国人民银行的数字货币币值会更加稳定。从使用场景看，数字人民币不计付利息，可用于小额、零售、高频的业务场景，相比于纸币没有任何差别。从发行环节看，数字人民币具有发行成本低、交易更便捷等优势，而且即使在网络信号不佳情况下，数字人民币采用的 DC/EP 双离线技术也可保证转账或支付功能的使用。“数字货币的产生与出现，遵循了货币演进的必然规律，也是科技发展的必然结果。”

从历史进程来看，货币的载体由贝类、贵重金属演变为纸币，再到现代社会流行的第三方支付电子货币形式出现。本质上都是在追求交易的便捷性和低成本，而这种趋势继续发展，在未来社会的表现形式就是数字货币。央行数字货币与开放式发行的比特币的共性特征是摆脱了传统的银行账户控制，因为它只是一个加密字符串。但是，二者又存在本质差异，中国人民银行发行的数字货币是法定数字货币，有国家信用背书，有价值锚定，有无限法偿性，具备信用创造功能；法定数字货币与纸币一样，本质上都属于纯信用货币，但数字货币可以进一步降低货币运行成本，并能在更广泛的领域内以更高效率加以应用。

（三）数字货币的运行机制

各种类型数字货币都包含两大核心要素，一个是账本，另一个是数字，其他作为技术细节都是为这两个要素服务。区块链技术确保账本安全，不能任意篡改；密码技术确保数字货币代表的数字只属于其所有人，别人用不了。区块链账本和加密数字货币既可以结合使用，也可以独立应用。比特币是账本和货币融为一体的数字货币的代表。数字货币与信用货币的相同之处是都不具有价值，除此之外，二者在发行方式和价值依据上存在着本质差别。首先，从发行方式看，信用货币通常由一国中央银行发行，发行数量由中央银行根据社会经济发展水平等确定；数字货币则是由区块链技术产生，其发行总量并不被发行主体所控制，而是有自然限制。其次，从被接受方式看，信用货币是由国家公权力强制推行，并通过法律保障，成为社会普遍接受和使用的交换媒介的；而数字货币则是基于使用者的信任，由使用者自愿接受而不是被强制接受其为交换媒介。

数字货币的运行机制主要包括发行机制、流通机制、防伪和信息记载机制以及国际化功能等几方面。比特币是去中心化数字货币的典型代表，以下就以比特币为例，对数字货币的发行、流通、信息记载等运行机制加以分析。为确保公平、安全可靠、无法伪造并有效避免通货膨胀，比特币以开放、对等、共识和直接参与为基本理念，使用开源软件和块密码工作模式，将这个比特币的发行、使用、管理都设计在 P2P 对等网络和分布式数据库的平台上。

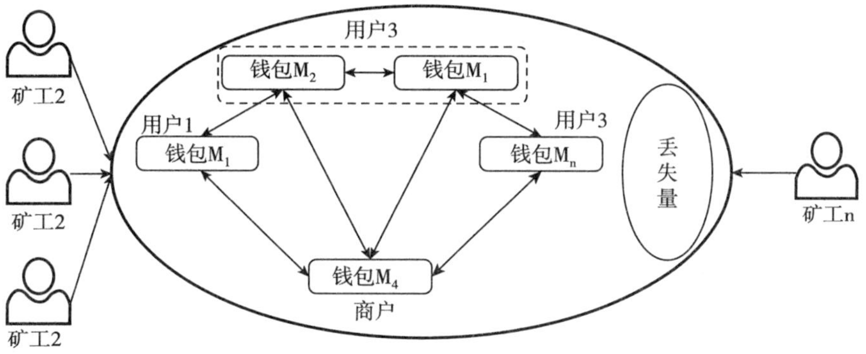

图 11-1　以比特币为代表的数字货币发行机制

去中心化的发行机制和方式。作为信用货币的代表和长期以来的唯一方式，纸币进入经济运行的路径是从中央银行发行，通过商业银行信贷投放，再到社会公众使用。也就是说，货币发行权是掌握在国家公权手中的，货币发行总量以及铸币税权利等自然也就掌握在国家手中；因为政权有时是掌握在经济利益集团手中的，也就难免会产生为政权利益而多发货币的倾向和问题，数字货币的开源和去中心化则恰恰可以避免这些问题。数字货币是基于有明确可追溯起源的、确定的交易或特定的国家发展要求而发行，既不需要中央银行，某种程度上也不需要通过商业银行中介来完成发行。比特币的发行环节指的就是产生和获得比特币。由于比特币的去中心化设计，比特币没有固定的发行中心，每一个新的比特币都是在解决一个特定的难题之后由对等网络 P2P 的节点产生，该计算难题由比特币内部算法所决定。这些数学计算难题只有达到一定的运算能力才有可能解决，并且能够被检验证明。用户可以通过参与解决难题来获得比特币作为奖励，或用户也可以使用商品、服务、实际使用的货币与比特币持有者进行兑换，兑换比率则由比特币交易市场自发调节。根据比特币的技术原理，比特币总量会保持稳定。

基于公钥和密钥的流通机制及方式。货币流通通常包括货币的存储、转移与交易等环节。纸币流通时，需要在不同地域间进行现金实物运输，由于在流通过程中纸币会发生磨损，因此需要建立纸币的回收、清点和销毁机制，从而产生了纸币的运输成本、印刷及实物处理费用等。作为非实物流程方式，数字货币就不再会产生这些成本及费用，数字货币是通过加载信息的数据在系统网络上的各参与者之间传输完成的，这个过程中不会产生毁损，也就不再需要回收、清点、销毁，同时也不再需要第三方做信用背书比特币的流通主要基于密码学中的公钥和密钥技术，其中，公钥用于储存、转移或接收比特币，密钥用于证明所有者对公钥上比特币的所有权。比特币的匿名性，因此每个人都可以创建任意多个公钥，即拥有多个钱包来接收和使用比特币，也即实现其交易和流通。基于区块链技术的防伪及信息记载机制。作为一种无记名信用货币，纸币自产生时起就一直伴随假币现象的困扰。在纸币的交易流通过程中，相关的交易明细和对手信息，也就无法进行挂失和追溯。由于基于区块链和密码技术，数字货币天然具备更好的防伪和安全机制，其交易时间戳记载着每一笔交易明细和对手信息，不可篡改、无法伪造，完善的数据链确保数字货币的每一个交易结算环节都是可以追溯的，因此数字货币中也就几乎不可能存在伪钞。因去中心化而强化的国际化功能。根据前面发行机制的说明，纸币是以国家信用作为背书、由一国中央银行发行，因此能否作为跨国支付工具在很大程度上受到发行国综合实力的影响。大多数国家的纸币仅能用于本国范围内的结算和投资，而不具备国际计算、储备、投资和投机等功能。但数字货币的发行与国家政权无关，由分布在全球各地的各节点和参与者共同认证，而是在全球化超级数据库系统中产生并流通的，因而天然具备了国际货币的属性总量不变的回收机制。首先看纸币的回收，作为中心化发行的纸币，只要央行发行就会使整个社会流通的纸币总量增加；相反，央行回收就会相应减少社会中流通的货币总量。数字货币的技术原理导致其不会消失也不会超出总量继续增加，数字货币的回收包括两种主要场景，第一是转移和流通，即从某个用户手中流通到其交易对方的一个或多个钱包里；第二是丢失，指数字货币拥有者忘记和放弃的公钥地址，即所谓的丢失比特币。

（四）数字货币的金融风险

基于去中心化理念的数字货币，通过使用区块链技术等形成了相较于纸币更为安全、高效、便捷的金融体验和服务，从技术角度可以解决传统信用货币无法解决的假钞问题，某种程度上可以杜绝货币超发的问题，同时还可以降低货币流通费用等。在具备以上各种优势的同时，数字货币在政策、信用、技术等几方面也存在自身特有的一些金融风险，主要体现为政策风险、信用风险、货币政策失灵风险和技术风险等。

首先，数字货币面临的政策风险十分突出。货币是金融体系最基础的元素，是经济运行最重要的载体，更是一个国家经济主权的象征。在经济金融化的现代经济中，无论是实体经济中的交易，还是金融体系中的资金融通，都依托货币，因此货币形态的任何变化都会对金融、经济，甚至社会带来重大影响。而数字货币从去中心化发行理念、基于密钥记载等的流通机制等各个方面与传统纸币相比较，都是本质的改变；如果数字货币未来在支付体系甚至金融体系成为主流货币，那么不只是会全方位影响金融行业、金融监管，对构建于传统货币理论的货币政策机制和整个现代金融体系都将产生颠覆性影响。各国金融体系对待数字货币均采取了十分慎重的态度，目前数字货币的应用规模和范围还受到相当大的限制，只有极个别国家承认数字货币的合法性。面对技术的快速发展、渗透，面对传统信用货币及政策工具自身存在的问题和发展需要，可以看到虽然数字货币还没有对整个金融行业产生颠覆性影响，但其面对的监管政策有很大的不确定性，数字货币的政策风险十分突出。

其次，去中心化发行机制会产生信用风险和货币政策失灵风险。纸币为代表的信用货币是以国家信用为背书，以中央银行为发行主体，并由此形成国家货币政策机制。数字货币既不以国家信用为依托，也不以中央银行为发行主体，而是基于去中心化理念的发行机制，以脱离商业银行的密钥机制进行流通，这就必然会冲击以央行为中心的基础货币体系以及货币政策传导机制。从发行环节看，货币发行总量不再体现国家经济政策主导思想，也不能被有效实施控制和监管。如果数字货币发行总量过度增加，同样会造成通货膨胀；相反，如果数字货币总量严重不足，则必然导致其升值预期，从而造成大量数字货币退出流通，最终发生通货紧缩。从流通环节看，数字货币对现行法定货币具有替代性，且完全不受中央银行的控制与监管，如果大量数字货币进入流通环节，就必然会造成中央银行无法准备判断货币总供给量和总需求量，货币政策也就变得无法决策，且难以有效传导和发生效用。

最后，基于互联网的数字货币还存在特殊技术风险。数字货币赖以实现的互联网技术和复杂的加密技术，赋予了数字货币交易的可追溯性、交易费用低、易国际化支付、更适合微型交易等优势。但是，与此同时，建立在复杂互联网技术手段之上数字货币也存在相对尚不明确的技术风险，例如，密钥技术本身是否存在漏洞或被攻破，交易信息是否真正能够做到不可更改，是否能否完全避免重复支付，跨国、跨境支付是否安全快捷等等，所有这些除了纯技术保障，是否还需要国家信用保障等都是需要进一步研究和回答的问题。

第二节 互联网金融面临的主要问题与挑战

互联网金融虚拟性、技术性、便捷性、普惠性的特征，使其得到了快速发展，但也正是这些区别于传统金融的特征，使新兴的互联网金融出现了不同于传统金融的发展问题。

互联网金融是传统金融业务发展的最新业态。金融行业和互联网行业两者本身都是高风险行业，而作为两者创新与融合的产物，互联网金融不仅有传统金融行业的一般风险，还有自身的特殊风险，这使互联网金融风险的扩散速度更快，影响面积也更广。而且，互联网金融经营主体多是跨业经营的企业，大部分都不是专门从事金融行业的，对金融风险的认识和管控能力较弱。此外，互联网金融的虚拟性使交易对象和交易过程不够明确和透明。这些互联网金融的特殊性和新型风险给管理带来了一定的难度。对于互联网金融平台来讲，目前还存在商业模式与组织架构设计不合理、金融产品同质化问题严重、团队人员不专业、不固定及流动性太强、优质资产稀缺、互联网应用技术的安全性和稳定性问题突出、推广成本高、征信体系不健全等问题。这些问题如果不加以重视并及时得到控制，可能会对互联网金融企业乃至整个金融秩序的稳定带来影响。

一、金融产品同质化问题严重

所谓“同质化”，是指同一大类不同品牌的商品在性能、外观甚至营销手段上相互模仿，以致逐渐趋同的现象，而同质化发展将导致“过剩”困境的出现，因此如何避免同质化现象或者同质化竞争局面的出现，是每个企业甚至行业都必须谨慎思考的问题。就目前形势来看，很多行业都已经在不同程度上出现了同质化的现象，而众多新兴产业由于受准入门槛偏低、产业标准不明确、缺乏可行性研究等因素影响，也不可避免地受到了冲击，这其中当然也包括互联网金融行业。产品同质化带来的后果就是恶性竞争，大打价格战。目前不少互联网金融服务平台为打价格战均宣称背景实力雄厚，背后有国资、银行当靠山，如此发展下去必然导致两败俱伤。随着监管政策的落地，P2P 行业的预期年化收益率已渐渐地回归合理化，单纯以高收益吸引客户的模式已经难以维系，而且会不断地加泡沫的产生。因此，平台如何去同质化成为行业竞争的重要筹码。

二、团队人员不专业、不固定，流动性太强

我国的互联网金融服务行业发展时间较短，从业人员以技术人员为主，构成较为单一，人才积累较为欠缺，缺乏既通晓金融、互联网及编程知识又具备 IT 运营经验的复合型人才，而上述复合型人才需要较长时间的持续培养。因此，在互联网金融领域，相互挖人组建团队，临摹行业先行者，比资产收购更为盛行。

随着互联网金融的快速发展，市场需求越来越大，急需互联网金融人才，急需高端管理、产品研发以及兼具金融、信息技术等综合型的人才，特别是在大数据领域，要求人才拥有较强的业务理解能力、数据资产管理能力、数据处理能力以及数据挖掘能力。除此之外，信息安全问题显露得更为突出，由此带来信息安全保护、信用共享机制亟待完善等问题，这些都需要人才保证。而由于大数据时代刚刚起步，相关的专业人才还不能满足市场的需要。究其原因，一方面，高校教育存在缺乏时代前瞻性的问题，人才培养跟不上时代的要求，因此人才培养方案急需进行改革调整；另一方面，企业缺乏对人才培养的重视及完善的人才培养体系，尤其是传统的金融企业缺乏人才培养的创新精神。

三、优质资产稀缺

互联网金融说到底是一种共享经济，借款人有闲置资金，又没有好的投资渠道；需求方有资金借贷需求，也没有好的借贷平台。正是有这种社会需求，平台作为信息服务中介，撮合借款人和需求方的交易，达到共享、共生、共荣的状态。互联网金融发展到目前的状况是房产、车产、不动产等优质资产日益稀缺，而投资群体逐年增长。在“资产配置荒”的背景下，以高收益活期产品和定期产品为亮点的诸多互联网金融平台也遇到资产难求的问题，产品收益率呈现下降趋势。

正如上面所说的，互联网金融是资产端和资金端的高度匹配，资产端价值下降了，对应到资金端也就越发没有好的投资项目。相对于前期的用户争夺而言，当下更需要着力的是寻找优质的金融资产。互联网金融行业的竞争也正在步入以优质资产开发为竞争核心的 2.0 时代。互联网金融未来的竞争其实是背后资产端的竞争——谁能获得好的资产，并通过技术创新，为用户创造真正稳健、可持续的回报是核心。

四、平台网站系统雷同性、安全性和稳定性问题突出

首先，系统性的安全风险。互联网信息技术引起的技术风险首先是系统性的安全风险。互联网金融快速发展的重要前提条件之一是计算机网络，相关软件系统与电脑程序对互联网金融的健康快速发展至关重要。因此计算机软件系统、互联网络技术等的安全性将直接影响互联网金融的有序运行。然而，影响互联网金融最重要的技术风险就是计

算机软件与互联网的相关核心技术。据赛门铁克（Symantec）2013 年发布的《揭露金融木马的世界》白皮书透露，2012 年网银木马攻击了横跨亚洲、欧洲与北美洲的 600 多家金融机构，一般通过后门程序携带入侵，具有超强的精确性与高度的复杂性。以 P2P 为例，2013 年 8—10 月，黑客利用网络漏洞入侵了多家 P2P 网贷平台，非法骗取人民币 150 万余元。由于案情问题，很大一部分被攻击的 P2P 网贷平台损失惨重，仅深圳、浙江两地就有 20 多家平台跑路。乌云漏洞收集平台的数据显示，自 2014—2015 年末，平台收到有关 P2P 行业漏洞总数为 402 个，高危漏洞占 56. 2%，其中有可能影响到资金安全的漏洞就占了漏洞总数的 39%，仅 2015 年上半年中累计的 235 个漏洞中，对资金有危害的漏洞就占了全年 P2P 漏洞总数的 43%。其次，技术选择风险。有效开展互联网金融业务的基础是其技术解决方案，互联网金融企业出于降低成本等利益考虑，选择的技术解决方案可能存在某些技术欠缺，而构成了互联网金融企业的技术选择风险。最后，技术支持风险。计算机软件、互联网技术专业性强，需要企业投入大量的研发人员与资金开展研发工作，且研发具有极大的正外部性。截至目前，专业互联网金融企业规模一般较小，经济实力有限，有些互联网金融企业出于降低运营成本的考虑，基本上采用的是技术外包策略。由于自身不拥有企业运作的核心技术，一旦外部技术支持不能完全满足需求，导致其不能及时有效地向顾客提供金融服务，形成互联网金融企业的技术支持风险。而且目前我国具有自主知识产权的互联网金融设备欠缺，大量依赖从国外进口软硬件，这对我国互联网金融业的快速发展极为不利。技术安全问题将成为制约互联网金融发展的重要因素。

五、平台获客成本高

互联网金融获客成本主要包括搜索引擎对关键词的竞价排名、推广广告的投放、行业活动等品牌曝光、品牌推广；运营成本，如促销活动、新用户红包等。目前 P2P 平台采取的方式大多是同质化的竞争方式，采取发红包、各种奖励活动来获客。金融的本质互联网改变不了，借款人利息是所有的收入。下面是所有的成本，第一大成本是坏账率，第二大成本是投资者回报，第三大成本是营运成本。现在各平台坏账率讳莫如深，但事实上有些平台已经到了很高的水平；投资者回报率正在下降，而营销成本却在上升。以网贷行业为例，2011 年的网贷行业平均获客成本在 10 元以下，目前行业获得一个注册用户的成本在 100~300 元，而获得一个投资用户的成本在 800~1500 元，这只是平台花在渠道方面的费用，不包括平台自身的优惠活动，如返还投资金、给予新手补贴等。如果加上这些费用，网贷行业单个客户的综合成本达到3000 元以上。即便如此，用户也会面临其他平台更高收益或投资优惠等的诱惑，难言忠诚。

平台获客成本的具体数值视渠道不同。以流量大户“今日头条”为例，其刊例报价单显示，2013 年每个点击付费 0. 8 元，2016 年则涨到 2 元。而现在某些微信公众大号推广一篇软文的价格动辄十几万元甚至几十万元。网贷之家数据显示，2015 年 9 月，P2P 投资人数为 240. 41 万人，而正常运营的平台为 2417 家。2000 多家平台去争取 200 多万个投资者，由于营销方法和渠道基本相同，所以面对的客群也几乎相同。这数百万人中很多人同时在多家 P2P 平台注册，而投资者首选的是高收益的平台，另外就是有活动、有高奖励的平台。2016 年 5 月初，融 360 发布了《网贷平台 2016 年盈利能力分析报告》，该报告显示，上市系 P2P 平台盈利较为困难，获客成本过高是主因。

投资收益率（资产端）下行的速度远远没有资产下行（负债端）的速度快，这是当前 P2P 行业面临的尴尬现状。一方面优质资产来源逐渐枯竭，另一方面产品收益还能保持在 10%以上，这就造成一种倒挂局面。正是由于资产端的稀缺，现在很多 P2P 平台开始涉足基金、保险产品等标准化的产品。而对于这类标准化的产品，每个机构获取的能力差距并不明显，因此，核心竞争力不是资产获得能力，最终考验的是如何留住用户。

互联网金融平台的用户集中度正在不断提高，对于后来者的获客的确是很大的压力。获客成本居高不下的背后，是一些中小平台的生存面临严峻考验，如何突破“瓶颈”是当下需要认真思考的问题。

六、互联网金融的征信系统建设不完善

征信系统可以使互联网金融参与主体的违约成本提高，降低运营风险；也可以使互联网金融企业对融资企业的历史信用等情况进行快速了解，提高效率，降低成本，这有利于解决中小企业融资难问题，促进中小企业健康发展。但是，当下我国的主流征信系统尚未对互联网金融企业开放，人民银行征信系统也未纳入互联网金融的信用信息。信用信息无法进行共享，必然导致一方面各个网络平台无法快速、全面地了解借款人信用；另一方面难以规避借款人的重复融资，造成贷款人与网络平台利益受损，形成行业风险。

第三节　互联网金融发展展望

一、互联网金融发展突破口

当前互联网金融产业发展主要围绕以下三个方面推进。

第一，渠道扩张。传统金融与互联网金融基于自身的比较优势在各自的优势领域开展业务，产品类型和重点客户重合度较低，互联网金融企业在这一阶段的成本优势发挥明显，具体表现为基于成本优势的虚拟渠道扩张。

第二，数据推动融合。传统金融与互联网金融的业务开始融合，部分核心业务产生交叉，互联网金融企业开始利用数据资产进行风险定价，传统金融行业逐渐掌握批处理技术，开始通过产品创新由被动防御转向主动防御，对中小型客户的争夺是重点。

第三，平台胜者为王。从形式到实质的融合，商业模式的优化、创新，新的商业模式开始出现，双方都已经掌握了对方较为核心的技术，平台搭建完毕，开始利用平台的数据资产对现有的商业模式进行改造，平台的用户数量、用户黏度和数据的有效性是获得成功的关键。

二、互联网金融发展方向

对于互联网金融的未来发展，不少研究者认为互联网金融发展方向将呈现以下四个特征：

第一，将全面创新网络金融服务和金融产品。在日渐成熟的强有力的技术支持下，在日益激烈的金融行业竞争中，为了能够保持竞争力，不断提高客户网络金融服务水平，更全面的网络金融服务和更丰富的网络金融产品必将出现，从而不断推动网络金融的发展。

第二，将进一步打造一体化的金融服务平台。随着互联网技术的逐渐成熟，网络金融客户必将需要把所有相关业务融为一体，只需一个入口即可以满足网络金融客户的大部分需求。因此，一体化的网络金融服务系统必将被打造出来。

第三，将出现被广泛认同的金融服务品牌。随着越来越多的网络金融服务提供者的出现，客户必将对网络金融服务提供者进行甄选，这就要求网络金融提供者的品牌具有广泛的认同度，所以，基于信誉、安全、规模和技术的企业文化和经营方式的品牌战略将是未来互联网金融机构的重要发展方向。

第四，将实现标准化和个性化的网络金融服务。网络金融需要在网络间进行数据的传输与交换，在此过程中，标准化至关重要，同时，网络金融服务需要根据不同客户的交易偏好等因素，为客户制订个性化的金融产品与服务，不断满足不同客户的不同金融需求。

高职高专金融类系列教材

一、高职高专金融类系列教材

货币金融学概论	周建松	主编	25.00元	2006.12出版
货币金融学概论习题与案例集	周建松 郭福春等	编著	25.00元	2008.05出版
金融法概论（第二版）	朱 明	主编	25.00元	2012.04出版
（普通高等教育“十一五”国家级规划教材）				
商业银行客户经理	伏琳娜 满玉华	主编	36.00元	2010.08出版
商业银行客户经理	刘旭东	主编	21.50元	2006.08出版
商业银行综合柜台业务（第四版）	董瑞丽	主编	47.00元	2021.07出版
（国家精品课程教材·2006）				
商业银行综合业务技能	董瑞丽	主编	30.50元	2008.01出版
商业银行中间业务	张传良 倪信琦	主编	22.00元	2006.08出版
商业银行授信业务	王艳君 郭瑞云 于千程	编著	45.00元	2012.10出版
商业银行授信业务（第三版）	邱俊如 金广荣	主编	40.00元	2020.09出版
商业银行业务与经营	王红梅 吴军梅	主编	34.00元	2007.05出版
金融服务营销	徐海洁	编著	34.00元	2013.06出版
商业银行基层网点经营管理	赵振华	主编	32.00元	2009.08出版
银行柜台实用英语（第三版）	汪卫芳 屠莉佳	主编	42.00元	2023.09出版
银行卡业务	孙 颖 郭福春	编著	36.50元	2008.08出版
银行产品	赵振华	主编	39.00元	2023.06出版
银行产品	彭陆军	主编	25.00元	2010.01出版
银行产品	杨荣华 李晓红	主编	29.00元	2012.12出版
反假货币技术	方秀丽 陈光荣 包可栋	主编	58.00元	2008.12出版
小额信贷实务（第二版）	凌海波 邱俊如	主编	39.00元	2020.11出版
商业银行审计	刘 琳 张金城	主编	31.50元	2007.03出版
金融企业会计	唐宴春	主编	25.50元	2006.08出版
（普通高等教育“十一五”国家级规划教材）				
金融企业会计实训与实验	唐宴春	主编	24.00元	2006.08出版
（普通高等教育“十一五”国家级规划教材辅助教材）				
新编国际金融	徐杰芳	主编	39.00元	2011.08出版
国际金融概论	方 洁 刘 燕	主编	21.50元	2006.08出版
（普通高等教育“十一五”国家级规划教材）				
国际金融实务	赵海荣 梁 涛	主编	30.00元	2012.07出版
国际金融实务（第三版）	李 敏	主编	39.80元	2019.09出版
风险管理	刘金波	主编	30.00元	2010.08出版
外汇交易实务	郭也群	主编	25.00元	2008.07出版
外汇交易实务	樊祎斌	主编	23.00元	2009.01出版

证券投资实务	徐 辉	主编	29.50元	2012.08出版
国际融资实务	崔 荫	主编	28.00元	2006.08出版
理财学（第三版）	徐慧玲 边智群	主编	56.00元	2022.01出版
（“十二五”职业教育国家规划教材/普通高等教育“十一五”国家级规划教材）				
投资银行概论	董雪梅	主编	34.00元	2010.06出版
金融信托与租赁（第二版）	蔡鸣龙	主编	35.00元	2013.03出版
公司理财实务	钭志斌	主编	34.00元	2012.01出版
个人理财规划（第二版）	胡君晖	主编	33.00元	2017.05出版
证券投资实务	王 静	主编	45.00元	2014.08出版
（“十二五”职业教育国家规划教材/国家精品课程教材·2007）				
金融应用文写作	李先智 贾晋文	主编	32.00元	2007.02出版
金融职业道德概论	王 琦	主编	25.00元	2008.09出版
金融职业礼仪	王 华	主编	21.50元	2006.12出版
金融职业服务礼仪	王 华	主编	24.00元	2009.03出版
金融职业形体礼仪	钱利安 王 华	主编	22.00元	2009.03出版
金融服务礼仪（第二版）	伏琳娜 安 畅 孟庆海	编著	43.00元	2021.01出版
合作金融概论	曾赛红 郭福春	主编	24.00元	2007.05出版
网络金融	杨国明 蔡 军	主编	26.00元	2006.08出版
（普通高等教育“十一五”国家级规划教材）				
互联网金融实务	生 蕾	主编	48.00元	2023.10出版
现代农村金融	郭延安 陶永诚	主编	23.00元	2009.03出版
农村金融基础	郑晓燕	主编	30.00元	2021.09出版
“三农”经济概论（第二版）	凌海波	编著	35.00元	2018.09出版
商业银行网点经营管理（第二版）	王德英	主编	39.00元	2022.09出版

二、高职高专会计类系列教材

管理会计	黄庆平	主编	28.00元	2012.04出版
商业银行会计实务	赵丽梅	编著	43.00元	2012.02出版
基础会计	田玉兰 郭晓红	主编	26.50元	2007.04出版
基础会计实训与练习	田玉兰 郭晓红	主编	17.50元	2007.04出版
新编基础会计及实训	周 峰 尹 莉	主编	33.00元	2009.01出版
财务会计（第二版）	尹 莉	主编	40.00元	2009.09出版
财务会计学习指导与实训	尹 莉	主编	24.00元	2007.09出版
高级财务会计	何海东	主编	30.00元	2012.04出版
成本会计	孔德兰	主编	25.00元	2007.03出版
（普通高等教育“十一五”国家级规划教材）				
成本会计实训与练习	孔德兰	主编	19.50元	2007.03出版
（普通高等教育“十一五”国家级规划教材辅助教材）				
管理会计	周 峰	主编	25.50元	2007.03出版
管理会计学习指导与训练	周 峰	主编	16.00元	2007.03出版
会计电算化	潘上永	主编	40.00元	2007.09出版
（普通高等教育“十一五”国家级规划教材）				
会计电算化实训与实验	潘上永	主编	10.00元	2007.09出版

（普通高等教育“十一五”国家级规划教材辅助教材）				
财政与税收（第三版）	单惟婷	主编	35.00元	2009.11出版
税收与纳税筹划	段迎春　于　洋	主编	36.00元	2013.01出版
金融企业会计	唐宴春	主编	25.50元	2006.08出版
（普通高等教育“十一五”国家级规划教材）				
金融企业会计实训与实验	唐宴春	主编	24.00元	2006.08出版
（普通高等教育“十一五”国家级规划教材辅助教材）				
会计综合模拟实训	施海丽	主编	46.00元	2012.07出版
会计分岗位实训	舒　岳	主编	40.00元	2012.07出版

三、高职高专经济管理类系列教材

经济学基础（第四版）	高同彪	主编	40.00元	2020.08出版
管理学基础	曹秀娟	主编	39.00元	2012.07出版
大学生就业能力实训教程	张国威　褚义兵等	编著	25.00元	2012.08出版

四、高职高专保险类系列教材

保险实务	梁　涛　南沈卫	主编	35.00元	2012.07出版
保险营销实务	章金萍　李　兵	主编	21.00元	2012.02出版
新编保险医学基础	任森林	主编	30.00元	2012.02出版
人身保险实务（第二版）	黄　素	主编	45.00元	2019.01出版
国际货物运输保险实务	王锦霞	主编	29.00元	2012.11出版
保险学基础	何惠珍	主编	23.00元	2006.12出版
财产保险	曹晓兰	主编	33.50元	2007.03出版
（普通等教育“十一五”国家级规划教材）				
人身保险	池小萍　郑　华	主编	31.50元	2006.12出版
人身保险实务	朱　佳	主编	22.00元	2008.11出版
保险营销	章金萍	主编	25.50元	2006.12出版
保险营销	李　兵	主编	31.00元	2010.01出版
保险医学基础	吴艾竞	主编	28.00元	2009.08出版
保险中介	何惠珍	主编	40.00元	2009.10出版
非水险实务	沈洁颖	主编	43.00元	2008.12出版
海上保险实务	冯芳怡	主编	22.00元	2009.04出版
汽车保险	费　洁	主编	32.00元	2009.04出版
保险法案例教程	冯芳怡	主编	31.00元	2009.09出版
保险客户服务与管理	韩　雪	主编	29.00元	2009.08出版
风险管理	毛　通	主编	31.00元	2010.07出版
保险职业道德修养	邢运凯	主编	21.00元	2008.12出版
医疗保险理论与实务	曹晓兰	主编	43.00元	2009.01出版

五、高职高专国际商务类系列教材

国际贸易概论	易海峰	主编	36.00元	2012.04出版
国际商务文化与礼仪	蒋景东　刘晓枫	主编	23.00元	2012.01出版

国际结算	靳　生	主编	31.00 元	2007.09 出版
国际结算实验教程	靳　生	主编	23.50 元	2007.09 出版
国际结算（第二版）	贺　瑛　漆腊应	主编	19.00 元	2006.01 出版
国际结算（第三版）	苏宗祥　徐　捷	编著	23.00 元	2010.01 出版
国际结算操作	刘晶红	主编	25.00 元	2012.07 出版
国际贸易与金融函电	张海燕	主编	20.00 元	2008.11 出版
国际市场营销实务	王　婧	主编	28.00 元	2012.06 出版
报检实务	韩　斌	主编	28.00 元	2012.12 出版
国际航空货运代理实务（第二版）	戴小红	主编	43.00 元	2020.01 出版

如有任何意见或建议，欢迎致函编辑部：jiaocaiyibu@126.com。